21世纪高等学校电子商务专业规划教材

电子商务
实战项目化教程

◎ 李勇 编著

U0331326

清华大学出版社

北京

内 容 简 介

本书根据普通高等学校电子商务专业指导委员会的建议,综合各领域对电子商务人才的具体需求,从电子商务应用的角度出发,以著名电商平台——淘宝开设网店为例,理论结合实操,系统地介绍了电子商务与网上开店的相关知识和操作技能。

全书共分为10个项目,项目一主要讲解电子商务的概念、电子商务的模式和支付,让读者对电子商务有一个全面、框架性的了解;从项目二开始,则依次介绍开设、经营网店的具体过程,包括网店注册、货源寻找、网店的设置与装修、商品发布与交易、商品拍摄与照片后期处理、网店推广与运营、商品包装与物流、客服工作与管理以及手机端淘宝店的运营等内容。

本书既注重电子商务理论与概念的介绍,又注重与电子商务相关的实践,内容全面,难度适中,既可作为普通高校、高职高专院校和培训机构的电子商务教材,也可供广大创业人员、淘宝店主和企业销售部门人员学习,对研究电子商务的学术人士也有一定的参考作用。

图书在版编目(CIP)数据

电子商务实战项目化教程/李勇编著.—北京:清华大学出版社,2019(2023.5重印)

(21世纪高等学校电子商务专业规划教材)

ISBN 978-7-302-52987-3

Ⅰ.①电… Ⅱ.①李… Ⅲ.①电子商务—高等学校—教材 Ⅳ.①F713.36

中国版本图书馆 CIP 数据核字(2011)第 222692 号

责任编辑: 黄 芝 张爱华
封面设计: 刘 键
责任校对: 李建庄
责任印制: 朱雨萌

出版发行: 清华大学出版社
       网 址: http://www.tup.com.cn,http://www.wqbook.com
       地 址: 北京清华大学学研大厦 A 座   **邮 编:** 100084
       社 总 机: 010-83470000   **邮 购:** 010-62786544
       投稿与读者服务: 010-62776969,c-service@tup.tsinghua.edu.cn
       质量反馈: 010-62772015,zhiliang@tup.tsinghua.edu.cn
       课件下载: http://www.tup.com.cn,010-83470236
印 装 者: 涿州市般润文化传播有限公司
经 销: 全国新华书店
开 本: 185mm×260mm   **印 张:** 17.5   **字 数:** 424 千字
版 次: 2019 年 10 月第 1 版   **印 次:** 2023 年 5 月第 3 次印刷
印 数: 1801～2100
定 价: 49.50 元

产品编号:064176-01

前　言

近年来，随着互联网的迅速发展与广泛应用，电子商务在经济活动中变得越来越重要，网上交易也已成为商家与消费者熟悉的交易形式。互联网和电子商务模式在改变人们生活方式和工作方式的同时，也在降低传统企业的运营成本、提高工作效率、建立竞争优势。电子商务不仅成为更多创业者的首选，也成为更多公司、企业开拓与发展的新渠道。

由于社会各领域对电子商务的需求不断增加，电子商务人才也变得日益炙手可热。因此，学习电子商务的知识与技能，对新世纪商业人才来说不再是一种选择，而是一种必需。

本书针对电子商务学习的特点与需要，对电子商务的基本理论和实践方法做了全面讲解，不仅有对现代电子商务的概念、模式与支付等理论性内容的详细介绍，还以在电商平台开店经营为例，对电子商务的经营实践进行了细致的讲解，旨在帮助读者从理论上理解电子商务，从操作上熟悉电子商务，从而成为符合社会需要的电子商务人才。

本书作者具有多年电子商务教学经历，在调研了四十余位资深网店店主的经营状况后，将理论与实践经验集结成书，以飨读者。本书知识完整、条理清晰，在突出理论深度的同时，也具有较强的实践性，适用范围广，应用性强，是一本不可多得的电子商务教材与参考书。

本书作为电子商务实用教材，有以下特点：

• 理论与实践，有机结合

本书对电子商务的基础知识和网店开设经营实践进行了细致讲解，让读者在了解电子商务的概念后，能快速上手经营一个网店，将理论与实践有机结合起来，使自身的电子商务水平得到提高，也能更好地经营网店，赚取更多的利润。

• 图解操作，易读易学

本书对讲解的内容辅以大量的、详细直观的图解，使读者可轻松阅读，按图操作，花更少的时间，掌握更多的内容。

• 技巧解析，重点提示

为了深化电子商务的应用，本书还对内容做了进一步的解析，并将解析后的重点标记为"名师点拨"，不仅能加深读者对重点内容的理解和把握，还能开阔读者的思路，帮助读者建立多角度思维。

• 拓展阅读，开阔思路

每个项目都配有"拓展阅读"，旨在拓展读者的知识面，开阔读者的视野，让读者在吸收更多相关知识的同时，提高自身的电子商务水平与网店经营水平。

• 习题巩固，深化知识

每个项目都配有习题，可帮助读者在学完本项目内容后，快速检验自己掌握知识的程度，同时也提高读者解决实际问题的能力，达到举一反三的效果。

● 内容实用,贴近一线

本书听取了多位资深淘宝店主的宝贵意见,包含开店实践中总结和提炼出的技巧和经验,内容实用,非常接地气,更符合大众的需要。

● 微课视频,互动学习

本书配备微课视频,可扫描书中二维码观看视频教程,方便读者在短时间内快速地掌握网上开店的方法与经营技巧。

由于编者水平有限,加之时间仓促,书中疏漏之处在所难免,敬请广大读者和同行斧正。

作　者

2019 年 6 月

目　录

项目一 | 认识电子商务

项目导言

在开网店之前,需要先了解电子商务,包括电子商务的定义、特点和发展过程;电子商务模式中的 BCB、B2C、C2C、O2O、C2B 等模式的特点、分类以及电子商务支付中的网络银行、电子货币、第三方支付平台及支付宝、微信等支付平台的概念。了解了这些基础内容,对开店的实操有一定帮助。

学习要点

- 电子商务的概念。
- 电子商务的模式。
- 电子商务的支付。

任务 1　电子商务的概念

说到电子商务,很多人第一时间便会联想到淘宝、天猫。淘宝、天猫确实属于电子商务的一个具体应用,但它并不等于电子商务的全部内容。电子商务的应用十分广泛,这里从电子商务的定义出发,延伸至电子商务的主要特点、社会影响以及电子商务的代表人物。

目标 1　电子商务的定义与特点

1. 电子商务的定义

由于各国政府、学者、业界人士所处地位和参与电子商务的角度和程度不同,所以对电子商务给出了很多不同定义。

联合国国际贸易程序简化工作组对电子商务的定义:采用电子形式开展商务活动。包括供应商、客户、政府及其他参与方之间通过任何电子工具,如 Web 技术、电子邮件等共享非结构化商务信息,并管理和完成在商务活动、管理活动和消费活动中的各种交易。

在国际社会中,电子商务的定义存在广义和狭义两种观点。不管是广义还是狭义电子商务,电子商务都涵盖了两个方面:不能离开互联网平台;通过互联网完成商务活动。

广义电子商务,源于 Electronic Business(简称 EB),指的是使用各种电子工具从事商务活动。广义电子商务使用互联网等电子工具,使公司内部、供应商、客户和合作伙伴之间,利用电子业务共享信息,实现企业间业务流程的电子化,配合企业内部的电子化生产管理系统,提高企业的生产、库存、流通和资金等各个环节的效率。

狭义电子商务,源于 Electronic Commerce(简称 EC),主要利用 Internet 从事商务或活动,是通过使用互联网等电子工具在全球范围内进行的商务贸易活动。整个活动以计算机网络为基础进行,包括商品和服务的提供者、广告商、消费者、中间商等有关各方行为的总和。

> **提　　示**
>
> 人们一般理解的电子商务是指狭义电子商务。定义中提到的"互联网等电子工具"指的是电报、电话、广播、电视、传真、计算机、计算机网络、移动通信等。

我国目前大多数普通高等学校电子商务专业都是按照狭义电子商务定义来设置学习课程的。电子商务专业更加注重学习企业与企业之间电子交易过程中相关的知识;而信息管理专业则更侧重于学习企业内部电子化管理流程中的相关知识。电子商务和信息管理之间有着千丝万缕的关系。

2. 电子商务的主要特点

电子商务是互联网发展的直接产物,也是网络技术应用的新方向,具有方便性、普遍性、安全性、整体性和协调性等特点,其具体内容如表 1-1 所示。

表　1-1

特 点 名 称	具 体 内 容
方便性	通过电子商务大环境,人们不受地域限制,用户能以简便、快捷的方式完成曾经较为繁杂的商业活动,如通过网络银行查询余额、在线转账等
普遍性	电子商务作为一种新型的交易方式,将生产企业、流通企业以及消费者和其他组织带入网络经济、数字化生存的新天地
安全性	整个电子商务环节里,安全性是核心问题,它要求网络提供一种端到端的安全解决方案,如加密机制、签名机制、安全管理、存取控制、防火墙、防病毒保护等
整体性	电子商务能规范事务处理的工作流程,将人工操作和电子信息处理集成为不可分割的整体,不仅可提高人力、物力的利用率,还可提高系统运行的严密性
协调性	商业活动原本是一个协调过程,它要求客户与公司内部、生产商、批发商、零售商间必须协调。在电子商务环境中,同样要求银行、配送中心、通信部门、技术服务等多个部门协调
开放性和全球性	电子商务建立在互联网的基础上,互联网跨越国界,无论用户在任何地方、任何时间,只要利用浏览器,可以登录任何国家、地域的网站。因此,互联网的开放性和全球性也决定了电子商务的开放性和全球性

除了以上特点,电子商务还具有降低成本、更多贸易机会、提高中小企业的竞争力、改变社会经济运行和影响社会经济布局、结构等特点。

- 降低成本：电子商务将传统的商务流程电子化、数字化，电子流代替了实物流，减少人力、物力，降低成本；交易活动不受时间、空间控制，可随时随地交易，提高了效率。
- 更多贸易机会：电子商务所具有的开放性和全球性的特点，为企业创造更多贸易机会。
- 提高中小企业的竞争力：电子商务使企业可以以相近的成本进入全球电子化市场，使中小企业有可能拥有和大企业一样的信息资源，提高中小企业的竞争力。
- 改变社会经济运行：电子商务重新定义了传统的流通模式，减少了中间环节，可能实现生产者和消费者的直接交易，在一定程度上改变整个社会经济运行方式。
- 影响社会经济布局和结构：电子商务在打破时空壁垒的同时，又提供了丰富的信息资源，为各种社会经济要素的重新组合提供了更多可能，这将影响社会的经济布局和结构。

目标 2   电子商务发展过程

早在 1839 年电报出现时，就拉开了电信时代的序幕。到了 20 世纪 40 年代，计算机的问世，更是方便了商务活动和管理工作。互联网的产生和发展，更是进一步推动了电子商务的发展。

1. 国际电子商务的发展过程

电子商务的发展离不开计算机、网络技术的电子金融等因素的发展和政府的支持。特别是网络通信技术的不断发展，让电子商务的发展进入正轨。从技术角度来看，电子商务是计算机的普及和网络高速发展的产物。国际电子商务的发展过程总的来说包括两个大方面，其具体内容如表 1-2 所示。

表 1-2

	发 展 过 程	具 体 内 容
电子商务的产生	经济全球化	经济全球化指的是世界各国的经济在生产、分配、消费各领域发生的一体化趋势。经济全球化让人们寻找合适的方式来满足商务活动，电子商务由此而生
	计算机的发展	随着计算机的运行速度和处理能力的加快、加强，计算机应用越来越广泛，价格降低，为电子商务的应用提供了基础
	网络技术成熟	国际互联网渐渐发展成全球通信与交易媒体，上网用户数稳步增长。网络的快捷、安全、低成本等特点巩固了电子商务的发展
	电子金融的发展	各大银行纷纷推出支持在线交易的电子金融服务，解决商务活动中的支付问题，是促进电子商务发展的动力
	电子安全交易协议	1997 年 5 月，指定的电子安全交易协议出台，为网络上进行电子商务活动提供了安全环境。电子安全交易协议技术包括 HTML、XML、数据库技术、动态网页技术、SSL 协议、SET 协议、加密技术、防火墙技术和数字签名技术等
	政府的支持	自美国发布《全球电子商务纲要》后，电子商务受到各国政府的重视，许多国家政府开始尝试网上采购。各国政府也非常重视电子商务的发展。制定的相应法律法规和技术标准，为电子商务的发展提供了支持与保障

续表

	发展过程	具体内容
电子商务的发展	基于 EDI	EDI在20世纪60年代末期产生于美国,指的是将业务文件按一个公认标准从一台计算机传输到另一台计算机上的电子传输方法。EDI的出现,减少了纸张、票据的作用,被人们称为“无纸贸易”或“无纸交易”。从技术上来分,EDI包括硬件与软件两部分。硬件:计算机网络;软件:计算机软件和EDI标准
	基于 Internet	Internet在20世纪90年代中期后产生。Internet出现后,迅速走向普及化。基于Internet的电子商务活动摆脱了传统商务活动的时空限制,还有以下优点。 (1) 成本低:Internet覆盖全球,任何人通过接入Internet来进行商务活动的成本比传统的VAN成本都低。 (2) 覆盖广:Internet覆盖全球,基于Internet的应用可以在全球范围内进行。 (3) 功能全:Internet可以提供多种应用,有丰富的资源。基于Internet的电子商务可以支持不同类型的用户实现不同层次的商务目标,如建立网站、发布商品、建立网上商城。 (4) 更灵活:基于Internet的电子商务可以针对不同客户提供不同服务,如提供个性化服务界面和不同语言显示等

2. 我国电子商务的发展过程

在近20年的时间里,我国电子商务发展发生了翻天覆地的变化。不少互联网企业在电子商务里尝到甜头后,在短短几年内迅速崛起;人们的网络生活也从最初的电子邮件发展到了随时随地使用智能手机上网。总体而言,我国电子商务发展经历了萌芽阶段、高速增长阶段、纵深发展阶段和井喷式发展阶段,具体内容如表1-3所示。

表 1-3

阶段名称	具体内容
萌芽阶段 (1999—2000年)	根据2000年公布的统计数据,当时中国网民仅1000万。在这个阶段里,网民的网络生活方式大多以电子邮件和新闻浏览为主。网民和市场均不成熟,当时较为火热的就是以8848为代表的B2C电子商务站点。在萌芽阶段的电子商务环境里生存很难,8848最终以失败而告终
高速增长阶段 (2003—2006年)	当当、卓越、阿里巴巴、慧聪、全球采购、淘宝等名词在这个阶段里成为互联网中的焦点。这些在电子商务环境下生长的企业,在几年之内崛起,和网游、SP企业等一起改变了整个通信和网络世界。高速增长阶段对电子商务来说有以下三个重要变化: (1) 大部分网民接受网络购物。 (2) 中小型企业从B2B电子商务中获得订单。 (3) 电子商务基础环境逐渐成熟,如物流、支付、诚信等问题得以解决
纵深发展阶段 (2007—2010年)	纵深发展阶段有一个最明显的特征:电子商务不局限于互联网企业,部分传统企业和资金流入电子商务领域,使电子商务世界更加丰富多彩,如当时的苏宁、国美等传统企业嫁接电子商务进行转型
井喷式发展阶段 (2011年至今)	在这个阶段,中国的电子商务发展达到新高度。这离不开国家政策的支持和智能手机的出现。国家从政策、资金支持等方面大力提倡发展电子商务。智能手机和4G网络时代的来临,更是将电子商务这种生活模式植入更多人的生活里

任务 2 电子商务的模式

商业模式是管理学的重要研究对象之一,但由于各专家、学者和机构所处的位置和研究对象不同,所总结的观点和看法也不同,故商业模式至今没有一个统一、明确的定义。欧洲学者 Paul Timmers 对商业模式的定义为:商业模式是一种关于产品流(服务流)、资金流、信息流及其价值创造过程的运作机制。

提　示

很多人会把商业模式和盈利模式混为一谈,实际上二者的关系是包含关系。商业模式大于并包含盈利模式,盈利模式是商业模式中的一小部分。

商业模式的构成要素很多,总的来说包括价值定位、目标市场、销售和营销、生产、分销等 10 多个内容,其关键问题如表 1-4 所示。一个好的商业模式至少要包含表 1-4 中所示要素的前 7 个。

表　1-4

商业模式要素	关键问题	商业模式要素	关键问题
价值定位	解决什么问题	成本结构	公司的成本有哪些
目标市场	如何吸引客户群	竞争	面临多少竞争者
销售和营销	如何接触到客户	市场大小	产品的市场有多大
生产	如何做产品或服务	增长情况	整体是在增长还是在缩小
分销	如何销售产品或服务	份额	能获得多少份额
收入模式	如何赚钱		

目标 1　电子商务和传统商务的区别

电子商务与传统商务本质都是商务,二者从交易过程等方面来看区别不大,其共同目标都是为满足顾客需求为中心,提高效率,节约成本,赢得顾客,获取利润。电子商务和传统商务的区别主要体现在交易过程里,具体内容如表 1-5 所示。

表　1-5

阶段名称	电子商务	传统商务
交易准备	通过交易双方的网站来完成	通过传统方式完成商品信息的发布、查询和匹配
磋商过程	网络上可传递电子化记录、文件	口头磋商或纸质单证,用到的工具包括电话、传真和邮件等
合同	具有法律效力的电子合同	签订具有法律效力的纸质合同
支付	信用卡、电子支票、第三方支付等网上支付	支票、现金或转账
商品流转机制	商品建立最直接的流转渠道,制造企业直接将商品送达用户手中,实现无阻碍信息交流	商品呈"间接"流转机制,商品从制造企业产出,经过一系列中间商,才能到达最终用户手中

目标 2　电子商务模式的分类

电子商务按不同的经营模式和方式有不同的分类,这里列举几种较为常见的分类,具体内容如表 1-6 所示。

表　1-6

分 类 方 式	具 体 分 类
按交易对象分类	(1) 企业对消费者的电子商务,即 B2C(Business to Consumer)。 (2) 企业对企业的电子商务,即 B2B(Business to Business)。 (3) 消费者对消费者的电子商务,即 C2C(Consumer to Consumer)。 (4) 企业对政府的电子商务,即 B2G(Business to Government)
按商务活动内容分类	(1) 间接电子商务:有形货物订单,需要通过物流系统把商品运送到消费者手中。 (2) 直接电子商务:无形货物和服务,如 Q 币、手机话费等
按基于成功案例模式分类	包括直接面向顾客模式、内容提供商模式、信息中介模式、整体企业模式、共享采购平台模式、价值网集成者模式、虚拟社区模式、联合管理库存模式和供应商管理库存模式等
按体现收入、利润角度模式分类	包括代理模式、广告模式、信息中介模式、商贸模式、制造商模式、会员模式、社区模式和订阅模式等
按价值链模式分类	包括电子商店、电子采购、电子拍卖、电子集市、第三方市场、价值链服务供应商、价值链集成者、虚拟社区、合作平台、信息代理商等

在以上分类方式中,按交易对象分类是最早也是最标准的分类方式,受到很多投资商和企业管理者的重视。

目标 3　B2B 电子商务模式

从交易规模来看,B2B 电子商务模式是当前电子商务模式中应用最为广泛、最具操作性、最易成功的模式。大部分人认为 B2B 电子商务模式是主流模式,同时也是传统企业降低成本、提高效率的重要方法。B2B 电子商务模式的含义、特点、优势等内容如表 1-7 所示。

表　1-7

名　称	具 体 内 容
定义	B2B 电子商务指的是企业与企业之间通过互联网,进行产品、服务和信息交换的电子商务活动
特点	(1) 交易次数、金额大:企业间的电子商务活动相比 B2C、C2C 而言,交易次数少,但单次交易金额都比较大,交易对象也比较集中。 (2) 交易对象广泛:在 B2B 交易平台上交易的商品覆盖种类较为广泛,可以是任何一种产品,如原材料、半成品或成品。 (3) 交易操作规范:B2B 电子商务模式可以说是最复杂,也最严格的电子商务模式。复杂主要体现在查询、谈判、结算等方面;最严格主要体现在合同、EDI 标准等方面

名　称	具　体　内　容
优点	(1) 交易成本低：在信息传递上，电子商务实行"无纸贸易"，买卖方直接通过网络进行商务活动，无须中介者参与，减少交易环节，降低交易成本。 (2) 更加公平、透明：电子商务提供丰富的信息资源，使得整个交易过程更加公开、透明。 (3) 信息传递快：通过电子商务，厂家可以实现直接和用户沟通，企业能快速、有效得知用户想法，并对产品进行改进、升级。 (4) 改善供应链管理：B2B电子商务模式可直接将供应商、制造商和分销商链接起来，大大降低供应链的耗费，从而建立高效的全球供应链系统。 (5) 增加商业机会：在有网络的情况下，用户可随时随地地完成交易，突破传统商业模式的时间、空间限制，有利于开拓新市场
分类	(1) 根据交易机制划分：产品目录式、拍卖式、交易所式、社区式。 (2) 根据交易对象的性质划分：买方为主模式、中立模式。 (3) 根据企业间商务关系划分：以交易为中心、以供需为中心、以协作为中心。 (4) 根据市场控制者划分：基于供应商、基于采购商、基于第三方中介

目标 4　B2C 电子商务模式

B2C 电子商务模式是消费者广泛接触的电子商务模式，同时也是电子商务中应用最普遍的商务模式，如目前在 Internet 上的各类网上商城、电子商城、商业中心等。B2C 电子商务模式的定义、功能、特点等内容如表 1-8 所示。

表　1-8

名　称	具　体　内　容
定义	企业直接面向消费者销售产品和服务商业零售模式
功能	(1) 从消费者的角度：B2C电子模式应为消费者提供在线购物场所的商场网站，方便消费者浏览、查找、挑选、比较各类型商品。同时，负责配送消费者选购的商品，负责确认消费者身份及货款结算。 (2) 从网站经营者角度：B2C电子商务网站可分为前台与后台两大系统。前台系统主要提供会员注册、会员信息、商品搜索、商品展示、用户管理、在线订购、批量采购、招商加盟、网站公告、帮助中心、友情链接等；后台系统主要提供客户管理、订单管理、商品管理、销售管理、客服管理、采购管理、库存管理、出库管理、退货管理、财务管理等
优势	(1) 对于消费者而言，优势如下：品种齐全、种类繁多、一站购物、方便快捷。 (2) 对于网站经营者而言，优势如下： ① 有助于提高经营者的品牌价值。 ② 有助于经营者收集市场信息。 ③ 提高客服对顾客的服务水平。 ④ 帮助经营者快速实施国际市场战略。 ⑤ 有助于降低经营者的经营成本

名　称	具　体　内　容	
适合于 B2C 销售的商品	通常,符合下列特征的商品合适于 B2C 销售: (1) 具有一定的品牌知名度。 (2) 易进行数字化配送的商品,如音乐。 (3) 高信誉商家提供的有安全保障的商品。 (4) 价格方面具有竞争优势的商品。 (5) 能重复购买的商品。 (6) 有标准规格的商品。 (7) 能用多媒体有效展示的商品。 (8) 消费者熟悉的包装商品	
分类	无形商品或服务	无形商品或服务主要包括:网上订阅模式(如在线服务、在线出版、在线娱乐)、付费浏览模式、广告支持模式、网上赠予模式
	有形商品	指的是传统实物商品,通过网络这个载体,将商品从厂家或经销商手中通过物流配送到用户手中

目标 5　C2C 电子商务模式

C2C 电子商务指的是个人与个人之间的电子商务,是消费者与个人间的电子商务行为。例如一个消费者通过网络把它出售给另一个消费者,这种交易类型就称为 C2C 电子商务。人人熟知的淘宝网就是目前国内最大的 C2C 电子商务平台。

C2C 电子商务模式的议价种类、优势、基本要素和盈利模式等内容如表 1-9 所示。

表　1-9

名　称	具　体　内　容
议价种类	(1) 竞价:商品以拍卖的形式售出,其价格不定,由买家进行竞拍,在商品发布时间结束时出价最高的获得商品。 (2) 一口价:商家为商品开出具体数字的价格,买家支付相应的金额能够获得商品。 (3) 面议:商家未对商品明确定价,有购买意愿的买家可以与商家联系,经过双方谈判决定商品价格
优势	(1) 为用户带来真正的优惠。 (2) 广泛吸引用户
基本要素	买卖双方和在线交易平台提供商,构成 C2C 的三要素,三者相辅相成,缺一不可
盈利模式	(1) 会员费:C2C 网站为会员提供网上店铺出租、公司认证、产品信息推荐等服务而收取的费用。 (2) 商品登录费:商品图片的发布费和橱窗展示费等。 (3) 交易提成:按交易金额提成,是 C2C 网站的主要利润来源。 (4) 广告费:提供有价值的位置,用于放置各类型广告,如淘宝的钻石展位。 (5) 搜索费用:在 C2C 网站里,关键字搜索决定了商品曝光量,由此引出了根据搜索关键字竞价的业务。 (6) 其他辅助服务收费:如物流服务收费、支付交易费等

目标 6   O2O 电子商务模式

O2O 电子商务模式最早来源于美国,又称为"离线商务模式",指将线下的商务机会与互联网结合,让互联网成为线下交易平台。O2O 电子商务模式通过打折、提供信息、服务预订等方式,推荐线下商店的消息给互联网用户,从而将用户转化为自己的客户。目前 O2O 电子商务模式在旅游、房地产、订票、餐饮、奢侈品、打车软件多等领域被广泛应用。

O2O 电子商务模式实现线上和线下的完美结合,让消费者既能享受到线上优惠,又能享受到线下优质服务。O2O 电子商务模式的应用价值体现在以下几方面。

(1) O2O 电子商务模式在利用互联网跨地域、海量信息、海量用户优势的同时又充分挖掘线下资源,促成线上用户与线下商品、服务的交易。

(2) 透过 O2O 电子商务模式可对商家的营销效果进行统计和追踪评估,解决了传统营销模式推广效果的不可预测性。

(3) O2O 电子商务模式在服务业中具有优势,主要体现在价格便宜、购买方便等。

(4) O2O 电子商务模式将拓宽电子商务的发展方向,由规模化走向多元化。

(5) 打通线上、线下的信息和体验环节。

从整体来看,O2O 电子商务模式将会达成"三赢"效果。

(1) 对线下商家而言:O2O 电子商务模式方便商家从搜集消费者购买数据中得到消费者喜好,达成精准营销,更好地维护并拓展客户。

(2) 对消费者而言:O2O 电子商务模式能提供丰富、全面的商家折扣信息,便于消费者快捷筛选并订购商品或服务。

(3) 对服务提供商而言:O2O 电子商务模式可带来大规模、高黏度的消费者,便于商家掌握消费者数据资源。

O2O 电子商务模式最好的例子就是苏宁,苏宁是一家体量庞大的互联网零售企业。从 2009 年开始,苏宁上线 B2C 网购网购平台"苏宁易购";线下方面,苏宁经过 20 年的发展,线下门店超过 1600 家,有数千个售后服务网点以及布局全国的物流体系。

目标 7   C2B 电子商务模式

C2B 电子商务模式是消费者对企业的电子商务模式,指的是消费者集中进行议价,将价格主导权从厂商转移到自己身上的商务模式。C2B 电子商务模式改变原有生产者和消费者的关系,是一种消费者贡献价值、企业和机构消费价值的模式。C2B 电子商务模式先有消费者需求,再有企业生产。也就是消费者先提出需求,企业再根据需求组织生产。

C2B 产品应该具有以下特征。

(1) 价格透明:相同厂家生产的相同型号产品价格都是公开并统一的。

(2) 产品价格组成结构合理。

(3) 渠道透明。

(4) 供应链透明。

如淘宝众筹就是一个典型的 C2B 电子商务模式,其产品主要偏向于科技类、设计类项目。淘宝众筹项目由卖家发起,卖家将具有创意且未面向市场的资质成型的项目方案,通过众筹形式面向全网消费者筹资,以完成项目方案的最终落地,并以商品回报的方式回馈筹资者的众筹平台。众筹的商品具有价格透明、渠道透明、供应链透明且产品结构组成合理的特点。如 2018 年的"曼申云智能锁 iLock A"众筹项目,支持人数高达 23 941 人,目标金额100 000 元,实募资金 15 102 800 元。

任务 3　电子商务的支付

电子支付是电子商务流程中至关重要的环节。本节主要从电子商务、网络金融的概念、关系出发,探讨网络银行与电子货币在电子商务中的作用,以及抛出第三方支付平台、支付宝平台和微信平台的概念。

目标 1　电子商务与网络金融的关系

网络金融,也称电子金融,指的是基于金融电子化建设成果在国际互联网上实现的金融活动,包括网络金融机构、网络金融交易、网络金融市场和网络金融监管等方面。理解网络金融的概念,可以从狭义和广义角度出发。

(1) 狭义:指在国际互联网上开展的金融业务,如网络银行、网络证券、网络保险等金融服务及相关内容。

(2) 广义:以网络技术为支撑,在全球范围内进行金融活动的总称,除包括狭义外,还包括网络金融安全、网络金融监管等方面。

电子商务发展至今,其支付方式也从最初的线下邮寄发展到目前的多种支付方式,便利了网络购物者。纵观现有的电子商务网站,不难发现目前网上支付已经成为主流的支付方式。

如淘宝支付和京东支付,网上银行和第三方支付等网上支付已经成为最普遍的支付方式。这些网上银行、第三方支付等支付方式都是网络金融的重要组成方式。可以说,电子商务的发展离不开网络金融。

目标 2　网络银行与电子货币在电子商务中的作用

网络银行和电子货币是随着电子商务发展起来的,它们对电子商务也有着不可或缺的重要作用。

1. 网络银行在电子商务中的作用

网络银行,又称网上银行、在线银行、电子银行等,指用信息技术和互联网技术为依托,通过互联网向用户开展、提供开户、销户、查询、对账、行内转账、跨行转账、信贷、网上证券、投资理财等各种金融服务的新型银行机构。

网上银行建立在传统的电子银行基础上,是电子银行的一个发展阶段。

通常,网络银行在电子商务中扮演如下两种角色。

(1) 为从事电子商务的各方提供网上支付服务,是电子商务的积极推动者。

(2) 为其客户提供网上银行服务,是电子商务的积极参加者。

银行作为电子化支付和结算的最终执行者,连接买卖双方。网上银行所提供的电子支付服务是电子商务中至关重要的因素,直接关系到电子商务的发展前景。随着电子商务的发展,网上银行的发展也是必然趋势。

2. 电子货币在电子商务中的作用

电子货币指的是采用电子技术和通信手段在信用市场上流通的、以法定货币单位反映商品价值的信用货币。如各种银行发行的储蓄卡和信用卡,都是较为常见的电子货币形式。

电子货币的功能如下。

(1) 结算功能:可代替现金,直接用于消费。

(2) 储蓄功能:可以实现线上的存款、取款。

(3) 兑现功能:可以线下兑换为现金。

(4) 消费贷款功能。

鉴于电子货币的诸多功能,电子货币有如下优点。

(1) 计数方便,无须清点、找零、减小差错。

(2) 安全性能好,难以伪造,被盗窃的可能性小,有密码保护,即使丢失也可以迅速做挂失处理。

(3) 依靠计算机网络流通,流通快。

(4) 便于监督、统计;经过计算机处理的交易记录,便于数据追查,可用于宏观分析。

在电子商务的支付过程中,需要通过网络银行和电子货币等方式进行货币支付或资金流转。总体而言,网络银行和电子货币与电子商务有着十分密切的关系。在电子商务中,网络银行和电子货币都发挥着不可或缺的作用。网络银行和电子货币应用的深度和广度也直接影响着电子商务的发展。

目标3 第三方支付平台的概念

第三方支付平台属于第三方服务中介机构,指的是有实力和信誉保障的独立机构,通过与网联对接而促成交易双方进行交易的网络支付模式。

第三方支付平台不直接从事具体电子商务活动。如图 1-1 所示,买家选购商品后,使用第三方平台支付给第三方,再由第三方通知卖家货款到账、按要求发货;买家收到货物,检验货物,进行确认后,通知第三方付款;第三方再将款项转至卖家账户。

第三方支付平台作为中介方,具有可以促成商家和银行的合作,有助于打破银行卡壁垒和提供增值服务等特点。目前,使用较为广泛的支付平台包括支付宝、财付通、安付通、首信易支付等。

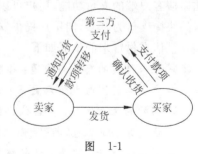

图 1-1

提　　示

2017 年 1 月 13 日,中国人民银行发布《中国人民银行办公厅关于实施支付机构客户备付金集中存管有关事项的通知》,明确了第三方支付机构在交易过程中,产生的客户备付金今后将统一交存至指定账户,由央行监管,支付机构不得挪用、占用客户备付金。

目标4 了解支付宝平台

支付宝作为国内领先的独立第三方支付平台,致力于为中国电子商务提供简单、安全、快速的在线支付解决方案,是淘宝网及其他在线交易的重要媒介。

支付宝是淘宝网用来支付现金的平台,买家看中商品以后,把网上银行里的钱打到卖家的支付宝账户,然后淘宝通知卖家发货,买家收到货后,通知淘宝,淘宝再把钱转给卖家的支付宝。

用支付宝进行交易,用户就可以放心地在网络上进行商务活动。支付宝庞大的用户群吸引了越来越多的互联网商家主动选择集成支付宝产品和服务,目前除淘宝外,使用支付宝交易服务的商家已经超过几十万家;涵盖了虚拟游戏、数码通信、商业服务、机票等行业。这些商家在享受支付宝服务的同时,更是拥有了一个极具潜力的消费市场。

支付宝实际上相当于交易的中间人,买家先通过网银把钱打入支付宝,卖家才会发货;买家收到货品确认没有问题之后,经过确认,卖家才会收到货款。支付宝为买卖双方提供了安全保障,给网络买卖提供了最缺乏的诚信保证。

提　　示

支付宝在电子支付领域稳健的作风、先进的技术、敏锐的市场预见能力及极大的社会责任感赢得银行等合作伙伴的认同。目前国内工商银行、农业银行、建设银行、招商银行、上海浦发银行等12家银行和支付宝建立了深入的战略合作,不断根据客户需求推出创新产品,成为金融机构在电子支付领域最为信任的合作伙伴。

目标5 了解微信支付平台

微信支付在近几年内迅速发展为移动端重要的第三方支付平台之一。微信支付是集成在微信客户端的支付功能,用户可以通过手机完成快速的支付流程。微信支付以绑定银行卡的快捷支付为基础,向用户提供安全、快捷、高效的支付服务。

微信支付带来的价值如下。

➢ 带来便捷的交易与沟通:微信创新的产品功能,如转账、红包、找零等功能,在方便用户交易的同时也带来更多乐趣,如好友之间发红包,是一种情感交流的方式。

➢ 高效的生活体验:覆盖线上线下,为用户提供零售、餐饮、出行、民生等高效的体验,让用户告别钱包、排队、假钱、硬币零钱。

➢ 帮助传统行业转型:让传统行业搭上互联网的直通车,带来新机会和转变,有更多商业化价值输出。

➢ 价值共享:微信支付平台的技术支撑和开放原则,基于智慧生态链的延伸孵化出很多新兴产业机会。

对于电子商务商家而言,需要与微信支付接口相连后才能让客服进行微信支付。目前,微信支付已实现刷卡支付、扫码支付、公众号支付。

➢ 刷卡支付:用户展示条码,商户扫描后,完成支付。

➢ 扫码支付:使用微信扫描二维码,完成支付。

➢ 公众号支付：在微信内的商家页面上完成支付。

有关商户支付接入教程，可参阅微信官方网站的详细介绍。

拓 展 阅 读

1. 我国电子商务发展趋势

随着互联网的不断发展和完善，我国电子商务将持续迎来春天，带动企业发展，满足用户需求。总体而言，今后我国电子商务的发展将呈现以下五方面的趋势。

➢ 纵深化：电子商务的基础设施将越来越完善，支撑环境趋向规范，企业和个人参与电子商务的深度将得到延伸。

➢ 个性化：互联网和电子商务的发展，让个性化需求和个性化商品成为新的发展方向。企业可以收集用户喜好并加入到商品设计里，让个人需求得到满足，也让企业有机会提供多样化的个性服务。

➢ 专业化：无论是对于个人，还是企业，专业化趋势都会越来越强。对于个人而言，我国上网人口以中高收入水平人群为主，他们购买力较强，受教育程度较高，个性化要求较强烈。所以，对能提供产品和服务的专业网站需求也更大。对于企业而言，随着个人专业要求的增强，以大行业为依托的专业电子商务平台为主。

➢ 国际化：我国电子商务将随着国际电子商务环境的规范和完善走向世界。这也表明，我国电子商务企业有机会和发达国家的电子商务站在同一起跑线上。

➢ 区域化：我国地区经济发展差异较大，所反映的经济发展阶梯性、收入结构层次性较明显。上网人口密集的大中城市和沿海经济发达地区，B2C 的电子商务模式区域性特征非常明显。

2. 电子商务代表人物

电子商务作为中国互联网发展的龙头行业，已经在交易数据上超越了多个国家，这离不开领军人物的努力。如创建阿里巴巴的马云、被称为"中国信息行业的开拓者"的张树新、百度公司创始人李彦宏和 2016 年网络红人 papi 酱。

1）马云——人人皆知的电商人物

马云先生，浙江杭州人，毕业于杭州师范学院外语系，硕士学位。他的个人经历大致如下。

➢ 1995—1997 年，马云从杭州电子工业学院辞职，成立中国第一家互联网商业公司"杭州海博电脑服务有限公司"。中国黄页正式上线，是中国第一家互联网商业信息发布网站。

➢ 1997—1999 年，马云的团队相继开发外经贸部官方站点、网上中国商品交易市场、网上中国技术出口交易会、中国招商、网上广交会和中国外经贸等一系列网站。

➢ 1999 年至今，马云辞去公职，创办阿里巴巴网站。相继创立淘宝网、网上支付平台支付宝等网站。

曾在 2016 年，阿里巴巴集团在"2016 中国企业 500 强"中排名第 148 位。到了 2018 年，全球同步《财富》世界 500 强排行榜发布，阿里巴巴集团排名为第 300 位。阿里巴巴经营多项业务，业务和关联公司的业务包括淘宝网、天猫、聚划算、全球速卖通、阿里巴巴国际交易市场、1688、阿里妈妈、支付宝、阿里云、蚂蚁金服、菜鸟网络等。下面介绍其中的几项。

- ➤ 淘宝网：创立于 2003 年，是一个注重多元化选择、价值和便利的中国消费者首选的网上购物平台。淘宝网展示数以亿计的产品与服务信息，为消费者提供多个种类的产品和服务。
- ➤ 天猫：创立于 2008 年，是一个致力为日益成熟的中国消费者提供选购顶级品牌产品的优质网购体验的平台。
- ➤ 聚划算：创立于 2010 年，是一个通过限时促销活动，结合消费者需求，以优惠的价格提供优质商品的平台。
- ➤ 全球速卖通：创立于 2010 年，是一个为全球消费者而设的零售市场。全球的消费者都可以通过全球速卖通，以低价从中国购买多种产品。
- ➤ 1688(阿里巴巴中国交易市场)：创立于 1999 年，是中国领先的网上批发平台，为在阿里巴巴集团旗下零售市场经营业务的商家，提供从本地批发商采购产品的渠道。
- ➤ 阿里妈妈：创立于 2007 年，为阿里巴巴集团旗下交易市场的卖家提供 PC 及移动营销服务的网上营销技术平台。
- ➤ 支付宝：创立于 2004 年，是阿里巴巴集团的关联公司。支付宝主要为个人及企业用户提供方便快捷、安全可靠的网上及移动支付和收款服务。支付宝也是淘宝网、天猫卖家与买家之间的主要结算方式。

时至今日，阿里巴巴已经形成一个围绕电商核心业务及支撑电商体系的金融业务，配套本地生活服务、健康医疗等，游戏、视频、音乐等泛娱乐业务和智能终端业务的完整商业生态圈。

2）张树新——中国互联网"第一代织网人"

张树新女士，辽宁抚顺人，毕业于中国科技大学应用化学系。张树新于 1995 年 5 月创建了瀛海威信息通信有限责任公司(以下简称瀛海威)的前身——北京科技有限责任公司，并担任总裁。瀛海威是国内最早提出应在国际互联网络上提供中文信息的网络服务公司，也是最先提供 ISP(Internet Service Provider，因特网服务提供商)业务的网络商之一。

创建瀛海威后的一年时间里，"瀛海威"成为一个知名度很高的名词。在大部分人对互联网络陌生时，瀛海威的互联网的知识和故事向公众普及了互联网的基本概念。由此，张树新女士被称为"中国信息行业的开拓者"。

3）李彦宏——百度公司创始人

李彦宏先生，山西省阳泉人，毕业于北京大学信息管理专业，随后前往美国布法罗纽约州立大学学习计算机科学，获硕士学位，是百度公司创始人、董事长兼首席执行官。

- ➤ 1987 年，李彦宏考上北京大学图书情报专业。从大三开始，李彦宏自助买来托福、GRE 等书学习，向着留学美国的目标进发。
- ➤ 在 1991 年，李彦宏收到美国布法罗纽约州立大学计算机系的录取通知书。
- ➤ 1994 年暑假前，李彦宏收到道·琼斯子公司的聘书。实习结束后，李彦宏的研究成果得到这一领域最权威人物的赏识，在该行业最权威的刊物上发表相关论文。
- ➤ 自 1995 年起，李彦宏每年都回国进行考察。
- ➤ 1999 年，李彦宏认定环境成熟，启程回国。
- ➤ 2000 年，李彦宏在和其他 7 人一起，开始创建百度公司。

目前,百度成为全球第二大独立搜索引擎和最大的中文搜索引擎。2005 年,百度在美国纳斯达克成功上市,并成为首家进入纳斯达克成分股的中国公司。早在 2011 年,李彦宏就以 94 亿美元成为福布斯全球富豪榜中的中国大陆首富。

4)papi 酱——网络红人

papi 酱(本名姜逸磊),上海人,毕业于中央戏剧学院导演系。

从 2015 年年初开始,papi 酱相继在微博、秒拍、小咖秀等平台发短视频。2016 年 2 月,papi 酱凭借变音器发布原创短视频内容而广受关注。同年 4 月,papi 酱与罗辑思维创始人罗振宇、杨铭等合伙人决定对其第一次广告进行拍卖,最终以 2200 万元卖出。同年 6 月,papi 酱获得超级红人节微博十大视频红人奖。2017 年 2 月,参演吴君如执导的喜剧影片《妖铃铃》。

papi 酱之所以能走红网络,正是因为抓住了短视频的契机,打造内容方面也结合影视专业知识,选题出众,结合时事热点,满足年轻群体对娱乐视频的需求。papi 酱是靠网络营销方法使自己走向成功的典型代表。

3. 网络银行服务

通常,网上银行的业务品种主要包括基本业务、网上投资、网上购物、个人理财、企业银行及其他金融服务。

➤ 基本业务:如在线查询账户余额、交易记录,下载数据,转账和网上支付等。

➤ 网上投资:如银行基金、外汇买卖、债券、银行保险、银行理财产品等金融产品服务。

➤ 网上购物:银行提供的网上购物协助服务在方便客户网上购物的同时也加强商业银行在传统竞争领域的竞争优势。

➤ 个人理财:银行通过网络提供理财方案、咨询建议和金融服务技术,在扩大银行服务范围的同时也降低相关服务成本。

➤ 企业银行:为企业提供查询账户余额、交易记录、转账、在线支付费用、储蓄账户、支票账户资金自动划拨等服务。

➤ 其他金融服务:通过自身或与其他金融服务网站联合的方式,为客户提供多种金融服务产品,如保险、抵押和按揭等,扩大网上银行服务范围。

思 考 题

1. 浅述广义电子商务和狭义电子商务的区别。

2. 浅谈 B2B、B2C、C2C、O2O、C2B 电子商务模式之间的区别与联系。

3. 思考第三方支付的出现对网络银行有什么影响。

4. 思考网络银行发展中可能遇到的问题。

项目二 网店注册

项目导言

想要更全面地了解电子商务,可以开一个淘宝网店。经过申请、激活、登录淘宝网,开通网上银行、支付宝等支付账户以及申请开设网店、参加"消费者保障服务""7 天无理由退换""运费险"等保障服务等,详细了解开网店的步骤。

学习要点

- 注册淘宝账号。
- 开通支付账户。
- 申请开设网店。
- 参加各种保障服务。

任务 1 注册淘宝账号

无论是在淘宝上卖货还是买货,都需要一个淘宝账号作为前提条件。可通过手机号、邮箱等方式注册淘宝账号,注册过程很简单,根据提示完善信息即可。

目标 1 申请与激活淘宝账号

手机号作为联络工具,在淘宝账号出现问题时(如忘记密码、账号被盗),淘宝用户可以通过这个手机号,找回账号和密码,所以更推荐用手机号注册账号。具体注册步骤如下。

第 1 步:启动浏览器,在地址栏中输入淘宝网官方网址,打开淘宝网首页,单击右侧的"注册"超链接,如图 2-1 所示。

第 2 步:如图 2-2 所示,单击"同意协议"按钮。

第 3 步:在弹出的对话框中输入自己的手机号以便获取验证码。通过验证后,单击"下一步"按钮,如图 2-3 所示。

第 4 步:之后手机会收到一则短信,将短信里面的验证码记下来,输入到"验证码"后面的文本框中,单击"确认"按钮,如图 2-4 所示。

第 5 步:输入登录密码和登录名,单击"提交"按钮,如图 2-5 所示。

图 2-1

图 2-2

图 2-3

图 2-4

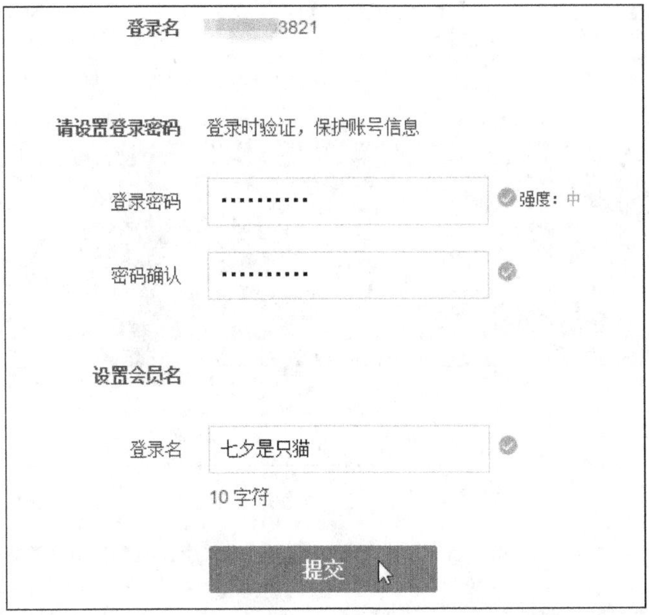

图　2-5

第 6 步：按照提示添加银行卡号等信息，以此完成支付方式的设置，输入手机号码及手机接收到的短信校验码，设置支付密码，单击"同意协议并确定"按钮，如图 2-6 所示。

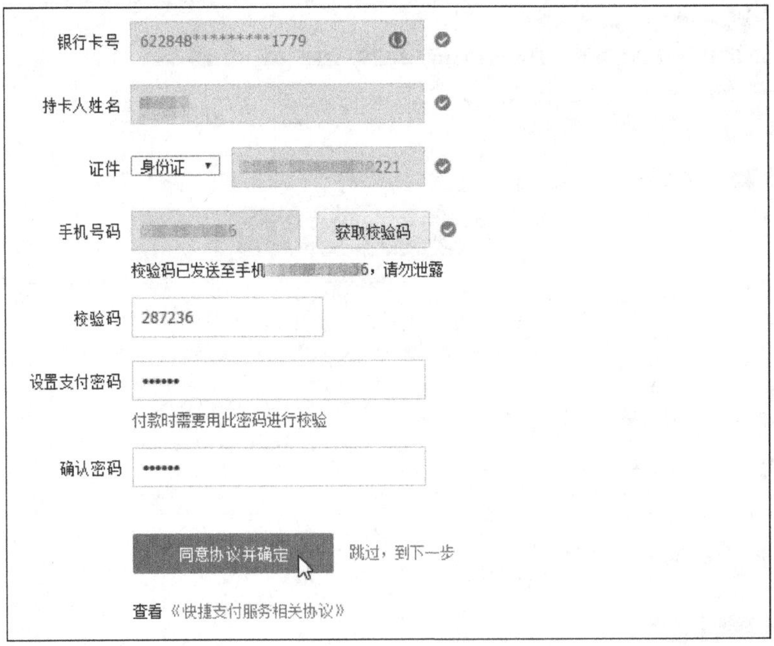

图　2-6

第7步：跳转到淘宝页面，即可看到注册已经成功，如图2-7所示。

用户注册

✓ 恭喜注册成功，你的账户为：

登录名 ▓▓▓▓▓▓21 (你的账号通用于支付宝、天猫、一淘、聚划算、来往、阿里云、阿里巴巴)

银行卡 中国农业银行 (尾号 ▓▓▓) 已开通快捷支付

淘宝会员名：七夕是只猫 ‹领新手红包，赚淘金币，尽在新手专区！查看详情› ‹免费开店入口› ‹安心购物，100万账号安全险免费领›

图 2-7

提 示

在淘宝账号注册过程中收到提示"手机号1500821 **** 已被 ** 账户使用，请确认该账户是否为你本人所有"时，则说明该手机号已经注册过淘宝账号。此时就可以选择使用QQ邮箱、163邮箱或其他邮箱注册淘宝账号。

目标2 使用账号登录淘宝网

注册成为淘宝网会员后，即可登录淘宝网，登录淘宝网的具体操作步骤如下。

第1步：启动浏览器，在地址栏中输入淘宝网官方网址，进入淘宝网首页，单击"亲，请登录"超链接，如图2-8所示。

第2步：输入用户名和密码，单击"登录"按钮，如图2-9所示。

图 2-8

图 2-9

任务2 开通支付账户

网上交易离不开支付环节，且不像线下一样，可以使用现金支付，所以需要了解网上交易支付方式，如网上银行和支付宝。

目标1 开通网上银行

网上银行指的是支持在网络上进行交易的虚拟银行。使用网上银行可以方便地实现支付宝充值、商品付款、转账等功能。淘宝卖家必须开通网上银行，才能在线处理收款、付款、退款、赔付等手续。这里以在工商银行网站开通网上银行业务为例讲述如何开通网上银行。

第1步：登录工商银行网站，单击"个人网上银行"下面的"注册"超链接，如图2-10所示。

第2步：进入新页面，完善身份证和手机号码等信息便于后面接收短信验证码，单击"确定"按钮，如图2-11所示。

图　2-10

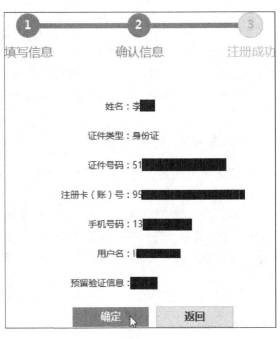

图　2-11

第3步：进入新页面，完善银行卡信息和登录密码的设置等信息，勾选"同意并接受"复选框，单击"提交"按钮，如图2-12所示。

第4步：跳转到新页面，显示网银注册成功，单击"完成"按钮即可，如图2-13所示。

目标2 激活支付宝账户

支付宝是国内领先的第三方支付平台，建立于2004年，主要提供支付及理财服务，包括网购担保交易、网络支付、转账、信用卡还款、手机充值、水电煤缴费、个人理财等多个领域。注册为淘宝网会员时，用户可以选择自动创建支付宝账号。淘宝网将为用户自动创建一个以手机号为账户名的支付宝账号。

支付宝账号分为个人支付宝和企业支付宝，支付宝账户激活之后才可以使用。这里以创建个人支付宝账号为例，其具体操作步骤如下。

第1步：登录淘宝网以后，单击"我的淘宝"超链接，如图2-14所示。

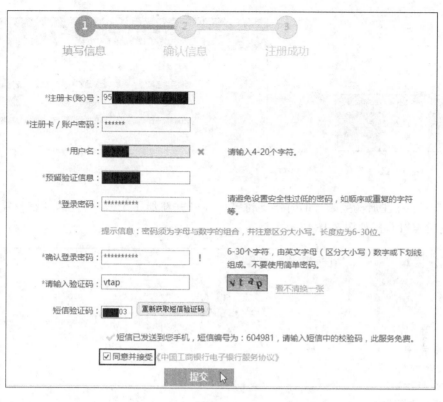

图 2-12

图 2-13

第 2 步：进入"我的淘宝"页面，单击"账户设置"选项卡，从弹出的文本框里单击"支付宝绑定"超链接，如图 2-15 所示。

图 2-14 　　　　　　　　　　　　　　　　图 2-15

第 3 步：在注册淘宝账号的时候支付宝已经一并注册了个人支付宝，现在只需要单击"进入支付宝"即可，如图 2-16 所示。

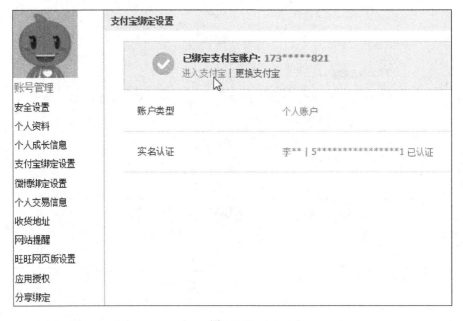

图 2-16

第 4 步：完成注册，提示支付宝账户名是注册淘宝会员时所用手机号，如图 2-17 所示。

通过支付宝认证后，相当于拥有了一张互联网身份证，可以在淘宝网等众多电子商务网站开店、出售商品。新的支付宝认证系统的优势有如下几点。

➢ 支付宝认证为第三方认证，而不是交易网站本身认证，因而更加可靠和客观。

➢ 由众多知名银行共同参与，更具权威性。

➢ 除身份信息核实外，增加了银行账户信息核实，极大地提高了其真实性。

➢ 认证流程简单并容易操作，认证信息及时反馈，用户实时掌握认证进程。

对于普通淘宝买家而言，不进行实名认证也不影响购买商品，但是一旦需要使用支付宝收取卖家的退款（这是常有的事），就必须经过实名认证；而对于淘宝卖家而言，更是必须经过实名认证后，才能申请开店。因此实名认证很重要，是一定要完成的操作。具体操作可根据支付宝后台操作提示进行。

图 2-17

任务3 申请开设网店

开设网店的前提条件是有一个属于自己的店铺。在淘宝中，只要有了淘宝账号和支付宝账号，根据提示完善信息，即可创建一个崭新的店铺。

目标1 申请开设网店

根据淘宝规定，凡申请新开店，必须完善信息，且通过支付宝身份验证及淘宝开店验证。免费开店的具体操作步骤如下。

第1步：登录淘宝网，单击"卖家中心"选项卡，在弹出的文本框中单击"免费开店"按钮，如图2-18所示。

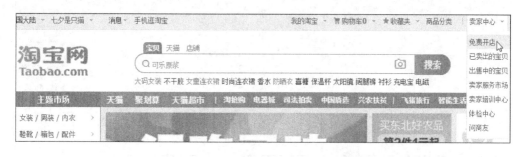

图 2-18

第2步：进入"免费开店"页面，淘宝店铺分为个人店铺和企业店铺，这里以个人店铺为例，单击"创建个人店铺"按钮，如图2-19所示。

第3步：仔细阅读开店须知，单击"我已了解，继续开店"按钮，如图2-20所示。

第4步：进入申请开店认证的页面，因为该账号已进行过支付宝实名认证，现在完成

图　2-19

图　2-20

"淘宝开店认证"即可,单击"立即认证"按钮,如图 2-21 所示。

图　2-21

第 5 步:当前淘宝开店认证较为严格,认证分为 PC 端和手机端,这里以手机端为例,需要在手机上安装"钱盾"进行扫描认证,继续完成验证手机号、填写联系地址、上传手势照和上传身份证照等内容,如图 2-22 所示。

欢迎来到淘宝身份认证,本服务由阿里实认证提供,请按照以下提示完成操作。

图 2-22

第6步:打开手机端的钱盾 APP,点击右上方扫描二维码的符号,如图 2-23 所示。

第7步:跳转到淘宝账户登录的页面,输入账户和登录密码等信息,单击"登录"按钮,如图 2-24 所示。

第8步:单击"开始验证"按钮,根据提示做动作,完成人脸验证,如图 2-25 所示。

第9步:单击"立即拍摄"按钮,根据提示完成拍摄,获取身份证人像面的验证,如图 2-26 所示。

第10步:回到验证页面,提示信息正在验证中,如图 2-27 所示。

第11步:提示身份验证成功,如图 2-28 所示。

26

图 2-23

图 2-24

图 2-25

图 2-26

图 2-27

图 2-28

第12步：回到申请开店认证的页面，完成"支付宝实名认证"及"淘宝开店认证"，单击"下一步"按钮，如图 2-29 所示。

免费开店

申请淘宝店铺完全免费，一个身份只能开一家店，开店后店铺无法注销，申请到正式开通预计需1~3个工作日，了解更多请看开店规则必看

| 1 | 选择开店类型 个人店铺、企业店铺 | 2 | 阅读开店须知 确认自己符合个人店铺的相关规定 | 3 | 申请开店认证 请尽快认证相关资料，等待审核通过 |

*用户类型：⦿ 中国大陆 ○ 香港/澳门用户 ○ 台湾用户 ○ 外籍用户

您已绑定了支付宝账户：15008217856 查看

开店类型必须与支付宝认证类型一致，否则可能无法创建店铺。

认证名称	状态	提示	操作
支付宝实名认证	通过		查看
淘宝开店认证	通过		查看

上一步　下一步

图 2-29

27

项目二

网店注册

第 13 步：阅读四大协议条款并单击"同意"按钮，如图 2-30 所示。

图　2-30

第 14 步：跳转页面，提示店铺已经创建成功，如图 2-31 所示。

图　2-31

目标 2　店铺开张

店铺创建成功,相当于实体店有了门面,接下来的工作是为店铺取名、写简介等工作。

第1步:登录淘宝账号,单击"卖家中心"选项卡,在弹出的文本框中单击"免费开店"超链接,如图2-32所示。

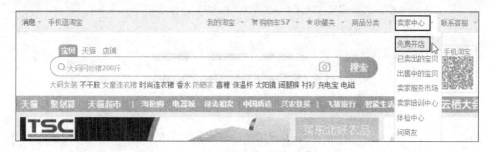

图　2-32

第2步:在跳转的页面中即可看到如图2-33所示的新手工作台,包括店铺名、支付宝账号、店铺简介等信息。单击"店铺名"后面的"修改"按钮,可对店铺名称做修改。

图　2-33

第3步:输入店铺信息(带*符号的项目必须填写),单击"保存"按钮,如图2-34所示。

第4步:根据自身情况,将需要修改的信息逐一修改后,一个属于自己的淘宝店铺就创建成功了,如图2-35所示。

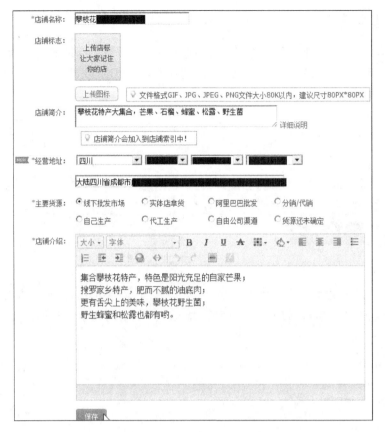

图　2-34

图　2-35

任务4 参加保障服务

为更好地服务淘宝上的买卖双方,淘宝平台推出多种保障服务,如"消费者保障服务""7天无理由退换""运费险"等。

从2011年1月1日开始,淘宝规定所有卖家必须签署"消费者保障服务协议",便于保障商品和服务质量,提高信誉,促进销售量。在日常网购中,"7天无理由退换"服务已经相当普及,"运费险"也被买卖双方逐步采用,这些都是让买家放心消费的有力保障。

目标1 消费者保障服务

"消费者保障服务"(简称消保)是淘宝网针对买家所提供的一项购物保障服务。淘宝网中的卖家可根据个人意愿加入消保,为买家提供由淘宝网公证与保障的售后服务。根据商品类型的不同,消保又分为多种情况,具体如下。

➢ 商品如实描述:指卖家所在店铺中商品的描述信息是与商品本身所相符的,没有不符合商品实际或言过其实的描述。如果卖家未能履行该项承诺,则淘宝网有权对由于卖家违反该项承诺而导致利益受损的买家进行先行赔付。

➢ 7天无理由退换:指卖家能够针对销售出的商品为买家提供7天内无理由退换货服务。加入该服务后,当买家购买了支持"7天无理由退换"的商品,在签收货物后7天内,若因买家主观原因不愿完成本次交易,卖家有义务向买家提供退换货服务;如果卖家拒绝提供,那么买家可以向淘宝网投诉卖家并获得相应的赔偿。

➢ 假一赔三:加入该服务后,如果卖家销售给买家的商品与描述严重不符,或者销售假冒伪劣商品,那么买家可以在认定商品为假货的前提下,要求卖家三倍赔偿。

➢ 虚拟物品闪电发货:该服务仅针对虚拟类商品,如充值卡、虚拟充值货币等。加入了该服务的卖家,必须迅速发货,如果在交易过程中没有及时发货,那么买家就可以对其投诉并获得相应的赔偿。

➢ 数码与家电30天维修:该服务仅针对经营数码电器类的卖家。买家购买商品后30天内,卖家应向买家无条件提供免费维修服务,否则买家有权向淘宝网投诉,淘宝网将根据情况来使用卖家的保证金对买家进行赔偿。

➢ 正品保障:该服务针对所有销售品牌商品的卖家,确保买家所购买的商品为品牌正品,如果交易后的商品不是正品,那么买家可以向淘宝网投诉并获得相应的赔偿。

加入消保都需要交纳一定的保障金。根据商品种类的不同,在加入消保时需要支付的保障金也会有所差别,大部分商品保证金为1000元,但也有部分商品高于或低于1000元,具体的金额淘宝会不时进行调整。

加入消保后,有如下好处。

➢ 在商品上加上特殊标记,并有独立的筛选功能,让商品可以马上被买家找到。

➢ 拥有相关服务标记的商品,可信度高,买家更容易接受。

➢ 为提高交易质量,淘宝网单品单店推荐活动只针对消保卖家开放。

➤ 淘宝网橱窗推荐位规则针对消保卖家有更多奖励。

➤ 淘宝网抵价券促销活动只针对消保卖家开放。

➤ 淘宝网其他服务优惠活动会优先针对消保卖家开放。

在初次申请店铺的时候,已经填写并签署了"消费者保障服务"协议,因此已经默认开通了"消费者保障服务"。但要进行正常使用,还需要向淘宝支付押金,其具体操作步骤如下。

第1步:在"卖家中心"列表中单击"消费者保障服务"超链接,如图2-36所示。

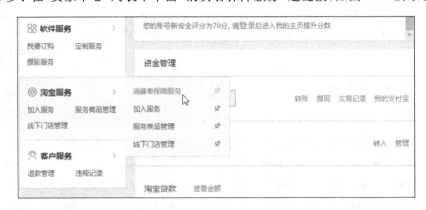

图 2-36

第2步:单击"保证金"界面的"缴纳"按钮,如图2-37所示。

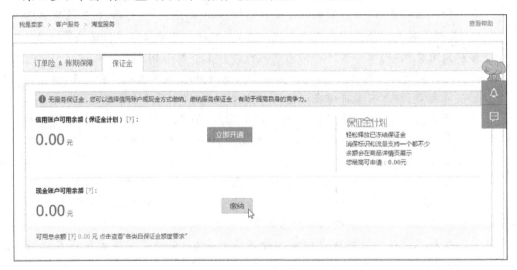

图 2-37

第3步:打开新页面,输入支付宝支付密码,单击"确定"按钮,就成功加入消费者保障服务了,如图2-38所示。

提 示

提交保证金时,必须保证支付宝中有足够的余额。支付成功以后,大家就可以在"消费者保障服务"栏目下,申请各种特色服务,只要符合要求即可成功开通。

图 2-38

目标2 7天无理由退换

2014年3月新修订的《消费者权益保护保护法》正式生效,法律支持网购商品在到货之日起7日内无理由退货。消费者的网购"后悔权"得到法律认可。

如果卖家已参加"消费者保障服务"并承诺提供"7天无理由退换"服务,在商品完好的前提下,淘宝网允许买家按规定对其已购买的特定商品进行退换。在货物签收的7天内,若因买家主观原因不愿完成本次交易,卖家有义务向买家提供退货。若卖家未履行该义务,买家有权按照规定向淘宝发起对该卖家的维权,并申请"7天无理由退换"服务。

"7天无理由退换"的责任范围如下。

➢ 买家在收货后因不满意而希望退换。

➢ 因质量问题产生的退换货,所有邮费由卖家承担。质量问题被界定为货品破损或残缺。

➢ 非商品质量问题的退换货,包邮商品需要买家承担退货邮费,非包邮商品需要买家承担发货和退货邮费。

➢ 退换货要求商品具备收到时完整的外包装,相关附(配)件齐全,(若有)吊牌完整等;购买物品被洗过、穿过、人为破坏或标牌拆卸的不予退换;所有预定或定制特殊尺码的不予退换。

提　　示

如果有准确的签收时间,以该时间以后的168小时为7天;如果签收时间仅有日期,以该日期后的第二天零时起计算,满168小时为7天。对于退换货商品,买家应在规定的时间内发回(以物流签收运单显示时间为准),否则需要买家与卖家协商处理办法。

卖家发布的商品属于支持"7 天无理由退换"服务的范围内,就必须提供售后服务。若买家向卖家提出"7 天无理由退换",卖家必须积极响应,并主动协商,经双方自愿友好地达成退货退款协议。如果卖家违反承诺将,淘宝的处置权包括如下几点。

- 当淘宝判定卖家未履行其"7 天无理由退换"服务,即视为卖家违规,淘宝有权给予卖家相应处罚。
- 如买家提出"7 天无理由退换"的申请时,交易尚未成功,卖家必须做好售后服务;在卖家拒绝履行"7 天无理由退换"承诺的情况下,淘宝有完全的权利按照协议约定和淘宝规则进行处理。
- 如买家提出"7 天无理由退换"的申请发生于买家已单击"确认收货"、交易成功付款完毕后,或发生于货款因支付宝服务付款流程中的到期强制打款规定而被强制打款后,在卖家拒绝履行"7 天无理由退换"的承诺的情况下,淘宝有完全的权利依其独立判断使用保证金强制卖家履行其承诺。
- 卖家需在收到买家退回商品之日起 7 天内退款给买家,未按时退款的,淘宝有权直接操作退款给买家。

只要加入退换服务,在商品发布时,系统会根据商品品类和属性自动打标签并显示,如图 2-39 所示。

图　2-39

加入"7 天无理由退换"较为简便,卖家只需要在"消费者保障服务"列表中单击"加入"按钮即可,如图 2-40 所示。

图　2-40

对于必须支持"7 天无理由退换"服务的商品,在宝贝详情页,搜索结果页、列表页面统一浮现 7 天退货标识,便于买家者辨识。支持 7 天退换服务的标识如图 2-41 所示。

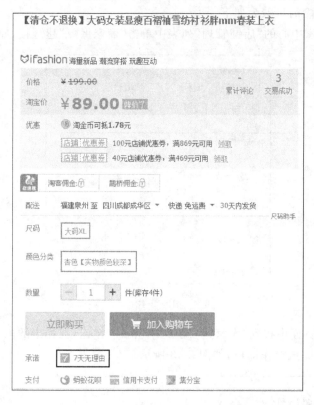

图　2-41

目标3　运费险

　　运费险也称"退货运费险",指的是网购买卖双方在交易未结束前,买家发起退货请求时,由保险公司对退货产生的单程运费提供保险的服务。运费险分为运费险(买方)和运费险(卖方)两个类别。

　　运费险仅针对淘宝网支持"7 天无理由退换"服务的商品,买方可在购买商品时选择投保。如果发生退货,经过理赔申请审核,保险公司将按约定对买方的退货运费进行赔付;卖家也可以为买家投保运费险。运费险(卖方)是指在买卖双方产生退货请求时,保险公司对由于退货产生的单程运费提供保险的服务。由于快递公司造成的商品损坏进而发生的退货,不在运费险的承保范围内。

　　运费险的保费低较低,且投保十分便捷,只需要在购物时勾选"运费险"选项,就可与货款一同支付。理赔时,根据买家收货与卖家的退货地之间的距离来计算。理赔无须举证,只要买卖双方同意退货,卖家在线确认收到货后 72 小时内,保险公司按约定理赔到买家的支付宝账户。

　　对淘宝卖家而言,购买该保险可以增强购买方的信心,提升服务品质并促使交易达成。卖家不能进行选择性投保。加入运费险后,每笔交易都会扣除相应的保费。在卖家填写物流单号发货时,系统会自动从支付宝账户扣除费用。保费的数额根据以往的风险率决定,风险率越高,收取的保费越高。

卖家加入运费险的步骤为如下。

第1步:在卖家中心的"店铺管理"列表中单击"商家保障"超链接,如图2-42所示。

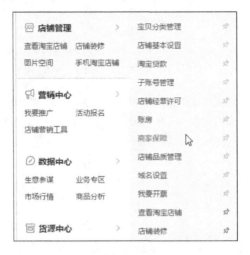

图 2-42

第2步:在新页面中找到"卖家运费险",单击 ⌄ 按钮,在弹出的内容里,单击"立即加入"按钮,根据提示完成操作即可,如图2-43所示。

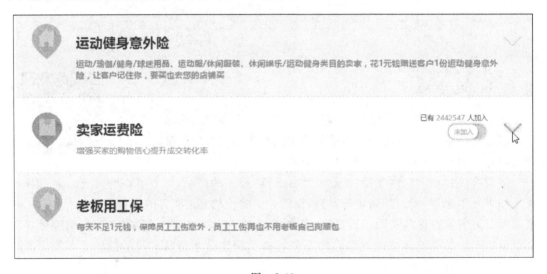

图 2-43

在加入运费险后,在商品展示页面会增加相关标识,如图2-44所示。

提　示

加入淘宝运费险的前提是加入淘宝网的"消费者保障服务"。

图　2-44

拓 展 阅 读

1. 商家保障服务

除了前面提到的"消费者保障服务""7 天无理由退换""运费险"等,卖家还可以考虑加入更多商家保障服务,如表 2-1 所示。

表　2-1

服 务 名 称	介　　绍	收 费 规 则	理 赔 规 则
大件售后保障险	针对大件商品,为卖家提供售后退货及物流破损保障;获得专属的服务标识与流量支持	(1) 根据卖家及类目商品进行浮动定价。 (2) 费率为 0.1%~1.5%	(1) 当大件商品发生退货时,赔付卖家退货产生的运费。 (2) 当大件商品由于破损问题发生退款时,赔付卖家退款金额的 80%
物流破损险	加入保险后,商品详情页面会显示物流破损险服务标识,提升买家购物转化率。消费者在签收后 72 小时内,如发现商品破损毁坏,可申请退款或退货退款,卖家完成退款后,由保险公司将理赔款赔付给卖家	根据店铺的经营情况,结合行业运营数据,采用动态的差异化风险定价。店铺经营得越好,费率越低。平均费率为 0.15%	在保障期限内,因保障责任发起的仅退款或退货退款,可申请理赔。赔付金额以卖家实际退款金额为准,不超过商品实际支付金额

服务名称	介 绍	收费规则	理赔规则
商品质量保证险	承保制造商、销售商或修理商因其制造、销售或修理的产品质量有内在缺陷而给消费者带来的经济损失的保险。加入该服务,商品可享受商标展示,帮助商标增加吸引力、提高销量	(1) 按订单金额的0.1%。 (2) 保费从绑定的支付宝账户中自动扣除	(1) 当发生材质问题的维权纠纷时,由保险公司提供第三方权威机构鉴定并承担相关费用。 (2) 对检测结果为符合卖家描述的商品,对买家进行相应补偿

2. 面向海外小店需要的网络收支工具

现在越来越多的淘宝卖家把眼光转向了海外市场,原因多是海外市场收益率高,空白点多,竞争较小。

那么,如果想成为一个对海外的淘宝卖家,需要使用什么样的收支工具来收取或支付钱款呢?

贝宝(Paypal)是一个类似于支付宝的网络金融工具,可以用来在国际间收支货款,支持二十多种货币。它可以即时支付,即时到账,具有全中文的操作界面,能通过中国的本地银行轻松提现。贝宝对于买家来说是完全免费的,对于卖家则需要收取少量的服务费用。

贝宝是目前最方便和热门的国际支付工具,如图2-45所示。通过简单的几步即可注册,然后添加自己的银行卡,即可开始国际收支之旅了。

图 2-45

思 考 题

1. 在开网店之前,需要做哪些准备工作?
2. 简述注册淘宝店的过程。
3. 分析自己所属类目需要开通哪些保障服务。

实 战 演 练

1. 登录淘宝网,申请一个淘宝账号。
2. 开通个人支付宝账号。
3. 登录淘宝网,开设一个网店并完善店铺信息。

项目三 货源寻找

项目导言

　　找到适宜的商品,是经营网店的一大重点。相比实体店,网店的商品范围更为广泛。本章从网店商品的特点出发,介绍选择商品类目、选品的技巧及网店热销商品。同时,也介绍大型批发市场、厂家、外贸尾单等实体货物进货渠道、虚拟货物进货渠道及电子商务批发网站进货等内容。

学习要点

- 网店商品的特点。
- 多种进货渠道。

任务 1　网店商品的特点

　　在网上开店,首先要从自身实际情况出发,去选择商品类目和选品,了解热销商品的相关信息,杜绝禁售的商品,从而找到适合自己网店销售的商品。

目标 1　选择商品类目

　　网上开店,类目选择是一个很重要的因素。选对类目有利于整个流程的发展,若没有选好则可能费尽苦心也是枉然。根据经营者的特点,在选择商品类目时,应注意以下几点。

1. 找一个定位清晰的市场

　　市场定位主要分析受众群体的特征,例如年龄、性别、职业状况、受教育程度、收入水平等。如果某商品的受众群体是孕妇,她们最为看中的是质量,那降价对她们而言不是最敏感的,在今后的营销策略中,不能利用价格战作为主要营销策略。

2. 看清平台小圈子

　　当宏观的市场大环境考察完毕之后,就要分析平台的小圈子了。例如,在淘宝中近几年手机的更新换代比较热门,市场很大;同时,在淘宝上有各大手机品牌店,其质量和价格都无可挑剔,再开店卖杂牌手机就不具优势了。

3. 看清趋势很重要

　　很多类目具有一定的季节性,为了合理安排运营工作流程(合理上架、推广、甩单等),可借助阿里指数、生意参谋等工具来查看市场的趋势。

4. 自身现状也能影响类目

简单而言，可从启动资金、人脉、资源等方面去分析适合自己的类目。例如，自己正好是家具行业中的一把手，对家具市场了解且有货源，那么，相比其他行业，家具这个行业就更适合自己。

目标2 选品的学问

新手开店很容易遇到棘手问题，例如太注重流量、专选爆款，实则竞争更大。因此，选品是开网店的一大重心。选品，也就是选款。要选出店铺能够在这个季节或者这段时间打造很好销量的商品。

因此，卖家首要考虑的不是流量，而是商品。用心选择商品，给店铺做好定位。对于选品，有以下几个建议。

➢ 选择自己喜欢、了解的商品。首先肯定是卖家自己喜欢的商品，才能全身心地投入时间、精力去经营；继而才有兴趣去了解这个商品的属性，才能推广给更多的人。

➢ 全面认识商品的优缺点。很多卖家在选品时，都奔着流量、销量去，只看到了该商品的热门程度，却忽略了热门商品的强大竞争力。故卖家在选品时，一定要全面地分析商品的优缺点，再与同行比较有什么优缺点。

➢ 了解开网店的平台是否喜欢该商品。一些卖家会剑走偏锋，在淘宝平台售卖违法商品。由于其商品的特殊性，销量可能会不错，但随之而来的是淘宝平台的惩罚和法律的制裁。相反，如果售卖淘宝平台喜欢的商品，它才会推荐。

➢ 放弃热门商品。对于刚起步的小卖家而言，可完全不考虑热门商品，因为热门商品竞争大，若实力不足，很难脱颖而出。一些冷门商品不仅竞争小，搜索量也高。

部分新手卖家，在选品方面犹豫不决，最后把店铺发展为杂货铺，类目多、商品杂。针对这样鱼龙混杂的店铺，网店平台是不会给予免费流量支持的；卖家也不会买账。所以，店铺的定位也十分重要。无论选择什么商品，都要做到"三专"：专一、专注、专业。

提　　示

很多卖家在选品时会纠结客单价。从表面上看，淘宝比价严重，应走低客单价商品。但纵观淘宝不难发现，客单价较高的商品销量也位居榜首。由此可见，客单价的高低，不是选品的要点，只要突出其特点和优势，自然不缺买家。

目标3 热销商品的选择

选品是网店经营的基石，虽然按理说任何不违法的商品都可以在网店中进行销售，但选对了商品，不仅进货方便，在以后的销售中也更有可能成为热销商品。总体来说，在选择类目时，需要考虑以下因素。

1. 商品体积与重量

网店销售的实体商品通常需要通过物流送达买家手中，在选择销售商品时，首先要考虑商品的体积问题。网店销售的商品体积不宜太大且要易于包装，从而方便快递运输，以及节约运输费用。

如果是一些异形商品,就要根据形状和性质来进行特殊包装。图 3-1 所示的沐浴桶就是这样的商品,由于其长度较长,普通的纸盒是无法包装的,需要定制特别的包装,这些也是额外的投入,要计算在成本之中。

图 3-1

2. 商品价格和附加值

用户在淘宝上购物,图的就是便宜和方便。同一双鞋子,不能别人卖 80 元,你卖 120元。为了平衡定价,在选货时一定要选择利润率高的商品,以便把利润让给买家,把商品的售价降下来。

3. 商品的独特与时尚性

纵观网上销量较好的商品,基本都具有各自的独特性与时尚性。

➤ 独特性:就是用商品本身的特色和亮点来吸引买家的注意。如果商品太过普通或大众化,或者现实中随处可见,那么其在网上销售的价值就很低了。

➤ 时尚性:就是商品能跟上时代主流,是当前所热门追捧的类型,如服装类的商品很流行、数码类商品配置为当前主流等。很多买家在网上购买商品时,也都会对商品的时尚性非常关注,尤其是一些具备很强时尚性的商品,如服装等。

广大卖家在选择商品时,必须分析所选择商品是否具备一定的独特性与时尚性,如果商品太过平庸,则应分析网上买家的需求,该商品在网上是否有销路。

4. 吸引买家购买欲望

网上交易过程中,买家都是通过卖家所提供的商品图片和描述来选择与确定购买商品的,这就要求卖家,必须通过图片与描述就能让买家对商品产生一定的了解,并引起买家的购买欲望。如果指定商品必须买家亲自见到实物并进行检测才会购买,那么就不太适合在网上销售。

5. 只能在网上买到的商品

如果具备条件的话，尽可能选择网下没有，而只能在网上才能买到的商品，如外贸订单商品，或者从国外带回来的商品等。这类商品首先购买者只有网上才能买到，其次竞争相对较小，更容易销售。

6. 列举热销类目

严格来说，热销商品和冷门商品做好了都能赚钱，不过相对来说热销商品的循环比较快，客户群很大，相对来说要好做一些。目前，网上的热销商品如表 3-1 所示，主要包括服装类、美容护肤品、箱包类商品等。

表　3-1

类目名称	热销原因
服装类	在众多从事开店的个体户中，赚钱最快的当属服装店。五彩缤纷的时装在给人们生活带来美和享受的同时，也给店主带来了不菲的收入。中国网购品类市场份额报告显示，服装是网上最畅销的商品
美容护肤品	女人天性爱漂亮，喜欢使用各种化妆品，因此，化妆品市场的前景非常广阔。越是富有的女性越是想要留住青春年华，越是舍得消费化妆品；对普通女性来说，化妆品也是天天要用的东西，所以会常常买。一般来说，女性一旦觉得某个店里的一款化妆品比较好用，会重复在该店购买。据了解，网上化妆品店"80%的利润来自于 20% 的老客户"，因此，在经营时应该努力去抓住每一个买家，让买家踏踏实实地做个回头客
箱包类商品	箱包类商品也是淘宝上非常热销的商品。每个女孩至少有两三个包包，如上课上班用的大包包、逛街用的斜挎包包、约会用的精致小包等。箱包运输方便，不会过期，优势差不多和服装一样，而且箱包作为礼物的也很多，这也是其优势所在
数码家电产品	在网上购买数码家电及相关配件的人也越来越多，因为此类产品一般都具备一定的品牌因素，所以大家只要选好品牌后参考价格就可以选择是不是要购买，而不需要去考虑其他的生产日期和尺寸大小之类的问题。一般买家在网上购买此类产品时都很谨慎，比较以后才去购买，同样品牌的商品，价格是很重要的因素
电脑整机及配件	很多人认为电脑价值不菲，邮寄也不方便，应该不适合网上销售。这样想就错了，事实上，电脑（包括台式电脑、笔记本电脑以及平板电脑）的销量一直都在各 C2C 平台上排在前列，其相关配件和外设的销量也非常可观
流行饰品	流行饰品的市场非常大，女性的饰物数量是数不胜数。在女性自己购买的同时，男性也会购买来作为礼物，也有少许男性喜欢佩戴。打算做饰品网店的卖家，一定要紧跟时尚的步伐，不可脱离最新、最流行的字眼。只要商品款式够新颖，够时尚，买家一般只要看上就会念念不忘，最终掏钱购买

热销产品不仅客户很多，而且货源也能轻易找到，相对来说是一个比较好的选择。但是电脑产品的进入门槛相对较高，需要具备一定的专业知识，如了解产品的功能特点、辨别产品的优劣，以及帮助买家排除一些小故障。

目标4　网店中禁售商品

网店中，有明令禁止交易的商品，如枪支弹药、盗版游戏，罂粟种子之类。也有很多商品虽然国家不禁止在实体店售卖，但禁止在网店中出售，如卫星电视接收设备、刀剑匕首等冷兵器以及食用盐等。还有一些商品虽然能够在淘宝店售卖，但需要申请特别执照，如书籍、印刷品以及药品等。

如果不能确认自己出售的商品是否违规,可到淘宝网上搜索同样商品,如果没有符合的结果,那么就要仔细考虑了。如搜索"卫星电视接收器",结果中全是各类遥控器,此时就应该引起注意了。

任务 2　多种进货渠道

在网上做生意,货源渠道多种多样,如大型批发市场、厂家进货、外贸尾单、特产商品和代销商品、官方代销处、电子商务批发网站等。卖家应该根据自己商品类目的实际情况,多方对比进货渠道,最终找到物美价廉且收货方便的进货渠道。

目标 1　实体货物

网上售卖的商品中,实体货物占比较重,故而实体货物的进货渠道也很多,如大型批发市场、厂家进货、外贸尾单、国外打折商品等。

1. 大型批发市场

批发市场产品多样,地域分布广泛,能够小额批发,适合以零售为主的小店。批发市场的商品价格一般比较便宜,这也是经营者选择最多的货源地。图 3-2 所示为北京大红门服装城。

图　3-2

从批发市场进货一般有以下特点。

➢ 进货时间、数量自由度很大。

➢ 品种繁多、数量充足,便于卖家挑选。

➢ 价格低,有利于薄利多销。

批发市场是最主要的进货渠道之一,和批发商建立起长久的供应关系,有助于网店的稳定运转。有的批发商货物进出量很大,对于一些少量进货的零售买家,态度上可能就有些冷淡。其实这是正常的,买家不要有过于敏感的想法,要主动和批发商搞好关系,多次来往以后,甚至可以和批发商达成先拿货再付款的协议,这样会省下不少周转资金,用于购买别的货物,这对扩大网店经营规模是非常有利的。

2. 厂家进货

一件商品从生产厂家到买家手中,要经过许多环节,其基本流程如图 3-3 所示。

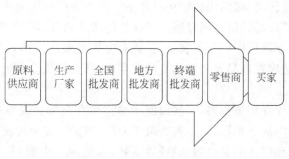

图 3-3

经过如此多环节、多层次的流通组织和多次重复运输过程，自然就会产生额外的附加费用。这些费用都被分摊到每一件商品上，所以，对于一件出厂价格为 50 元的商品，买家往往需要花 200～300 元才能买得到。

如果可以直接从厂家进货，且有稳定的进货量，无疑可以拿到理想的价格。而且正规的厂家货源充足，信誉度高，如果长期合作的话，一般都能争取产品调换和退货还款。但是，一般能从厂家拿到的货源商品并不多，因为多数厂家不屑与小规模的卖家打交道，但有些网下不算热销的商品是可以从源头进货的。一般来说，厂家要求的起批量非常大。以外贸服装为例，厂家要求的批发量至少要在近百件或上千件，达不到要求是很难争取到合作的。

3. 外贸尾单

外贸尾单就是正式外贸订单的多余货品。众所周知，外商在国内工厂下订单时，一般工厂会按 5％～10％ 的比例多生产一些，这样做是为了万一在实际生产过程中有次品，就可以拿多生产的货品来替补，这些多出来的货品就是常说的外贸尾单货了。这些外贸尾单货价格十分低廉，通常为市场价格的两三折，品质做工绝对保证，这是一个不错的进货渠道。

外贸尾单货的优点就是性价比高，出口后都是几十美金或是更高的价格，但在国内却只卖几十或上百元。但要注意的是，尾单货的颜色和尺码有的不成比例，不像内销厂家的货品那样齐码齐色。

4. 国外打折商品

无论是国内还是国外，在换季或节假日前夕都可能开展打折销售活动。如果在国外有亲戚朋友，可以让他们趁这些时候买进一些打折商品，由自己放到国内网站上的网店来卖，即便这些商品仍然有着较高的价格，仍然能够吸引大量国内喜欢国外品牌的买家，毕竟按折扣价拿到的这些商品在国内同类商品中还是会有一定的优势。因而，经营该类商品也会有较大的利润空间。不过，网店开起来之后，要保证能够从国外源源不断地供货，否则会给买家货源不稳定的印象。

在国外，一些日用品牌都有所谓的"工厂店"，英文叫作 Outlet，这些店铺是厂方直接开设的，省去了很多中间环节，因此价格上要比商场优惠不少，款式也更加丰富一些。在国外生活过的人，很多都知道工厂店，也很乐意去购买，特别是打折商品，价格上更是非常优惠。如果把这些打折商品批量购买运回国内销售，利润也是非常大的。

5. 库存商品与清仓商品

随着经济和物质生产高速发展，新技术、新产品层出不穷，更新速度加快，库存商品及闲置物资越来越多,而地区间、国际间的经济发展不平衡为库存积压商品的发展提供了广阔的市场,"旧货""库存货"市场得以迅速发展。当前传统意义的"旧货"概念正在被打破,很多崭新的商品在市场的更新换代中积压下来,但仍具有完善的使用价值,"旧货"成为多品种、多层次、数量巨大的各类库存商品及闲置物资的代名词,其交易额已占到各旧货市场交易额的60%以上。

有些品牌商品的库存积压很多,一些商家干脆把库存全部卖给专职网络销售卖家。不少品牌虽然在某一地域属于积压品,但网络覆盖面广的特性,完全可使其在其他地域成为畅销品。如果能经常淘到积压的品牌服饰、鞋等货物,拿到网上来销售,一定能获得丰厚的利润。这是因为品牌积压库存有其自身优势,具体如下。

➤ 质量好,竞争力强。
➤ 需求量大,市场前景看好。
➤ 利用网络的地域性差异提高价格。

6. 本地特产和民族特色商品

近年来,具有个性特色的商品显示出热销倾向,其中土特产是最为显著的行业之一。特产行业以自身商品的特性在需求大环境下脱颖而已,很多卖家都看准了网络营销,陆续在网上卖特产。

民族工艺品价值很高,其民族特色足以使其在琳琅满目的商品中鹤立鸡群。网络店主之所以愿意让这类产品来充实自己的店铺,不仅是因为它们稀有、能吸引人的眼球,而且还拥有其他产品无法取代的特点,具体如下。

➤ 具有很强的个性。
➤ 具有丰富的文化底蕴。
➤ 富含淳朴气息。
➤ 具有奇特的特点。
➤ 富有民族特色和地域特色。

图 3-4 所示的云南特产鲜花饼和图 3-5 所示的民族特色工艺品,销售状况就很好。

图   3-4   图   3-5

对于这类地方特产,可以多走访当地独有特产,多查询网络,找到大众喜欢的商品元素,再根据商品特性,去当地市场寻找货源。

7. 代销商品

网上代销也就是在代销者自己的店里展示其他商家的产品,但代销者并不进货。当买家下单后,代销者扣下差价部分,剩余货款转给商家,商家即向买家发货。在整个过程中,代销者没有接触到货物实体,货物也不从代销者手里流转,而是直接从商家发送到买家。代销者实际上赚的就是一个广告宣传费用。

代销这种形式有以下特点。

➢ 几乎没有什么资金投入,适合新卖家和小卖家。

➢ 由于商品不经过代销者转手,因此代销者无须准备仓库、物流,也无须承担售后的责任,相对来说比较轻松。

➢ 代销者直接使用商家提供的商品照片和描述,因此省去了自己拍照写描述的麻烦,而且商家提供的照片与描述一般都比较精美精致,比起新手卖家的作品来,更能够吸引买家的目光。

➢ 由于代销者不能接触商品实物,因此对商品的细节和质量其实不是很了解,因此常常在买家询问细节时,只能含糊其辞,往往不能让买家满意。

➢ 由于代销的投入小,因此利润也很微薄,需要把量做大,才能有较好的收入。

对于缺乏流动资金的卖家,或者纯粹是"玩票"性质的卖家,可以考虑代销的方式。

目标2　虚拟商品

从广义上来讲,没有实物的商品都可以算是虚拟商品。这样的商品在淘宝上还有很多,不少归为生活服务类,如网店装修、室内设计、同城电脑维修等。其实,具有各种技能的人也可以在淘宝上开店提供服务,赚取劳务费。另外各种电子资料也可以出售,如电子书、学习教程等,当然前提是不能侵犯版权。

游戏点卡、各种充值卡以及Q币等,是虚拟商品的重要组成部分。这些商品都有各自的进货货源。游戏点卡可以找游戏官方联系代销;电话充值卡或在线充值代理可以找当地的移动、联通和电信营业厅协商;Q币、泡币、微币等虚拟货币也可以找各自的官方客服联系代销。

目标3　电子商务批发网站

全国最大的批发市场主要集中在几个城市里,而且很多卖家没有条件千里迢迢地去这几个批发市场,即使去购买,加上差旅费,导致商品成本也很高。所以,阿里巴巴、生意宝等作为网络贸易批发的平台,充分显示了其优越性,为很多小地方的卖家提供了很大的选择空间。它们不仅查找信息方便,也专门为小卖家提供相应的服务,并且起批量很小。图3-6所示是阿里巴巴1688批发网站。

网上批发是近几年开始兴起的新事物,发展还不成熟,但网络进货相比传统渠道进货的优势已经很明显,主要有以下几点。

图　3-6

➢ 成本优势。可以省去来回批发市场的时间成本、交通成本、住宿费、物流费用等。

➢ 时间优势。选购的紧迫性减少，亲自去批发市场选购由于时间所限，不可能长时间慢慢挑选，有些商品也许并未相中但迫于进货压力不得不赶快选购，网上进货则可以慢慢挑选。

➢ 批发数量限制优势。一般的网上批发基本上都是 10 件起批，有的甚至是 1 件起批，这样在一定程度上增大了选择余地。

➢ 其他优势。网络进货不但能减少库存压力，还具有批发价格透明、款式更新快等优势。

拓 展 阅 读

1. 淘宝货源中心

淘宝平台为方便卖家快速找到货源，提供"货源中心"版块。如图 3-7 所示，在淘宝卖家中心的后台可看到"货源中心"分类。单击更多按钮，可看到淘工厂、找货神器、阿里进货管理、品牌货源、批发进货、分销管理几个小类目。卖家可针对各类目的作用，选择性使用。

淘工厂：链接淘宝卖家与工厂的平台，解决淘宝卖家找工厂难、试单难、翻单难、新款开发难的问题。淘工厂是阿里巴巴旗下 1688 事业部新上线的一个平台，其最大的特点在于生产上将更加符合淘宝卖家的需求，卖家可尝试小批量试单，快速翻单。淘工厂能提供最低起订量、打样周期、生产周期，适用于小卖家

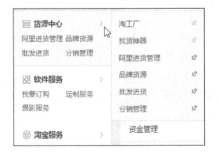

图　3-7

订货。

找货神器：帮助淘宝卖家查找淘宝和天猫商品的同款、相似款商品的货源。换言之，卖家可通过该功能，找到当前热卖商品的进货渠道。找货神器还有两个亮点功能：展示店铺商品的同款、相似款货源，为卖家找到更好的货源；提供淘宝两百多个类目下的热卖商品排行，并提供1688的同款货源。

阿里进货管理：查看近三个月的订单信息，包括订单号、货物名称、成交时间等。

品牌货源和批发进货等类目，都可以帮着卖家快速找到货源。

分销管理：有分销和代销两个模式。卖家可通过该平台，找到货源并与供应商建立合作关系。

2. 网络进货防骗招数

网络毕竟存在着一定的虚拟性，所以选择商家时一定要谨慎小心，选择比较可靠的商家进行交易。在网络上批发进货时注意如下事项。

➤ 注意批发商提供的地址：按理说，批发商会有一个固定地址。订货之前可以先在百度或其他搜索网站搜索一下批发商的地址，找到更多信息，仔细看看有没有漏洞，如是否和供应商提供的公司名称相符等。

➤ 观察网站的营业资格：骗子网站很难有营业执照，所以可以要求他们出示营业执照等证明。另外，一些比较高明的骗子网站也会用图片处理软件伪造一份营业执照，在观察营业执照时需要仔细辨认，查看是否有涂改痕迹。

➤ 注意批发商提供的网址：仔细查看供应商的销售网站，如多研究店铺里面的商品，然后对供应商提问题。

➤ 注意批发商提供的汇款途径：网络进货一定会涉及汇款问题。从汇款方式来看，也是可以查到很多疑点的。正规实体公司进行网络批发时，一般会提供公司账号，而非个人账号。另外，多和供应商谈，有的供应商也是同意通过支付宝汇款的。还有一种办法，就是选择快递公司的货到付款服务。

➤ 看网站的发货速度：部分网站的发货速度非常慢，下单后两三天甚至五六天才发货，严重影响了买家对卖家的信任，造成了客户资源的流失。所以在选择批发网站时，一定要看网站对发货速度的承诺。发货以后还要看网站是否支持退换货，有些网站以次充好或者在产品发生质量问题时以各种理由搪塞并拒绝退换货。这一点也需要加以注意。

3. 根据顾客心理来选品

如果卖家经销的商品能满足买家的需求，那么成交的概率就会大增；而要想满足买家的需求，就需要将买家的心理摸透，选择正确的商品，如此才能"对症下药"，提高销售的业绩。是什么东西促使买家进行购买？从其购买动机表现来看，如表3-2所示，可以归纳为两大类：理智动机和感情动机。

仔细分析买家的心理需求，察觉到买家想要什么，然后投其所好地选择商品和制定出售策略，便能大大激发买家的购买欲望。

表 3-2

动机分类	动机名称	具 体 内 容
理智动机	实用	即求实心理,是理智动机的基本点,即立足于商品的最基本效用。买家在选购商品时不过分强调商品的美观悦目,而以朴实耐用为主,在适用动机的驱使下,买家偏重产品的技术性能,而对其外观、价格、品牌等的考虑则在其次
	经济	即求廉心理,在其他条件大体相同的情况下,价格往往成为左右买家取舍某种商品的关键因素。折扣券、拍卖之所以能牵动千万人的心,就是因为"求廉"心理
	可靠	买家总是希望商品在规定的时间内能正常发挥其使用价值,可靠实质上是"经济"的延伸。名牌商品在激烈的市场竞争中具有优势,就是因为具有上乘的质量。所以,具有远见的卖家总是在保证质量的前提下打开产品销路
	安全	随着科学知识的普及、经济条件的改善,买家对自我保护和环境保护的意识增强,对产品安全性的考虑越来越多地成为买家选购某一商品的动机。"绿色产品"具有十分广阔的前景,适合这一购买动机来促进销售
	美感	爱美之心人皆有之,美感性能也是产品的使用价值之一。买家在选购商品时不以使用价值为宗旨,而是注重商品的品格和个性,强调商品的艺术美
	使用方便	省力省事无疑是人们的一种自然需求。商品尤其是技术复杂的商品,使用快捷方便,将会更多地受到买家的青睐。带遥控的电视机、只需按一下的"傻瓜"照相机以及许多使用方便的商品走俏市场,正是迎合了买家的这一购买动机
	售后服务	产品质量好,是一个整体形象。有无良好的售后服务往往成为左右买家购买行为的砝码。为此,提供详尽的说明书进行指导、及时提供免费维修、实行产品质量保险等都成为争夺买家的手段
感情动机	好奇心理	所谓好奇心理,是对新奇事物和现象产生注意和爱好的心理倾向,或称之为好奇心。古今中外的买家,在好奇心理的驱使下,大多喜欢新的消费品,寻求商品新的质量、新的功能、新的花样、新的款式
	求新心理	买家在选购商品时尤其重视商品的款式和眼下的流行样式,追逐新潮。对于商品是否经久耐用、价格是否合理则不大考虑
	炫耀心理	买家在选购商品时,特别重视商品的威望和象征意义。商品要名贵,牌子要响亮,以此来显示自己地位的特殊,或炫耀自己的能力非凡。这多见于功成名就、收入丰盛的高收入阶层,也见于其他收入阶层中的少数人。他们是买家中的尖端消费群,购买倾向于高档化、名贵化、复古化,几十万乃至上百万美元的轿车、上万美元的手表等的生产正迎合了这一心理
	攀比心理	买家在选购商品时,不是由于急需或必要,而是仅凭感情的冲动,存在着偶然性的因素,总想比别人强,要超过别人,以求得心理上的满足。人家有了大屏幕彩色电视机、摄像机、金首饰,自家没有,就不管是否需要,是否划算,也要购买
	从众心理	女性在购物时最容易受别人的影响,例如许多人正在抢购某种商品,她们也极可能加入抢购者的行列,或者平常就特别留心观察别人的穿着打扮,别人说好的,她们很可能就下定决心购买,别人若说不好,则很可能就放弃
	尊重心理	买家是卖家的争夺对象,理应被奉为"上帝"。如果服务质量差,即使产品本身质量好,买家往往也会弃之不顾,因为谁也不愿花钱买气受。因此,卖家应该真诚地尊重买家,如此一来,尽管有的商品价格高一点,或者质量偶尔有不尽如人意之处,买家感到盛情难却,也乐于购买,甚至产生再光顾的动机

思 考 题

1. 结合自身条件，思考自己适合什么类目的商品。
2. 通过收集、对比网络资料，列举更多热销类目商品。
3. 对比实体货物和虚拟货物进货渠道，分析得出最合适自己的进货渠道。

实 战 演 练

1. 走访附近的大型品批发城，对比商品价格，查看批发商商品的价格、质量。
2. 分析本地销量较好的特产有哪些，并找到相应的进货渠道。
3. 登录 1688 网站，对比同类商品在批发市场的价格。

<table>
<tr><td>项目四</td><td>网店的设置与装修</td></tr>
</table>

项目导言

店铺装修是艺术和技术的结合,精美装修能带来更多流量和转化。卖家应掌握网店的基本设置与装修,如设置店名、店标、店铺简介等内容。为了使装修效果更佳,卖家需了解店铺布局,掌握一定的制图技巧,如制作店招、公告栏和商品分类按钮。同时,还应了解旺铺智能版的功能,并熟练掌握其开通、使用技巧。

学习要点

- 设置淘宝网店的信息。
- 装修网店页面。
- 开通淘宝旺铺。

任务 1 设置淘宝网店的信息

在网店资料经过审核后,卖家拥有一个全新的店铺,接下来可在卖家中心完成店铺基本设置,如店招、店名、店铺简介等内容。为方便店铺日后的推广营销,卖家还可在卖家中心设置二级域名。另外,卖家也可以开通客服子账号来实现高效管理员工。

目标 1 设置店铺基本信息

在网络里,店铺信息就是一个崭新的门店,全靠卖家自己装修。在装修前,先要设置好店铺招牌、店铺简介等内容。

第1步:在"卖家中心"选项的"店铺管理"中,单击 ≫ 按钮,在弹出的文本框中单击"店铺基本设置"按钮,如图4-1所示。

第2步:进入新页面,在这里可重新设置店铺名称,单击"上传图标"按钮,如图4-2所示。

图 4-1

图 4-2

第 3 步：打开选择文件对话框，选择计算机中保存的店铺 LOGO 标志文件，单击"打开"按钮，如图 4-3 所示。

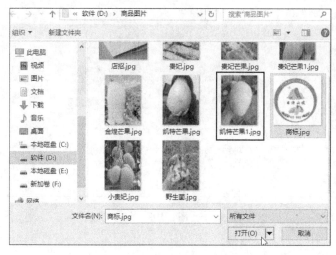

图　4-3

第 4 步：开始自动上传这里所选择的图标文件，成功后会即时显示图标到网页上，如图 4-4 所示。

图　4-4

第 5 步：设置店铺简介、经营地址、主要货源等信息，如图 4-5 所示。

图　4-5

第 6 步：在"店铺介绍"中，输入店铺介绍文字或插入图片，勾选声明复选框，单击"保存"按钮，如图 4-6 所示。

提　　示

店铺介绍可以以图片和文字的形式，但部分不想添加图片的卖家也可以只输入文字。插入图片的方法是，单击 ▦ 按钮，根据提示进行操作即可。

网店的设置与装修

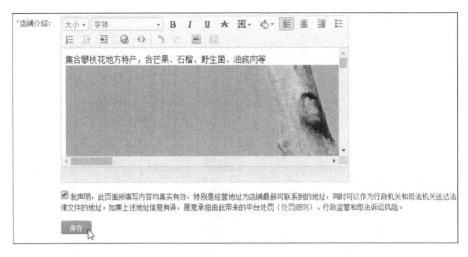

图 4-6

目标 2　设置店铺名称

网店的名称非常重要。好的店铺名称(简称店名),不仅能让用户快速记住,还能获得额外搜索流量。一个好的店铺名称,不仅要传达出店铺的主营商品内容,还应该具有一种吸引力,能够让人记住且信任,从而带来更多的买家。从这个角度来看,取名可以说是一项非常重要的网店装修和包装,店铺名称不能太直白或太抽象,最好有一定境界又容易理解。店铺取名时可以参照以下方法。

➤ 借名生辉法:所谓借名生辉就是借助人名和地名来给自己的网店命名,例如:李白网上茶铺。地方特产结合地名进行命名比较普遍,如乐山特产店、重庆火锅原料坊等。

➤ 借典脱俗法:诗词歌赋以及典故中蕴含着很高的文学价值和文化境界,借用它们作为店名,能够有效提高网店内涵,如"云想衣裳"服装店,出自李白的名诗"云想衣裳花想容,春风拂槛露华浓。"

➤ 考虑商品特色:网店名称中突出店铺特色更容易获得搜索。特色可以从商品本身特色和商品对应的消费人群特色两个角度来考虑,如"肉卷"服装店,"肉卷"很容易让人联想到胖,当买家了解了店名的来历后,会对店名产生非常深刻的记忆。

➤ 投其所好:所谓投其所好就是结合买家的审美心理特点,以流行或深受人们喜爱的事物来给网店命名,如怀旧心理、时尚心理、求吉心理、猎奇心理等。

➤ 巧用数字:按照国人的审美标准,无论是人或物的名字用词都应该吉利。有时候用数字命名也是一个非常不错的选择。一般来说,成功的以数字命名的网店都有易于识别、给人印象深刻的特点,如 520 花店,520 的谐音是"我爱你",这就能给买家以较为深刻的印象。

在为店铺取名时,注意避开取名雷区,如"中国""中华""全国""国家""国际",这些字词以及汉语拼音、字母、外国文字、标点符号也不允许用在店名中。

想好店名后,在申请开店时直接填上即可。如果暂时没有想到好店名,也可以先随便填一个,等想到之后再到"店铺基本设置"中进行更换,更换方法如下。

第1步:登录淘宝网后,单击"卖家中心"超链接,如图4-7所示。

图 4-7

第2步:进入新页面,单击 ❯ 按钮,在弹出的选项中,单击"店铺基本设置"选项,如图4-8所示。

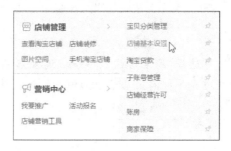

图 4-8

第3步:在跳转的页面中,输入新的店铺名称并完善需修改的信息,如图4-9所示。

图 4-9

网店的设置与装修

第4步：在页面中末尾，单击"保存"按钮，如图4-10所示。

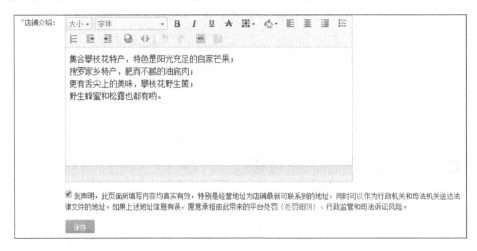

图 4-10

提　　示

在"店铺基本设置"中，可选择"淘宝店铺"和"手机淘宝店铺"。一般而言，在淘宝店铺中设置的内容，会同步展现在手机淘宝店铺中。但手机淘宝店铺可单独设置手机端的店招，添加客服电话。

目标3　开通二级域名

域名指的是网站的网址，如淘宝的网址就是它的域名。淘宝里，已付费专业版旺铺的卖家可以设置二级域名。有兴趣开通二级域名的卖家，可在"店铺管理"中单击"域名设置"按钮，根据提示进行操作即可，如图4-11所示。

图 4-11

　　继微信软件被广泛使用后,其"扫一扫"功能被众多用户大量使用。在淘宝中,也推出了"扫一扫"功能,特别是在手机端,该功能的使用量不断上升。所以很多店铺在推广时,常用到店铺二维码,故二级域名的使用量有所下降。

目标4　查看店铺

　　卖家在设置好网店的基本信息后,可进入店铺中查看设置效果。如果是卖家自己,可直接进入"卖家中心"页面,单击"店铺管理"中的"查看淘宝店铺"按钮,即可访问店铺,如图4-12所示。

图　4-12

　　为了更好地设置效果,卖家可以叫上三五好友进入店铺,给出参考意见。其他人可通过店铺二维码、网址、二级域名查看店铺设置效果。如在PC端,直接在浏览器中输入店铺网址,按下Enter键,即可打开店铺,如图4-13所示。

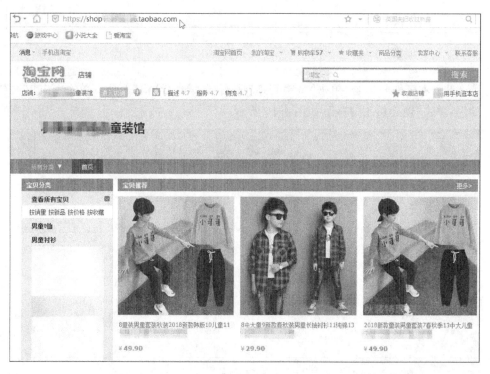

图　4-13

网店的设置与装修

目标5 设置客服子账号

子账号业务是淘宝网及天猫提供给卖家的一体化员工账号服务。淘宝卖家使用主账号创建员工子账号并授权后,子账号可以登录旺旺接待买家咨询,或登录卖家中心帮助管理店铺,并且主账号可对子账号的业务操作进行监控和管理。

淘宝和天猫提供子账号业务,是一个卖家一体化员工账号服务。卖家使用主账号创建员工子账号并授权后,子账号可以登录旺旺接待顾客咨询,或登录卖家中心帮助管理店铺,并且主账号可对子账号的业务操作进行监控和管理。

子账号主要为卖家解决店铺账号安全问题和实现高效员工管理问题,其开通方法也很简单。

第1步:在"卖家中心"选项的"店铺管理"中,单击"子账号管理"按钮,如图4-14所示。

第2步:进入"子账号管理"页面中,可以直接看到已经拥有的子账号和可新建子账号的数量,如图4-15所示。

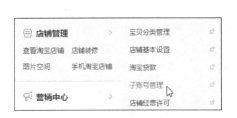

图 4-14

图 4-15

第3步:在子账号后台,单击"员工管理"选项,在"部门结构"选项下单击"新建"按钮新建子部门,单击"新建员工"按钮,如图4-16所示。

图 4-16

第4步:进入新页面,按提示输入员工和子账号信息,输入完毕后,单击"确认新建"按钮,如图4-17所示。

图 4-17

第5步:返回"员工管理"页面,单击"岗位管理"选项,单击"新建自定义岗位"按钮,输入新建岗位信息,单击"保存"按钮,如图4-18所示。

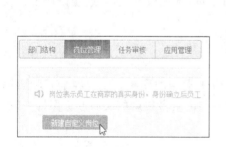

图 4-18

在设置子账号时,为了子账号的安全,还可以为子账号设置安全保护。子账号设置完成以后员工就可以使用子账号登录卖家中心进行店铺管理的相应操作,也可以登录阿里旺旺进行沟通交流了。

任务 2 装修网店页面

才申请的网店,只有一个大体框架结构,需要卖家自己去装修内容,如店标、公告栏和商品分类按钮等。普通网店拥有的装修权限相对较少,动手能力强的卖家可通过 Photoshop、

CorelDRAW 等图形处理软件制作精美的版块来装修店铺。

目标 1　规划店铺布局

店铺首页主要包含店铺名称、店铺信息、导航栏和店铺促销栏等内容。图 4-19 所示为店铺首页的布局。

图　4-19

店铺名称：位于店铺左上角，只能用文字命名，字数为 1～30。

店铺信息：其中显示卖家的店铺招牌、淘宝账号、信用信息、创店时间以及店铺中销售商品的数量等。

导航栏：其中可以添加多个模块，如首页、所有宝贝、木地板护理等，这些模块可以在装修中进行增删。

店铺促销栏：显示当前促销商品，比店招更具广告价值。

1. 店铺招牌和品牌语言

店铺招牌是一个店铺的招牌，会给进来的顾客带来很深的印象。该内容最好和店铺整体其他的页面，包括产品定位、包装，以及一些其他的与消费者接触的层面形象保持一致，所以它是店铺定位的关键。

品牌语就是常强调的品牌口号，可用一句话表明这个品牌能为顾客带来什么价值。但是这一句话如何提炼，可能品牌、类目之间提炼的方法不太一样。

2. 策划导航菜单

导航菜单是每个店铺的必备品，较为常见的方法是直接用热销款、上新款等分类标签。但如果能精心策划导航菜单，可以起到提高转化率的作用。图 4-20 所示为某个卖蜂蜜店铺的导航菜单。

首页　·　店主故事　·　会员优惠　·　寻蜜之旅　·　线下活动　·　积分兑换　·　所有商品

图　4-20

对于不同的类目来说可能要呈现的要点不一样,但是有其共同规律:店铺中不适合在详情页描述或主图中放对转化率有帮助的信息,如会员制度、店主故事等可以直接放在导航菜单中。

　　例如,这个卖蜂蜜的店铺有个"寻蜜之旅"的导航,用图文的形式记录寻找各种蜂蜜的过程,对用户起着加深信任的作用。除此之外,还可以考虑加入会员制度、店主故事等内容带来转化。

提　　示

　　店主故事可以从自身产品的类目出发,找到痛点,吸引顾客。例如,你是卖服装的,店主故事中可以涵盖创始人是如何热爱这个风格的服装,然后他有哪些创业故事等。

　　在导航栏上面,可以是公告栏和店铺信息,也可以加入自定义的通栏广告。总的来说,网店的布局没有什么大的变化,都是从上到下安排,能够换位置的无非是导航栏,以及自定义的通栏广告。

目标2　编辑店铺模块

　　一个网店中有几个基本的页面,如首页、宝贝列表页、宝贝详情页、宝贝分类页、店内搜索页等,每个页面又拥有不同的模块,如网店首页有店铺信息、店铺公告等模块,卖家可以对每个页面的每个模块自行进行增删和修改。

　　下面就以在网店首页中增加"友情链接"模块并编辑其内容的操作为例,讲解在装修页面中编辑店铺模块的方法。

　　第1步:登录淘宝网店后,进入店铺后台,找到"友情链接"模块,将其拖动到想要的位置,如图4-21所示。

图　4-21

网店的设置与装修

第2步：将鼠标悬停在模块上，单击"编辑"按钮，如图 4-22 所示。

第3步：在弹出的对话框中输入链接名称和链接地址等信息，单击"保存"按钮，如图 4-23 所示。

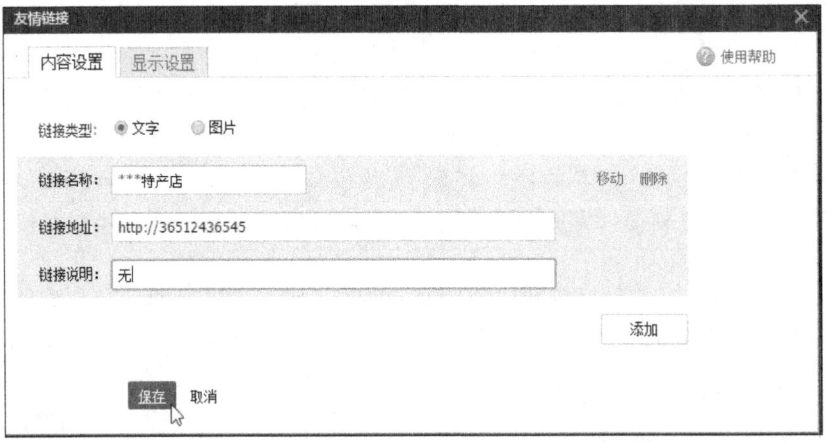

图 4-22

图 4-23

第4步：打开店铺查看，可以看到新增加的友情链接，如图 4-24 所示。

如果要删除模块，只需将鼠标悬停到模块上，单击出现的"删除"按钮即可。其他页面和模块的编辑方法也与本例类似，这里就不再一一进行讲解，大家可以自己尝试修改。

图 4-24

目标3 制作店标

店标是店铺的 LOGO 图片，如微信头像一样，默认显示在店铺左上角。由于新店铺没有提交店标，因此在"店铺信息"区域左侧显示为空白。当上传了店标之后，店标将在这个位置显示出来。

店标大小最好为 80 像素×80 像素，可以使用 Photoshop、CorelDRAW 等图形处理软件来制作。就像其他媒体上的 LOGO 一样，店标在设计过程中也应该融入网店的文化作为内涵，结合店铺名称和这些内涵来施展创意。一般来说，店标不宜太花哨，在达意的基础上简约一些反而更能经得起推敲，易给人留下用心创作的印象。

在设计店标时需要遵循一定的设计原则和要求。

1. 选择素材

店标图片的素材通常可以从网上或者素材光盘上进行收集，通过搜索网站输入关键字可以很快找到很多相关的图片素材；也可以登录设计资源网站，找到更多精美、专业的图片。在选择图片素材时，要注意图片尺寸、清晰度、有无版权问题及是否符合店铺类型等元素。

2. 突出店铺的独特性质

店标可以彰显店铺的独特性质，因此，要特别注意避免与其他网站的 LOGO 雷同。所以，店标在设计上需要讲究个性化，让店标与众不同、别出心裁。

3. 要让自己的店标过目不忘

设计一个好的店标要从颜色、图案、字体、动画等几方面下手。在符合店铺类型的基础上，使用醒目的颜色、独特的图案、精心的字体，以及强烈的动画效果都可以给人留下深刻的印象。

4. 统一性

店标的外观和基本色调要根据页面的整体版面设计来确定，而且要考虑到在其他印刷、制作过程中进行放缩等处理时的效果变化，以便能在各种媒体上保持相对稳定。

对于网上店铺的店标，按照其状态可以分为动态店标和静态店标。

一般来说，静态店标由文字、图像构成。其中有些店标用纯文字表示，有些店标用图像表示，也有一些店标的设计既包含文字也包含图像。

对于网店而言，动态店标就是将多个图像和文字效果构成 GIF 动画。制作这种动态店标，可以使用 GIF 制作工具完成，如 easy GIF Animator、Ulead GIF Animator 等软件都可以制作 GIF 动态图像。

设计前准备好背景图片及商品图片，然后考虑要添加什么文字，例如店铺名称或主打商品等，接着使用软件制作即可。

提　示

如果店主不太会制作店标，或者没有时间制作店标，可以到网上的在线店标制作网站做一个店标，只需选择一个模板，输入必要的文字信息即可生成店标，非常方便。

目标4　制作公告栏

公告栏是发布店铺最新信息、促销信息或店铺经营范围等内容的区域。通过公告栏发布信息，可以方便买家了解店铺的重要信息。

卖家在淘宝网开店后，淘宝网已经为店铺提供了公告栏的功能，卖家可以在"店铺装修"页面中设置公告的内容。卖家在制作公告栏前，需要了解并注意一些事项，以便制作出效果更好的公告栏。

淘宝网基本店铺的公告栏具有默认样式，如图 4-25 所示。卖家只能在默认样式的公告栏上添加公告内容。

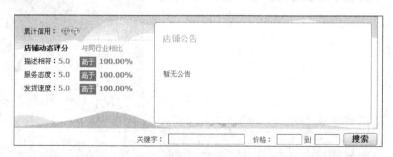

图　4-25

由于店铺已经存在默认的公告栏样式，而且这个样式无法更改，因此卖家在制作公告栏时，可以将默认的公告栏效果作为参考，使公告的内容效果与之搭配。淘宝网基本店铺的公告栏默认设置了滚动的效果，在制作时不需要再为公告内容添加滚动设置。

公告栏内容的宽度不要超过 480 像素,否则超过部分将无法显示,而公告栏的高度可随意设置。使用 Photoshop 设计公告栏图片的方法如下。

第 1 步:启动 Photoshop,选择"文件"→"新建"命令,弹出"新建文档"对话框,将"宽度"设置为 480 像素,"高度"设置为 219 像素,输入文档名称,单击"确定"按钮,如图 4-26 所示。

图　4-26

第 2 步:出现新建的空白文档,如图 4-27 所示。

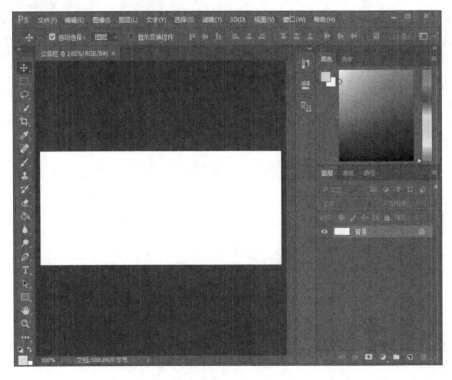

图　4-27

第 3 步：选择"文件"→"置入嵌入的智能对象"命令，弹出"置入嵌入对象"对话框，选择"背景"图像，单击"置入"按钮，如图 4-28 所示。即可置入背景图像，其图像效果如图 4-29 所示。

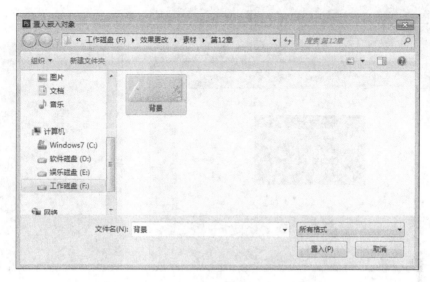

图　4-28

图　4-29

第 4 步：单击工具箱中的"矩形工具"，在背景图像上单击鼠标并拖曳，绘制一个矩形形状，如图 4-30 所示。

第 5 步：在弹出的"属性"面板中，依次修改各参数值，如图 4-31 所示。即可更改矩形的形状大小和填充颜色，如图 4-32 所示。

项目四

网店的设置与装修

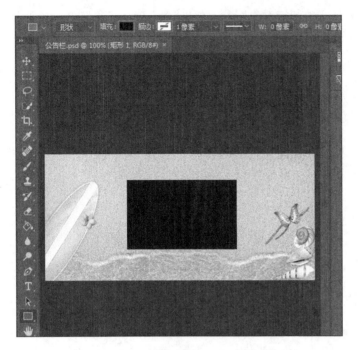

图 4-30 图 4-31

图 4-32

第 6 步：选择"图层"→"图层样式"→"投影"命令，弹出"图层样式"对话框，在该对话框中设置相应的参数，单击"确定"按钮，设置图层样式，如图 4-33 所示。

第 7 步：选择"文件"→"打开"命令，依次打开相应文件夹中的"装饰 1"和"装饰 2"图像文件，并将打开的图像文件依次拖曳至"公告栏"窗口中，如图 4-34 所示。

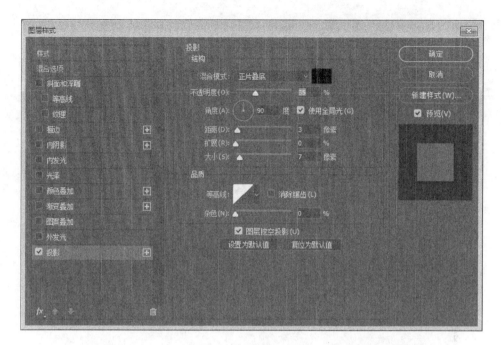

图　4-33

图　4-34

　　第 8 步：选择"图层"→"图层样式"→"投影"命令，弹出"图层样式"对话框，在该对话框中设置相应的参数，单击"确定"按钮，如图 4-35 所示。即可设置图层的样式，其图像效果如图 4-36 所示。

　　第 9 步：单击工具箱中的"横排文字工具"，输入文字并设置颜色、大小等参数，结果如图 4-37 所示。

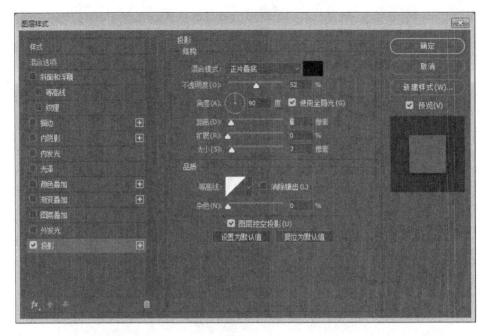

图 4-35

图 4-36

第 10 步：单击工具箱中的"横排文字工具"，输入文字并设置颜色、大小等参数，结果如图 4-38 所示。

保存图片之后，将其上传到淘宝店铺后台的公告栏中即可。

目标 5 制作商品分类按钮

为了满足卖家放置各种各样的商品，淘宝网基本店铺提供了"宝贝分类"的功能，卖家可

图 4-37

图 4-38

以针对自己店铺的商品建立对应的分类。

在默认的情况下,淘宝网基本店铺只以文字形式显示分类,但卖家可以花一点心思,制作出很漂亮的宝贝分类图,然后添加到店铺的分类设置上,即可产生出色的店铺分类效果。图 4-39 所示为简约、形象的分类导航按钮。

为宝贝分类,其目的是让进店的买家能够快速根据需要选择类别进行浏览,快速找到他/她要的宝贝,另外也可以给买家提供类似产品作为参考,说不定买家会在同类产品中选择一些来进行购买,这就增加了销售量。

网店的设置与装修

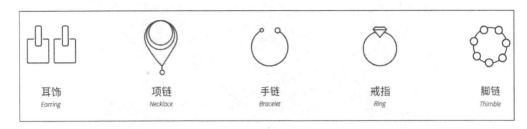

耳饰   项链   手链   戒指   脚链
Earring   Necklace   Bracelet   Ring   Thimble

图 4-39

对于宝贝分类按钮来说，其目的很简单，就是提供一种赏心悦目的视觉效果，让买家看了觉得很专业，或者觉得很舒服（与网店的整体色调协调），在单击的过程中获得愉快的体验。

制作宝贝分类按钮时，要注意以下几点。

➢ 色调。色调要与网店整体色调相协调。所谓的协调，可以是相近的色调，也可以是相反的色调；要么让人看着觉得柔和，要么让人看着觉得鲜明。总之，一个原则就是"讨好观众"。

➢ 风格。风格也要与网店风格相协调，与所售宝贝相协调。该严肃的就不要弄得很卡通化，该小清新的就不要装深沉。

➢ 清晰度。注意，字体一定要略大，要清晰，不然很影响视觉效果。字体的色彩不要和图片背景色相近，应采用反差较大的颜色，这样即使是视力欠佳的买家，也能轻松看清楚。

制作分类按钮图片的具体操作步骤如下。

第 1 步：启动 Photoshop，选择"文件"→"新建"命令，弹出"新建文档"对话框，将"宽度"设置为 177 像素，"高度"设置为 60 像素，单击"创建"按钮，如图 4-40 所示。

第 2 步：新建一个空白文档，如图 4-41 所示。

图 4-40   图 4-41

第 3 步：选择工具箱中的"圆角矩形工具"，在选项栏中将填充颜色设置为♯6fa400，按住鼠标左键在舞台中绘制圆角矩形，如图 4-42 所示。

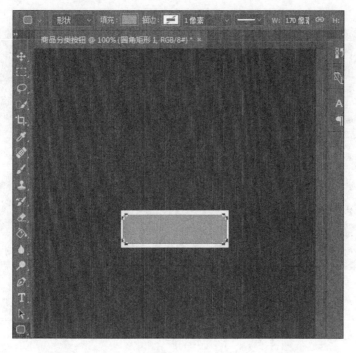

图　4-42

第 4 步：选择工具箱中的"圆角矩形工具"，在选项栏中将填充颜色设置为♯a6d24a，按住鼠标左键在舞台中绘制圆角矩形，如图 4-43 所示。

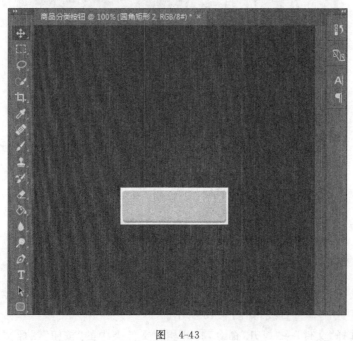

图　4-43

网店的设置与装修

第 5 步：双击新创建的矩形图层，弹出"图层样式"对话框，依次勾选"描边""内发光"和"渐变叠加"复选框，并在对应列表框中修改各参数值，如图 4-44 所示。

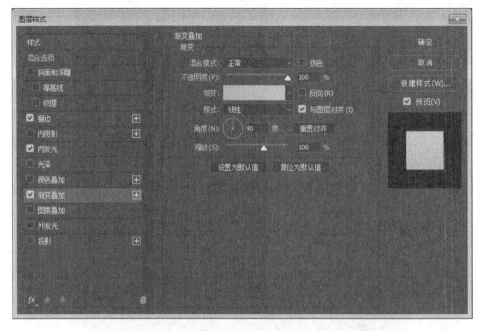

图 4-44

第 6 步：单击"确定"按钮，即可为矩形添加图层样式，如图 4-45 所示。

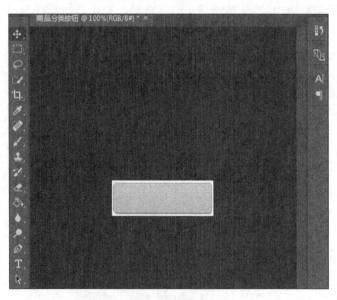

图 4-45

第 7 步：选择工具箱中的"直线工具"，在选项栏中将填充颜色设置为♯ceef5b，按住鼠标左键在舞台中绘制垂直直线，如图 4-46 所示。

第 8 步：选择"文件"→"打开"命令，打开相应文件夹中的"按钮"图像文件，并将打开的图像文件拖曳至"商品分类按钮"窗口中,如图 4-47 所示。

图 4-46

图 4-47

第 9 步:选择工具箱中的"横排文字工具",在舞台中输入文字"宝贝分类",在选项栏中设置相应的参数,如图 4-48 所示。

第 10 步:选择"图层"→"图层样式"→"描边"命令,弹出"图层样式"对话框,在该对话框中设置相应的参数,单击"确定"按钮,如图 4-49 所示。

图 4-48

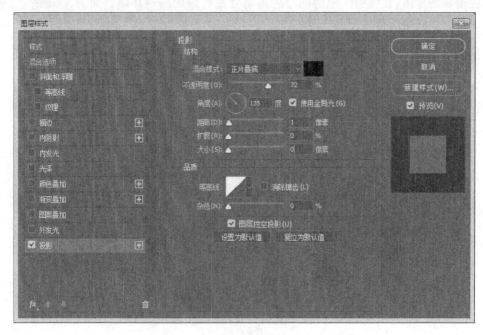

图 4-49

第 11 步:设置图层样式后的效果如图 4-50 所示。

图 4-50

项目四

网店的设置与装修

设置好了分类图片之后,就可以将其上传到淘宝图片空间,然后在"店铺装修"页面建立新的分类,并使用分类图片作为装饰。

任务3　开通淘宝旺铺

淘宝为普通卖家提供的装修素材有限,特别是部分卖家会发现即使精心设计了较多模块,整个店铺的元素依然不够丰富,模块也不够多元化,装修效果很一般。为方便卖家装修店铺,淘宝提供了"旺铺"功能,该功能含多个模块、功能和装饰,为店铺装修起着重要作用。

目标1　开通淘宝旺铺智能版

淘宝旺铺是淘宝为卖家提供的一项收费的增值服务功能,它为卖家提供更专业、更个性的店铺页面,并提供更强大的功能、对塑造店铺形象、打造店铺品牌起到了至关重要的作用,在吸引买家的同时为买家营造良好的购物环境。如图4-51所示,彰显个性的首页为旺铺装修效果。

图　4-51

淘宝旺铺分为专业版和智能版,且淘宝对新入驻的商家有一定的扶持,一钻以下卖家可免费使用。相比淘宝旺铺专业版,淘宝旺铺智能版新添加了美颜切图、倒计时模块、新客热销、自定义页多端同步和千人千面——个性化首页等功能,如图4-52所示。

一钻以下卖家可以把握住机会申请免费使用旺铺智能版给自己的店铺装修加分。具体的操作步骤如下。

第1步:登录淘宝,进入"卖家中心",单击"店铺管理"下面的"店铺装修"超链接,如图4-53所示。

第2步:进入到如图4-54所示的"店铺装修"页面,单击"免费升级到智能版"超链接。

图 4-52

图 4-53 图 4-54

第3步：跳转到购买淘宝旺铺的页面，单击"智能版"超链接，上方会显示"一钻以下卖家可免费使用智能版，请单击这里立即使用"等字样；单击"这里"超链接，如图4-55所示。

目标 2　选择旺铺风格

淘宝网为淘宝旺铺提供了多种界面风格，卖家可通过尝试多种风格来丰富店铺装修，如不同节假日、不同活动促销时使用不同的装修风格。

第1步：进入"店铺装修"页面，单击"页面装修"超链接，单击"手机端"或"PC端"超链接，这里以单击"PC端"超链接为例，如图4-56所示。

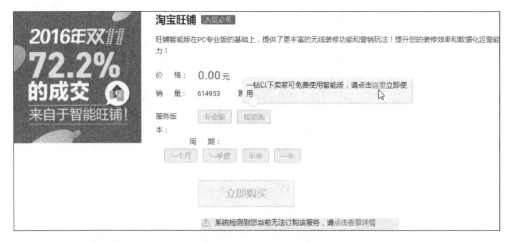

图　4-55

图　4-56

第 2 步：单击"配色"按钮，选择一个颜色风格，这里以选择"橙色"为例；单击"发布站点"按钮，如图 4-57 所示。

图　4-57

目标 3　选择旺铺模板

淘宝网提供多个模板供卖家选择、使用。在淘宝的"装修市场"里，根据不同卖家需求，可找到不同旺铺模板。部分制作精美的旺铺模板基本都按月收费（大多价格为 30 元/月）。卖家可在查看模板详情后单击购买。

第 1 步：进入店铺装修页面，单击"模板"超链接，如图 4-58 所示。

第 2 步：把跳转的页面拉至底部，单击"装修市场"超链接，如图 4-59 所示。

第 3 步：进入新页面，选择"PC 店铺模板"或"无线店铺模板"，这里以选择"PC 店铺模板"为例，在旺铺版本、类型等条件下进行筛选，在筛选结果中单击要购买的模板，如图 4-60 所示。

图　4-58

图　4-59

　　第 4 步：进入新页面,页面上半部分是购买界面,下半部分是模板详情及评价详情,卖家可以在仔细查看、对比模板详情后,选择模板的使用周期,单击"立即购买"按钮,如图 4-61所示。

　　第 5 步：选择"自动续费"以及"到期提醒"等参数,单击"同意并付款"按钮,如图 4-62所示。

网店的设置与装修

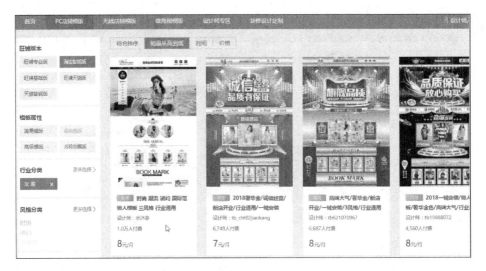

图　4-60

图　4-61

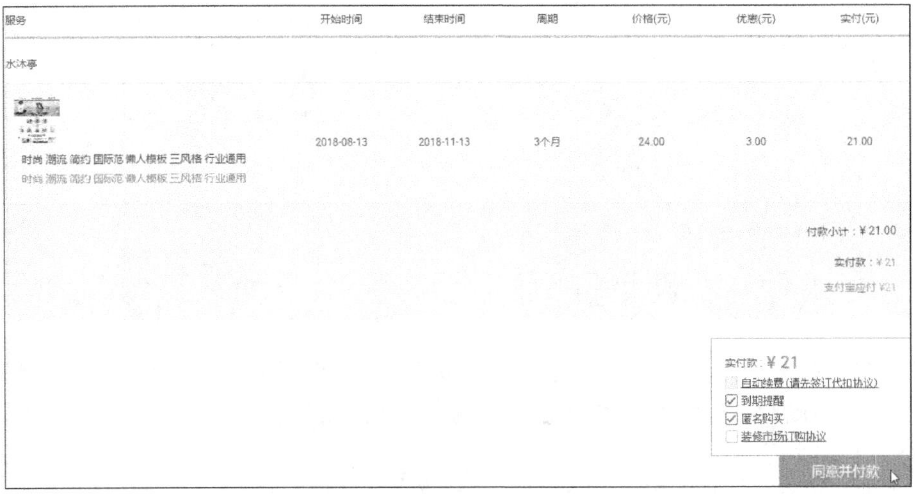

图　4-62

之后跳转到支付宝页面付款，付款成功后即可订购旺铺模板。

目标4　设计制作商品促销区

商品促销区是旺铺的要点之一，该版块可以实现卖家展现促销信息或公告信息。如果处理得当，商品促销区可吸引越来越多的买家关注并及时了解店铺活动、优惠、促销信息等，如图 4-63 所示。

图　4-63

商品促销区的功能涵盖了店铺的公告栏功能，而且比公告栏有更强大的功能、更实用。卖家可以通过促销区，装点漂亮的促销宝贝，吸引买家注意。目前，制作宝贝促销的方法基本有三种。

1. 找免费模块

可以通过互联网找一些免费的宝贝促销模块，然后下载到本地或直接进行修改，直接在模板上添加店铺的促销商品信息、公告信息，将修改后的模板代码应用到店铺的促销区。这种方法的优点在于免费、方便、快捷，但在设计上有所限制，个性化不足。图 4-64 所示为网站提供的免费宝贝促销模板。

2. 自行设计

能熟练使用图片软件的卖家，可以考虑自行设计商品促销页面。先使用图像制作软件设计好宝贝促销版面，然后进行切片处理并将其保存为网页，接着通过网页制作软件（如 Dreamweaver、FrontPage）制作编排和添加网页特效。最后将网页的代码应用到店铺的宝贝促销区上即可。

这个方法对卖家的设计能力要求较高，但在设计上可以随性心所欲，按照自己的意向设计出独一

图　4-64

网店的设置与装修

无二的促销效果，如图 4-65 所示。

图　4-65

3. 购买整店装修服务

第三种方法是最省力的，既不需要去修改，也不需要设计，直接从提供淘宝店铺装修的店铺购买整店装修服务，或者只购买宝贝设计服务。目前淘宝网上有很多专门提供店铺装修服务和出售店铺装修模板的店铺，卖家可以购买这些装修服务，如图 4-66 所示。

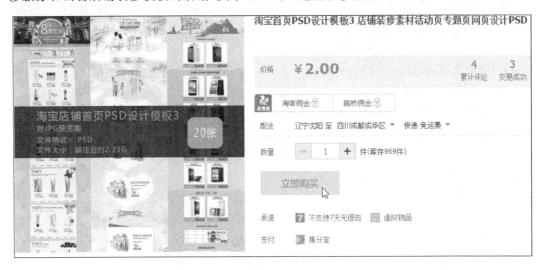

图　4-66

购买一个精美的促销模板的价格大约为几十元。这种方法最省心，效果也不错，缺点就是需要花费一定的资金，经济基础比较好的卖家可以考虑一下。

拓 展 阅 读

1. 网店装修常用工具简介

部分动手能力强的卖家,可自行设置装修版块使店铺更加精美,更具吸引力。常用的工具包括 Photoshop、Fireworks 和 Dreamweaver 等软件。其中,Dreamweaver 是制作网页的专业软件,Photoshop、Firework 是图片设计方面的专业软件,其主要内容如表 4-1 所示。

表 4-1

软 件 名 称	简 介
Photoshop	Photoshop 是一款专业的图像处理软件,它的强大功能能够帮助用户完成更多、更复杂的图片处理任务,如精确抠图换背景、制作动态商品展示图等,对于开网店的卖家来说非常实用
Fireworks	Fireworks 是一款用来设计网页图像的应用程序。它所含的创新性解决方案解决了图像设计人员和网站管理人员面临的主要问题。Fireworks 中的工具种类齐全,使用这些工具,可以在单个文件中创建和编辑位图与矢量图像、设计网页效果、修剪和优化图形以减小其文件大小,以及通过使重复性任务自动进行来节省时间
Dreamweaver	Dreamweaver 以强大的功能和友好的操作界面备受广大网页设计者的欢迎,成为网店页面制作的首选软件。Dreamweaver 是一款"所见即所得"的网店页面编辑工具,或称网店页面排版软件。Dreamweaver 对于 DHTML 的支持特别好,可以轻而易举地做出很多炫目的网店页面特效

上述三种软件功能固然强大,但也有不足之处,如软件自身体积庞大、使用起来不方便。如果只是处理一些简单图片,如添加水印、压缩图片大小、增减曝光、调整色调等,可以通过一些小型软件甚至是绿色软件来快速实现。

  ➤ 简单编辑图片:光影魔术手、美图秀秀。
  ➤ 图片瘦身、裁剪:Image Optimizer。
  ➤ 图片批量修改 MD5 值:tpMD5plxg_gr。
  ➤ 图片批量添加水印:MiniPhoto。
  ➤ 图章生成器:Sedwen、图章制作、电子印章生成器。
  ➤ 图片转文字:汉王 OCR、Free Image OCR。

2. 旺铺智能版带来的好处

开通旺铺智能版,无疑在一定程度上增加了卖家的成本压力。但是旺铺智能版也带来了许多实用功能,具体如下。

  ➤ 一键智能装修:旺铺智能版的卖家可在 10s 内一键自动生成一张首页。整合装修的功能给商家省去不少步骤,节约了时间。它适合星级较高、流量较大的卖家使用。
  ➤ 个性化搜索、倒计时模块和标签:容易抓住买家的购买心理,提升销售率。
  ➤ 千人千面:曾有官方对部分客户内测显示,使用千人千面,卖家的访客成交转化率提高了 30%～150%。
  ➤ 热图切图:能提高装修效率。但是对于刚起步的小卖家而言,如果自己时间较多可以考虑亲自动手切图,就不需要花钱开通智能版。

网店的设置与装修

➤ 页面测试功能：适用于节假日的首页制作，通过数据分析得到最优的首页，吸引更多人群，提高成交率。

➤ 智能单双列宝贝：是基于阿里大数据提供的智能算法模块，系统能根据每个访问店铺的买家特征，从而推荐出本店中最有可能被购买的商品，以此提高成交率。

总的来说，天猫、淘宝卖家在资质、资金和人员配置等方面的情况都是千差万别的，因此卖家应根据自己的实际情况和自己商品的特点，认真思考自己是否需要开通智能版。如流量较多也相对稳定的大卖家，开通智能版能为店铺装修添砖加瓦。

思 考 题

1. 店铺起名可以从哪些方面入手？
2. 思考客服与子账号之间的区别与联系。
3. 根据实际情况，思考自己店铺是否需要开通旺铺智能版。

实 战 演 练

1. 登录淘宝卖家中心，设置店铺的基本信息，包括图标、店铺简介等内容。
2. 为店铺制作店标、公告栏和商品分类按钮。
3. 使用 Photoshop 软件，自行设计一个公告栏。
4. 使用 Photoshop 软件，为店铺制作商品分类按钮。

项目五　商品发布与交易

项目导言

通过本项目的学习,大家应该掌握商品发布与交易的基本知识,如以"一口价""拍卖"等方式发布新商品;掌握管理商品的技能,如上架、下架商品及修改、删除商品信息等;应掌握为商品取名、做主图、写描述等操作;还应熟悉在买家付款后,卖家应完成的操作,如确认顾客付款、修改价格、确认发货、关闭无效交易等内容。

学习要点

- 发布商品。
- 管理商品。
- 商品的名字、图片与描述。
- 商品交易流程。

任务 1　发布商品

和实体店一样,装修好店铺后,就应该发布商品了。在发布商品前,卖家应准备商品的基本信息,如实物图片、名称、尺寸等,然后按照淘宝规则进行发布。淘宝发布商品最常用的方式是一口价,部分商品也会用到拍卖等。为方便发布商品,卖家还需要注意设置运费模板和添加商品分类。

目标 1　避免错放商品类目和属性

顾名思义,在淘宝中,错放类目和属性指的是商品属性与发布商品所选择的类目不一致,或将商品错误放置在淘宝网推荐的各类目下。

淘宝规则的细则中注明属于错放类目和属性的行为包括但不限于以下情况。

➢ 商品属性与发布商品所放置的类目不一致。

➢ 商品属性与发布商品所设置的属性不一致。

➢ 在淘宝首页推荐各类目下出现的和该类目无关的商品。

错放类目和属性,无论是从字面上还是实际理解起来都比较简单,也是一些新手卖家常犯的错误。例如,在发布新商品时将裤子放到衣服的类目下,或是对冬季属性的服装命名夏季属性分标题等。无论卖家是故意错放类目和属性来改变商品排名,还是无心犯错,都应及时下架错放的商品,重新上架。如何才能避免错放商品类目和属性呢?

（1）通过卖家中心后台选择精准类目。这属于最简单也最常见的方法，直接在宝贝发布页面，在"类目搜索框"进行商品关键词搜索，选择淘宝推荐的类目，从中选择出最精准的宝贝类目。

（2）借助阿里指数选择精准类目。通过阿里指数，可搜索某个商品的精准类目及热门类目，不仅可以避免错放类目，还能帮助卖家发布热门类目，获得更多流量。

（3）在淘宝网中搜索选择精准类目。直接登录至淘宝网，在淘宝搜索框中搜索宝贝关键词，查看其中的"相关分类"，从而选取合适的精准类目。

（4）参考别人发布的类目。输入自己商品的标题进行搜索，查找相似商品，起到一个参考作用。

（5）认真填写商品属性，如材料、材质、大小、颜色等，避免因粗心填错信息。

寻找商品精准类目，不仅方便客户精准搜索，还能提升商品的排名。

目标2　一口价发布商品

"一口价"指的是在发布商品时提供固定的价格，买家直接以此价格购买宝贝。一口价的使用范围较广，如一些价格易估计的服装、日用品、食品等，采用一口价方便计价，过程也简单。

提　　示

严格说来，一口价的商品不接受讲价。但有时遇到买家讲价，而卖家又愿意降低价格的话，可临时修改商品的价格，让买家买下后再恢复原价。但这样的方式还是慎用，修改价格次数太多，容易引起淘宝官方注意，可能导致店铺被扣分、降级。

下面来看一口价发布宝贝的具体操作方式。

第1步：进入淘宝网，单击"卖家中心"超链接，如图5-1所示。

图　5-1

第2步：进入"卖家中心"后，单击"发布宝贝"超链接，如图5-2所示。

第3步：在默认的"一口价"选项卡下为自己发布的宝贝选择正确的类别，单击"我已阅读以下规则，现在发布宝贝"按钮，如图5-3所示。

第4步：选择宝贝类型为"全新"，设置宝贝的相关属性，如图5-4所示。

图　5-2

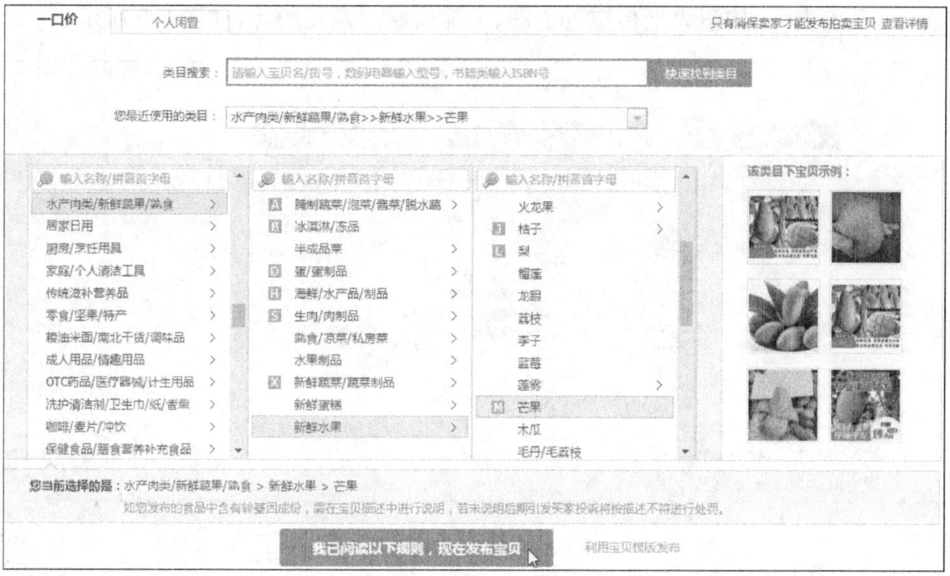

图 5-3

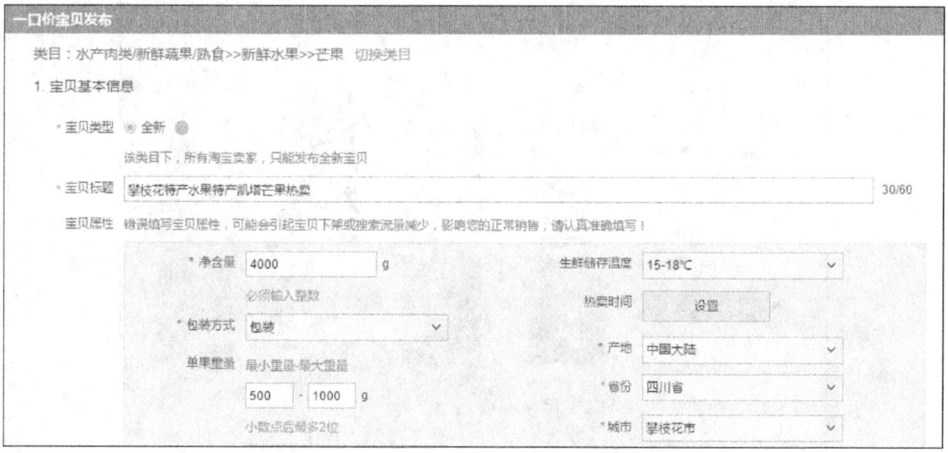

图 5-4

第5步：设置商品的品牌、套餐份量、生产许可证编号等信息,如图5-5所示。

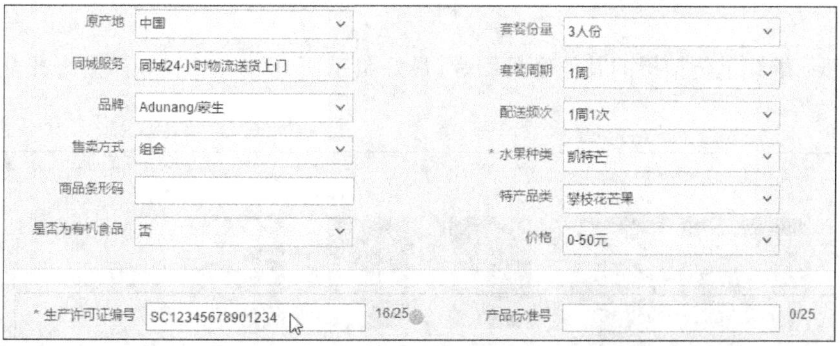

图 5-5

项目五

商品发布与交易

第 6 步：单击 + 按钮为上传宝贝主图、平铺白底图及视频等，如图 5-6 所示。

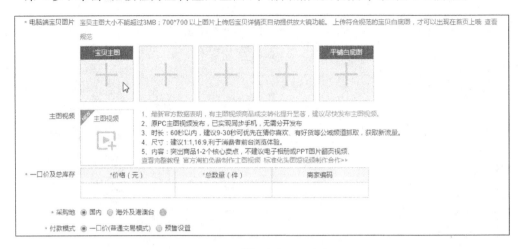

图　5-6

第 7 步：选择宝贝的图片，单击"打开"按钮，如图 5-7 所示。

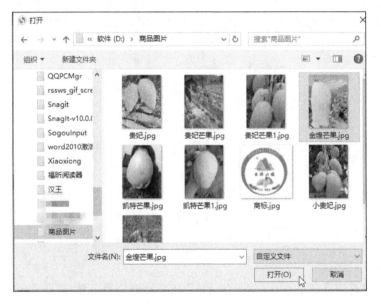

图　5-7

第 8 步：继续上传拍摄的其他宝贝图片，最好是正面、反面、细节等都上传齐全，如图 5-8 所示。

图　5-8

提　　示

淘宝还支持视频显示宝贝，尤其是移动端视频对销量很有帮助。故卖家可考虑拍摄短视频上传到网页中。

第 9 步：输入宝贝的描述信息，单击“插入图片”按钮，如图 5-9 所示。

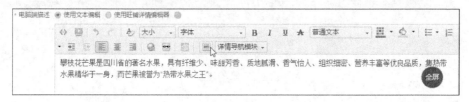

图　5-9

第 10 步：弹出上传新图片的界面，选择上传新图片后单击“上传”按钮，如图 5-10 所示。

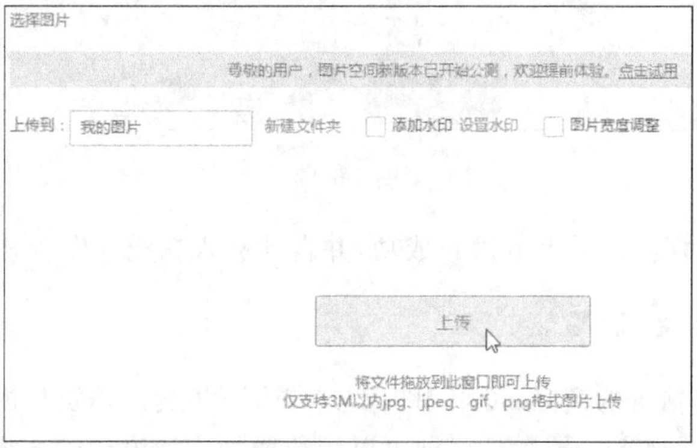

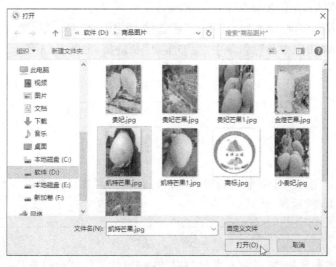

图　5-10

第 11 步：在打开的对话框中选择电脑中拍摄的宝贝图片，单击“打开”按钮，如图 5-11 所示。

图　5-11

第12步：继续设置其他宝贝的销售信息，确认无误后，直接单击下方的"发布"按钮，如图 5-12 所示。

图　5-12

第13步：稍等片刻，提示宝贝发布成功，并自动放入在线仓库。

目标3　拍卖贵重商品

部分贵重且不好估价的商品，可采用拍卖方式进行售卖。拍卖指的是卖家发布宝贝，由买家竞相出价，价高者得之。拍卖是一种可以较快增加店铺流量的方式，因为拍卖的商品有很多人关注并尝试参与，只是拍卖的过程、操作相对麻烦。

拍卖更适合价格不好估计的商品，如古董、玉器、字画等。大批量的普通商品适合进行批量拍卖，不过其过程较长，较复杂。

拍卖发布很简单，操作步骤如下。

第1步：进入淘宝网，单击"卖家中心"超链接，如图 5-13 所示。

第2步：进入"卖家中心"后，单击"发布宝贝"超链接，如图 5-14 所示。

图　5-13　　　　　　　　　　　　　　　　　　　图　5-14

第3步：单击"拍卖"选项卡，选择宝贝的类别，单击"我已阅读以下规则，现在发布宝贝"按钮，如图 5-15 所示。

提　　示

拍卖针对特定类目，所以如未出现拍卖的入口，代表你所在的类目未开通拍卖业务。

图 5-15

第 4 步：选择拍卖类型，设置拍卖信息，如图 5-16 所示。

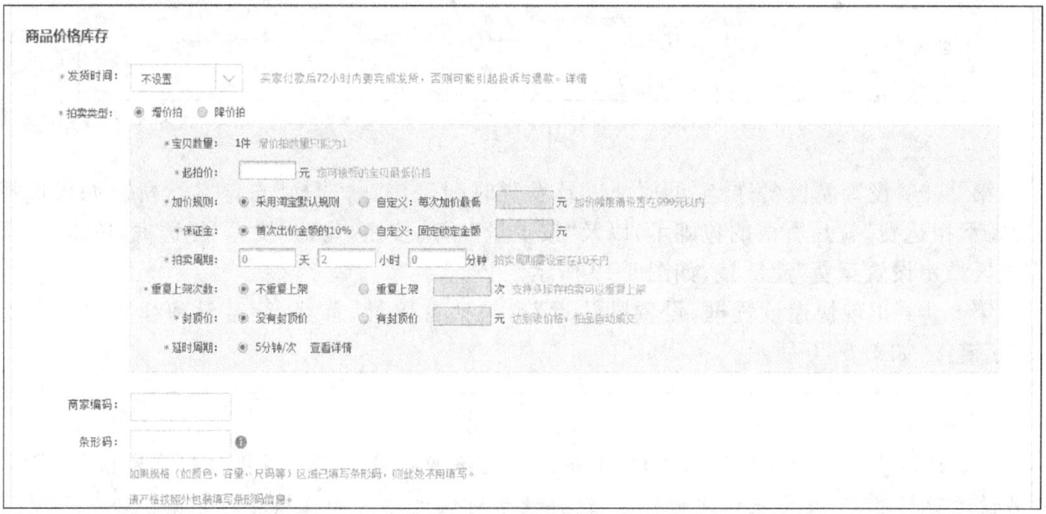

商品价格库存

* 发货时间： 不设置 ∨ 买家付款后72小时内要完成发货，否则可能引起投诉与退款。详情

* 拍卖类型： ● 增价拍 ○ 降价拍

* 宝贝数量： 1件 拍卖数量只能为1

* 起拍价： □ 元 京网接拍的宝贝最低价格

* 加价规则： ● 采用淘宝默认规则 ○ 自定义：每次加价最低 □ 元 加价幅度通常在999元以内

* 保证金： ● 首次出价金额的10% ○ 自定义：固定锁定金额 □ 元

* 拍卖周期： 0 天 2 小时 0 分钟 拍卖周期需要在10天内

* 重复上架次数： ● 不重复上架 ○ 重复上架 □ 次 支持多次拍卖后可看登上架

* 封顶价： ● 没有封顶价 ○ 有封顶价 □ 元 达到该价格，拍卖自动成交

* 延时周期： ● 5分钟/次 查看详情

商家编码： □

条形码： □ ⓘ

如果规格（如颜色、容量、尺码等）这浪已填写条形码，则此处就不用填写。
请严格按照外包装填写条形码信息。

图 5-16

第 5 步：继续设置宝贝信息，单击"发布"按钮，如图 5-17 所示。

商品发布与交易

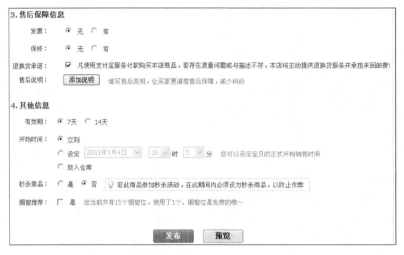

图　5-17

目标4　设置运费模板

在发布商品时,有一个必填项为"设置运费"。如果每发布一件商品都要设置一次运费,必定增加发布商品的工作量。所以,卖家可以通过设置运费标准,直接在发布商品时使用该运费模板即可。

通常,新开张的店铺没有任何运费模板,下面详细介绍设置快递模板的步骤。

第1步:进入"卖家中心"后,单击"物流工具"超链接,单击"运费模板设置"选项卡,单击"新增运费模板"按钮,如图5-18所示。

图　5-18

第2步:设置模板名称、宝贝地址以及发货时间等信息,选择"自定义运费"(如果选择"卖家承担运费"就是所谓的包邮了)以及"按重量"单选按钮,勾选"快递"复选框,单击"为指定地区城市设置运费"超链接,如图5-19所示。

第3步:出现快递设置框,设置默认运费,包括首重量、首费、续重量和续费,单击"编辑"超链接,如图5-20所示。

提　示

默认运费就是除指定地区以外,其他地区的运费标准。下一步操作就是为指定地区另设运费标准,不使用默认运费标准,这样便于对偏远地区加收额外的运费。如西藏、新疆和内蒙古的运费较高,那么就把它们排除在指定地区之外,使用默认的运费标准;而其余的地区则使用较低的运费标准。

第4步:出现地区设置框,选择使用较低运费的地区,单击"保存"按钮,如图5-21所示。

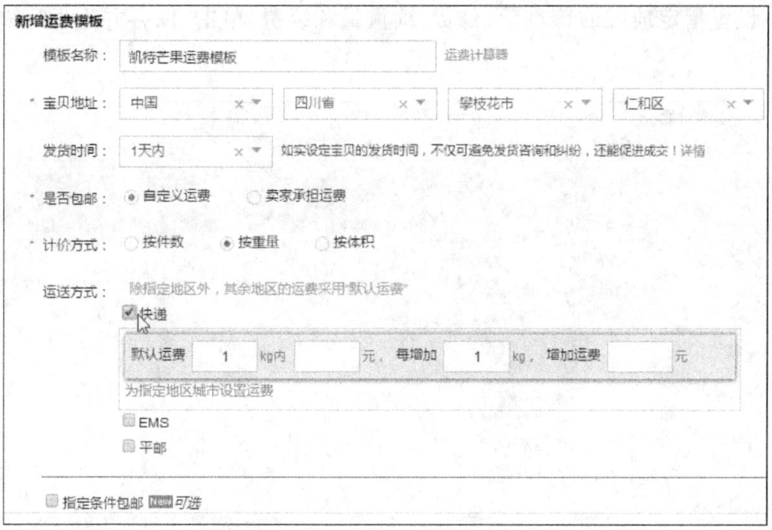

图　5-19

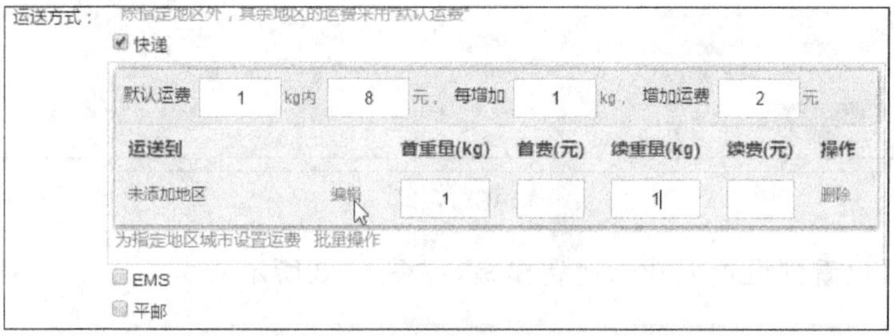

图　5-20

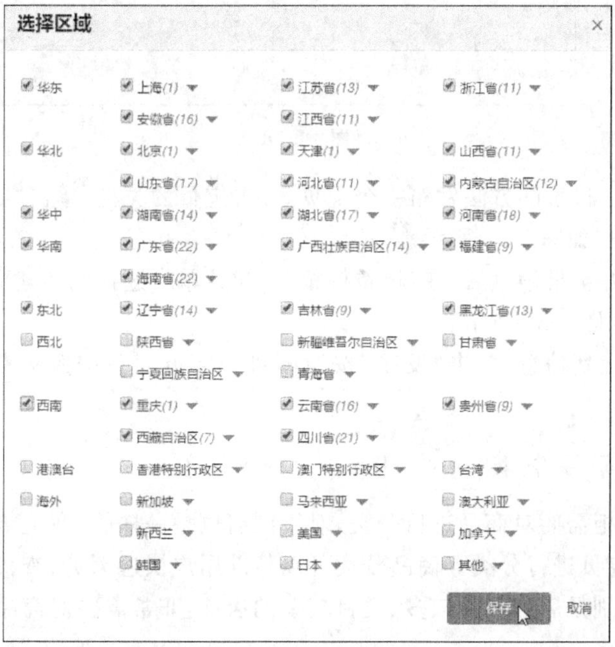

图　5-21

第 5 步：设置指定地区的首重量、首费、续重量和续费，单击"保存并返回"按钮，如图 5-22 所示。

运送方式：	除指定地区外，其余地区的运费采用"默认运费"				
☑ 快递					
默认运费	1 kg内 8 元，每增加 1 kg，增加运费 2 元				
运送到		首重量(kg)	首费(元)	续重量(kg)	续费(元) 操作
北京、天津、河北省、山西 编辑		1	8	1	2 删除
省、内蒙古自治区、辽宁					
省、吉林省、黑龙江省、上					
海、江苏省、浙江、安徽					
省、福建省、江西省、山东					
省、河南省、湖北省、湖南					
省、广东省、广西壮族自治					
区、海南省、重庆、四川					
省、贵州省、云南省、西藏					
自治区					
为指定地区城市设置运费 批量操作					
☐ EMS					
☐ 平邮					
☐ 指定条件包邮 New 可选					
保存并返回 取消					

图　5-22

第 6 步：可以看到设置成功的运费模板，如图 5-23 所示。

凯特芒果运费模板		最后编辑时间:2018-08-15 11:05 复制模板 | 修改 | 删除			
运送方式	运送到	首重量(kg)	首费(元)	续重量(kg)	续费(元)
快递	中国	1.0	8.00	1.0	2.00
快递	北京,天津,河北,山西,内蒙古,辽宁,吉林,黑龙江,上海,江苏,浙江,安徽,福建,江西,山东,河南,湖北,湖南,广东,广西,海南,重庆,四川,贵州,云南,西藏	1.0	8.00	1.0	2.00

图　5-23

第 7 步：按照一口价的方法发布一个宝贝，设置宝贝的类型，单击"我已阅读以下规则，现在发布宝贝"按钮，如图 5-24 所示。

第 8 步：填写好宝贝信息后，在"运费模板"下拉菜单中选择刚才建立的运费模板，并继续完善其他信息，如图 5-25 所示。

第 9 步：确认运费信息，单击"发布"按钮即可把宝贝运费按照运费模板发布出去，如图 5-26 所示。

目标 5　添加商品分类

实体店的展示柜需要对商品进行分类，对于网店也是一样的，在上传完宝贝后，需要对宝贝进行分类。商品分类可以帮助用户快速浏览、查找店铺中的商品。特别是店内商品较多、类目较杂的店铺，非常需要对商品进行分类。

图 5-24

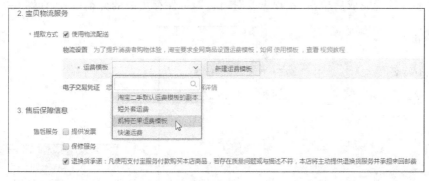

图 5-25

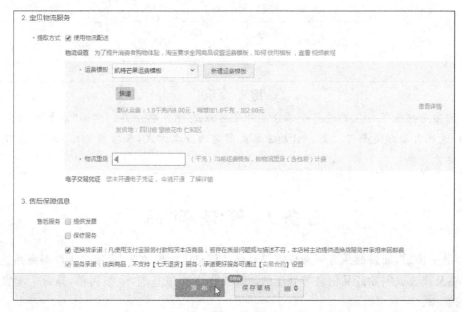

图 5-26

商品发布与交易

　　第 1 步：在"卖家中心"选项的"店铺管理"下，单击"宝贝分类管理"超链接，如图 5-27 所示。

　　第 2 步：进入新页面，单击"添加手工分类"按钮，如图 5-28 所示。

图　5-27

图　5-28

　　第 3 步：在输入框中输入要设置的分类名称，依次单击分类下面的子类，即可添加一个子类，如图 5-29 所示。

　　第 4 步：设置完成后单击"保存更改"按钮，即可保存更改的分类设置，如图 5-30 所示。

图　5-29

图　5-30

提　示

　　淘宝店铺除了对宝贝进行手工分类外还可以进行自动分类。单击"添加自动分类"按钮，进入自动分类条件设置。自动分类是固定的分类方式，如按照类目、属性、品牌、时间等要素分类。

任务 2　管理商品

　　商品上传后，如果商品有问题或需要对商品信息进行修改等，卖家是可以对商品进行上架、下架及修改或删除商品信息等处理的。其操作方法很基础，也很简单，是每个卖家必须掌握的操作。

目标 1 　 上架商品

通常,宝贝发布后就立即上架了。但有时发布宝贝时,会选择将宝贝存放在仓库中,那么就需要将宝贝上架,这样宝贝才能展现在买家的面前。

上架商品的操作步骤如下。

第 1 步:单击"宝贝管理"下的"仓库中的宝贝"超链接,如图 5-31 所示。

第 2 步:在右边的页面中出现宝贝列表,如果要将单个宝贝上架,只需单击该宝贝右侧的"上架"按钮即可,如图 5-32 所示。

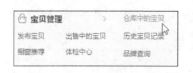

图 5-31

图 5-32

第 3 步:如果要同时上架多个宝贝,可勾选相应宝贝前的复选框,然后单击宝贝列表下面的"上架"按钮即可,如图 5-33 所示。

图 5-33

目标 2 　 下架商品

通常,发布某个商品后,有自动下架再上架的过程,7 天为一个周期,无须卖家来手动管理。但卖家难免遇到特殊情况,如商品质量问题、缺货等,这时卖家可以手工下架商品,其操作步骤如下。

第 1 步:单击"宝贝管理"下的"出售中的宝贝"超链接,如图 5-34 所示。

第 2 步:在右边的页面中出现宝贝列表,勾选要下架的宝贝前的复选框,单击宝贝列表上方或下方的"下架"按钮即可,如图 5-35 所示。

商品发布与交易

图　5-34

图　5-35

提　　示

　　如果要同时下架多个商品,可以参照上架多个商品的方法,选择多个商品,单击"下架"按钮即可。

目标3　设置上架时间

　　商品上下架时间是决定商品搜索排名的重要因素之一。商品搜索排名的优化对于自然流量的获取至关重要。根据淘宝商品的排名规则,搜索一款商品时,商品离下架时间越近,搜索排名就会越靠前,也更容易被搜索到。所以,卖家要想让商品有一个好的搜索排名,获得更多买家的关注,吸引到更多的自然搜索流量,就必须考虑爆款商品的上下架时间。

　　根据淘宝的系统规定,商品的上架周期为7天,也就是说商品在某个时间上架,到7天后的同一时间就会下架,这是一个自动循环的周期,而这个周期内的起始时间和结束时间就是商品的上下架时间。只要知道了商品的上架时间,也就能知道商品的下架时间,因此准确地找到商品上架的最佳时间点,就能够有效地提高商品的搜索排名。

　　1. 分析买家购物最佳时间点

　　通过分析买家购物时间点,可以选择在流量大的时间段上架商品,获得较高的搜索权重。一般而言,淘宝一天中有3个流量高峰时段:9:00—11:00,15:00—17:00,20:00—22:00。但各个商品之间有差异,这3个流量高峰段并不适用于全部的商品。

　　卖家可通过生意参谋来查看同行业商品的上下架时间,从而得出一个目标用户购物最佳时间点。

　　2. 分析竞争情况

　　卖家在得出商品类目流量高峰期后,可以分析不同时段的竞争情况,来决定商品的上架时间。卖家可以通过生意参谋来进行三层筛选以得到一个最佳上架时间。

　　➢ 第一层筛选。计算不同时间段,同种商品的成交量,得出一个有利的时间段。

　　➢ 第二层筛选,分析不同时间段上架商品数量。

　　➢ 第三层筛选,分析单个竞争对手上架时间点。

　　计算过程中,如果数据较多,不利于分析,卖家可将时间点及相应数据输入到 Excel 中,便于筛选和查找最佳上架时间。

目标4　定时自动上架

　　淘宝对于临下架的商品有扶持，就是越临近下架时间的商品，在与其他商品条件都相同的情况下，搜索排名越靠前。然而，商品上架时间又和下架时间紧密相连，所以商品上架时间很有学问。

　　有时，经过精密计算发现商品在凌晨上架会比较有优势，那就一定要凌晨起来上架商品吗？其实不然，可以通过定时自动上架来完成。让宝贝在指定时间自动上架的操作很简单，在发布宝贝时选择相关的选项即可，具体如下：在宝贝发布页面，选择"定时上架"选项，设定宝贝上架时间，设置其他信息后单击"发布"按钮即可，如图5-36所示。

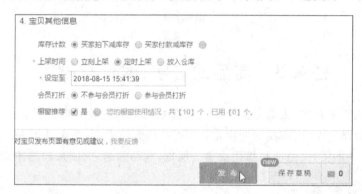

图　5-36

目标5　修改或删除商品信息

　　商品在出售过程中，依然可以对商品信息进行修改或删除，如修改商品价格、标题名称、详情描述等。

1. 修改商品信息

　　有时候需要修改出售中的宝贝的某些信息，如颜色、数量或价格，则可以在"卖家中心"进行操作。

　　第1步：单击"宝贝管理"下的"出售中的宝贝"超链接，如图5-37所示。

图　5-37

　　第2步：在跳转的页面中，单击要修改宝贝右边的"编辑宝贝"超链接即可，如图5-38所示。

　　随即会跳转到与发布宝贝时一样的页面，卖家可以在其中对宝贝信息进行修改，改完后单击"发布"按钮即可。

图 5-38

2. 删除不再出售的商品

商品在出售过程中,如果遇到库存不足或质量问题,不再出售,则可以把商品从仓库中删除。删除商品的操作方法也很简单。

单击"宝贝管理"下的"仓库中的宝贝"超链接,在右边的页面中出现宝贝列表,勾选要删除的宝贝前的复选框,单击宝贝列表上面或下面的"删除"按钮即可,如图 5-39 所示。

图 5-39

任务 3 商品的名字、图片与描述

在目前的购物平台中,大部分买家都使用搜索功能来查找意向商品。而卖家的商品是否被展示在搜索结果中,由商品标题决定;展现在搜索结果中,是否被单击,又由主图决定;单击详情页,是否购买,又由商品描述决定。所以,商品的名字、图片和描述,决定了成交率。

目标 1 商品命名

在网店经营中,商品名称决定着搜索量和点击率的问题。如果标题比较吸引人,那么被单击的次数就会较多,被浏览的次数也就较多,被购买的可能性也就增大了。

一说到标题,很多卖家都会以惊人的相似进入一个误区,认为把关键词充分地体现在标题里才有可能被搜索到,从而引发系统默认的 30 个字符不够用。然而,淘宝规定商品标题不能超过 60 字节(30 个汉字),卖家应尽可能地利用好这 60 字节。

实际上,现在淘宝系统非常智能化,不仅仅是千人千面展现背后有逻辑,在参数其他地方体现的,在搜索时依然可以展现。例如,运费模板中设置了包邮,虽然标题中没有体现"包邮"相关文字,但顾客在搜索"包邮"时,相关产品依然可以得到展现。

> **提 示**
>
> 淘宝系统智能化已经到了一定的成熟阶段。例如,某商品设置江浙沪皖地区包邮,其他地区不包邮,当江浙沪皖地区搜索"包邮"时,该产品会自动展现,从而增加权重;而当新疆用户在搜索"包邮"时(即使在标题中放了"包邮"等文字),依然看不到产品。

在优化标题前,认识一下标题的组成。标题名称的关键词组合方式很多,但万变不离其宗,不管怎么组合,一个标题名称的结构是相对稳定的,即一个完整的标题应该由以下 3 部分组成:商品名称、感官词、优化词,如表 5-1 所示。

表　5-1

序号	组成部分	营 销 作 用	设 计 要 领
1	商品名称	让买家一眼就能够明白这是什么东西	准确描述商品是什么,让买家"望文生义"
2	感官词	增加买家浏览这个商品的兴趣	简洁有力地突出卖点,击中买家兴趣点
3	优化词	提高商品被搜索到的概率	使用高频关键词的组合,让买家更容易找到本商品

【应用范例】

标题名称:【热卖中】2018 冬季新款女装正品修身大衣。

结构分析:"大衣"是商品名称;"热卖中"这个词会让客户产生对产品的信赖感,属于感官词;"女装""正品""修身"这 3 个词是优化词,能够让买家更容易找到商品。

目标 2　在标题中突出卖点

编写宝贝标题时最重要的就是要把宝贝最核心的卖点用精炼的语言表达出来。卖家可以列出四五个卖点,然后选择最重要的 3 个卖点,融入宝贝标题中。

在标题中,可优化点如下。

➤ 在商品标题中,感官词和优化词是增加搜索量和单击量的重要组成部分,但也不是非要出现的,唯独商品名称必须要正确出现在标题中。例如,商品是大衣,但在标题中没有体现"大衣"这个商品名称,就犯了底线性的错误,肯定不行。

➤ 主要关键词放在句首或者句尾比放在中间的权重要好。

➤ 关键词的顺序。在搜索"大衣"时,不管是"修身大衣"还是"保暖大衣"都会搜索到大衣这个商品。如何实现在智能搜索引擎下标题被搜索到,且显得可读、整洁、含热词呢?主要就是看关键词的顺序。对于一些关键词(或长尾词)特别多的类目,可能需要在不同时期对关键词有所取舍。例如在店铺初期需要累积销量和销量较大的两个不同时期,构词原则上有区别。

➤ 杜绝堆砌关键词。堆砌关键词只会让产品降权,不会增加搜索权重。在智能的系统下,是可以分辨出关键词堆砌的,所以不要去堆砌关键词。标题中过多的关键词堆砌,使得顾客反而不知道在卖什么,一下子就降低了兴趣。好不容易引进来一个流量却跳失了,就得不偿失了。

> **提　示**
>
> 关键词堆砌是指在网页中大量堆砌关键词,希望提高关键词密度,提高网页针对关键词的相关度。例如,"水杯"一词是当前热门关键词,在标题中出现"保温水杯""刻字杯子""不锈钢水杯""水杯大容量""礼物杯子"等关键词,这样便形成了"水杯"这个关键词的堆砌。

➤ 对于小类目,建议不把 30 个字符全部占满。小类目的关键词本来就不多,适当地留空格可以提高可读性。对于浏览者而言,在有关键词的前提下,适当的空格让标题逻辑顺序更整洁,符合阅读习惯,实际上可以为标题加分。

➢ 不要跟系统玩技术、玩心眼。不要相信标题流量里面的黑幕技巧,排除部分骗子的存在,即使系统一时存在漏洞,也必不长久,玩心眼反而易助长投机心理。

➢ 价格信号。价格是每个买家关注的内容之一,也是最能直接刺激买家形成购买行为的因素。所以,如果店里的宝贝具备一定的价格优势,或是正在进行优惠促销活动,如"特价""清仓特卖""仅售 99 元""包邮""买一赠一"等,完全可以用简短有力的词在标题中注明。

➢ 售后服务。因在网上不能面对面交易,不能看到实物,许多买家对于某些宝贝不愿意选择网上购物,因此,如果能提供有特色的售后服务,例如"7 天无条件换货""全国联保"等,这些都可以在标题中明确地注明。

下面再说说标题下方卖点文字的意义。图 5-40 所示为某款沐浴桶标题下方的卖点文字。

> **启源施华香柏木桶成人浴缸木制洗澡洗浴泡澡沐浴桶木质浴盆可坐躺**
> 精品香柏木 精心打磨 二次烘干 环保健康

图　5-40

标题下方的卖点文字,并非让卖家去堆砌更多的优点。这里提一个概念:销售流程的阶梯。当一个典型顾客在看见产品标题、主图后,下一步想看到什么?卖点文字就在此时起作用了。当顾客看了标题、主图后依然有疑惑,用卖点文字把他引导到描述(视频、文字或图片)中,再通过和客服交流被引导,实现支付,这就是销售流程的阶梯概念。

所以,卖点文字要"勾"着顾客去看详情页,它并不展现全部内容,主要是对标题的补充,而不是重复。

目标 3　好主图吸引单击

当买家在淘宝搜索一个商品时,搜索结果都是以图片＋文字的形式进行展现的,商品主图占了较大的视觉空间,由此可以说主图在很大程度上决定用户是否有意愿单击详情页。

淘宝的主图共分为 3 部分:PC 端宝贝图片、主图视频和宝贝长图。在淘宝中,一般有 5 张常规主图,如图 5-41 所示。

➢ 第 1 张是淘宝 PC 端搜索展现的图片。故这张图片主要从商品卖点出发,一般为正面图。

➢ 第 2 张是天猫 PC 端搜索展现的图片。这张图片通常也是从卖点出发,为正面图或背面图。

➢ 第 3 张可以是侧面图或细节图,可重点突出其与其他商品的不用点。

➢ 第 4 张一般为细节图,可重点突出促销点。

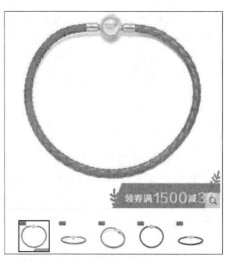

图　5-41

➤ 第 5 张可能是手机端搜索展现的图片。因此,该图十分重要,一般为白底宝贝图。

提　示

白底宝贝图方便展示宝贝的个性特点。买家根据入口图(白底图)单击进入,可能增加添加收藏加购的概率。白底宝贝图既能精准打造商品标签,又能精准区分人群,进而增加流量。

通常,前 5 张主图图片大小不超过 3MB,格式为 gif、png、jpg、jpeg 等,且需要上传正方形图片。另外,还应注意以下细节。

➤ 5 张商品主图尽量色系统一。
➤ 图片不要有边框,不将多张图拼在一起,做到一张图片只反映一方面内容。
➤ 杜绝"牛皮癣",不要有太多的宣传。
➤ 注重细节的拍摄,细节往往最能打动人心。

买家面对搜索结果时,一般采用快速浏览的方法,此时吸引买家单击的因素主要是每个商品的主图。如果主图做得不够好,不能吸引买家的目光,不能让买家单击,就无法将搜索排名靠前的优势转换为商品的流量,优化搜索的工作就浪费了。因此,如何做出吸引人的商品主图,是需要深入研究的。

1. 策划

谈到主图,不少卖家都知道从构图、拍摄、后期处理等视觉的基本常识来思考,但还应思考基于搜索用户的策划。例如,某个卖服装的卖家,在做爆款分析时得知,大多数的成交词都是"连衣裙",但她的主图却是运动外套,这就需要重新策划新主图了。

但是只参考爆款成交率的话,又会发现很多商品的卖点都类似,如"显瘦"的关键词数不胜数。这时候就需要卖家在主图上下功夫,从而在众多搜索中脱颖而出。

另外,在策划主图时,应考虑到主图和详情页里的图片有区别:主图主要是吸引点击率;详情页的图片主要展现商品的款式、功能、特点等。所以在策划主图时,还要透过生意参谋等工具分析消费者的搜索需求,从而制作出具有吸引力的主图。

2. 测图

如何测试新的主图是否符合消费者的单击欲望呢? 最常用的测试就是直通车,在测试时应注意以下两个问题。

➤ 参与量越大,结果越准确。测图的要点不是看测试的时间多长,而是有多少人参与进来。例如,同一问题,10 个人的答案肯定没有 100 个人的答案准确。
➤ 轮播的直通车测图,效果更佳客观。

3. 监测

美工也应根据主图和商品卖点,在详情页中将理论知识导向变成用户需求导向,引导用户购买。通过淘宝后台和生意参谋的数据,监测商品的点击率、转化率等,实时监测主图的优化效果。

目标 4　撰写商品描述

商品描述在一定程度上决定了转化率。卖家要使用准确的、值得信赖的宝贝描述,来说服买家购买宝贝。卖家在规划一个详情描述的时候,要知道其出发点是什么。

1. 宝贝类别

很多人在讲营销时,会有一个枣核方法论。单从枣核的外观形状来看,枣核中间是胖胖的,两头是尖的。应用到营销中,这两头的尖的地方就代表了两种人:其中的一端是永远都不可能买你产品的人,这部分人占少数,大概10%;另外一端是不管描述好坏,产品质量好坏,都一定会买产品的人,这部分人也占10%。

也就是说,无论如何有一部分人肯定会成为客户,而有一部分人肯定不会成为客户。但这两部分人都不是卖家重点关注的对象,重点关注的应该是枣核中间的大多数人。

枣核中间的这部分人,买不买产品,主要靠的是文案。如果文案描述足够好,能打动他,他就会购买。反之,即使花钱引流使他有了单击行为,但文案没能打动他,不能形成购买行为,最终客户流失了。因此,文案要永远面向枣核中间的典型顾客,让其原本从买和不买之间的摇摆状态走到买的状态里。

所以在撰写商品描述前,注意不要把产品中过于专业性的东西展现给顾客。专家的语言体系和顾客的语言体系有着很大的区别,很多卖家习惯性地把顾客当作很专业的群体,认为他听得懂,实际上顾客只听得懂他自己的语言,所以在描述产品时不要写得特别专业,应做到通俗易懂。在购买的过程中,很多人是不理智的。有卖家认为,在描述中劝顾客理性购买能加大顾客好感,但实际上不管你劝不劝他,他都会觉得自己是理性的。

换言之,首先要抓住顾客的注意力,再用一两句文案(在第1~2屏抓住顾客兴趣),进而提供种种证据。例如,先提出一个论点,如卖家只卖纯天然蜂蜜,接着一步步堆积证据去论证卖家的观点,让顾客产生信任,进而促使他行动。

总体而言,详情页的出发点就是面向枣核中间的典型顾客和永远面对新顾客,重点注意购买的过程并非理智。具体到做法,其实也很简单,即模仿优秀的描述。

提 示

新手卖家不要一开始就盲目模仿优秀的描述,应该在模仿时有所思考。例如,站在用户的角度去思考这个描述有什么吸引用户的地方。具体的方法可以将优秀的描述摘出来,包括布局、配色、图文结构等,结合自己的产品做出吸引人的描述。

---

2. 塑造产品价值的7要素

塑造产品价值的7要素包括实拍图、独特卖点、场景化图片、客户证言和销量截图、视频展示、专家姿态以及借助公信力,如表5-2所示。这7要素内容看起来比较多,但是每个要素之间并不矛盾,而且没有要求卖家一定要按照先后顺序将这7要素罗列下来。卖家可以用打比方或讲故事的形式,用顾客能听懂的话和顾客愿意听的形式,把产品价值罗列出来。

表 5-2

要 素 名 称	重 点 内 容
实拍图	实拍图是最基本的,也最重要的。不同类目对实拍图或细节图的偏重可能有所不同,但都要重点注意如实描述商品。在网商这种独特的评价机制中,不要去做过多PS。过于美化产品图片,只能起吸引顾客的作用。但当顾客拿到实物时,描述中的图片美化越多,得到的差评就会越多。所以卖家要做的就是如实地将产品展现给顾客

要素名称	重点内容
独特卖点	顾客在购买产品时,可能在多个产品之间徘徊。实际上,各个卖家都可以在描述中说自己的产品是最好的,但站在用户的角度,他所追求的并不是最好,而是差异化。所以在商品描述中可以从店铺、品牌、产品、包装或售后等方面去找差异化优势
场景化图片	使用场景化图片,去罗列顾客可能得到的结果,用一、二、三的逻辑顺序将其列出来。在塑造产品价值时,要把顾客带入这样一个场景:使用这个产品将会在多长时间得到怎么样的好处。总结下来,顾客需要的是轻松、快速、安全的结果
客户证言和销量截图	在塑造产品价值时,最好的证据就是客户证言(评价)和销量截图,用这些内容起到锚点作用。这个锚点不是价格锚点,而是从众锚点。顾客看到这个产品被成千上万人购买过,拿到实物后的评论也不错,就会形成购买的判断。所以说客户证言和销量截图在塑造产品价值时起到关键作用
视频展示	有些产品仅仅用图片和文字是没有办法表达的,这时候就需要视频展示。很多产品都可以用到视频展示,例如用图文很难将服装的细节说清楚,但视频展示可以方便客户联想;再如布衣柜、自行车等需安装的产品,用图文阐述安装步骤会比较费力,在视频中展现安装过程,既告知消费者安装步骤,也可做一定的说明(安装步骤简单等)
专家姿态	一般,顾客会认为卖家对这个行业的了解较多,也更权威,在购物时,会通过详情页或与客服交流,潜意识地把卖家当成产品的专家。根据这一特点,在塑造产品价值时,要以专家的姿态给顾客确定性的答案。一些模棱两可的说法,看起来像谦虚,但实际上对塑造产品价值不利
借助公信力	经典著作《影响力》曾提到社会认同,简单地说,大家倾向于认可社会、书籍或媒体权威披露的答案。例如借助权威书籍、名人、明星或百度百科网站等。借助公信力的好处在于可增加产品被信任的可能

3. 促进成交的 6 大要素

促进成交的 6 大要素包括塑造产品价值、销量及评价、价格及解释、赠品及促销、风险逆转、包装以及快递,如表 5-3 所示。这 6 大要素其实就是在一步一步地告诉顾客,他购买这个产品会得到什么样的一个结果。

表 5-3

要素名称	重点内容
塑造产品价值	无论一个产品的质量多好、做工多好、名声多好,顾客买的是具体结果。例如蜂蜜,顾客需要的结果可能是养生、保健、美容养颜、减肥、做面膜等。而蜂蜜是不是天然的?纯不纯?真不真?……这些对顾客来说只是利益的支撑点。卖家在塑造产品价值时,就要站在顾客的角度,想想他想得到的结果是什么。从这个点出发,效果就很理想了
销量及评价	通常,销量和评价占了高转化率描述的 40%～60%。因为其他顾客在这个店铺内没有购买行为时,从众效应的影响力是非常大的
价格及解释	大多数人在购物时,都会被价格因素所影响。但是不能为了让大众接受,一味地调低价格。正确的做法是高价有高价的理由,低价有低价的原因。例如,店里主营蜂蜜,价格有几十元的,也有几百元的。那为什么都是蜂蜜,有的要几百元呢?在描述里可以给出解释,如贵的这款蜂蜜更来之不易、营养价值更高等
赠品及促销	很多卖家的产品都有赠品,但真正提高转化率的并不多,这是为什么呢?很简单,卖家提供的赠品并没有吸引到顾客。在赠品方面,首先要注意选品。选的赠品最好和主产品有较强的关联。其次,赠品还要对主产品起锦上添花的作用

要素名称	重点内容
风险逆转	这里的风险逆转,指加入常见的免费退换、7天无理由退换,运费险等服务。加入这些服务,易形成一个观念:只要顾客足够信任这个产品,只要他有购买行为,不管什么原因,风险都由卖家来承担。风险逆转的前提是卖家对产品有足够的信心,告诉顾客销售的产品确实好。这在一定程度上加大了顾客对产品的信任,提高了转化率
包装以及快递	当顾客看到产品价值和产品不错的销量,以及可以得到的赠品,同时卖家也承诺了退换,这时,再来一个展示,如怎样包装,用哪家快递发出产品,大概几天能到货,让用户更加放心地下单

4. 魔法般的详情页排版

了解了促进成交的 6 大要素,相当于有了文章素材。接下来把重心放在排版上,如何将现有的内容放在详情页中,使其引流效果最佳,这就是魔法般的排版。

1) 视觉的锤子

详情页排版和普通的写文章有着一定的区别:普通的写文章可能平铺直叙,包括发展过程、高潮等元素;在详情描述时,往往会把高潮点(最能打动顾客的点)放在第一屏。可能很多人都忽略了这一点,当美工和设计做描述时,其实应该把大部分的功夫放在第一张图和第一张文案上面。

回顾顾客的购买过程,实际上是一个感性、感情、理智和行动的过程,是一个不完全理智的过程。在构建详情页时,就要抓住顾客的兴趣点,让他继续往下看。

详情页的第一屏,就是一个视觉的锤子,能简洁有效地抓住顾客的注意力。一般地,文字不太容易抓住顾客的注意力,除非其非常夸张,但容易失实(偏离事实)。所以一般情况下,会用图来做视觉的锤子,再用恰当的文案做辅助说明,将视觉的锤子和语言的钉子结合起来,让顾客瞬间对产品感兴趣。

2) 语言的钉子

语言的钉子指引起顾客兴趣、在感性上抓住顾客的注意力后,要用一句话去抓住他的兴趣点。当顾客看到一幅让人震撼的图,决定再仔细看时,下面的一句话要马上说到他的心里去。

3) 模拟典型顾客的提问顺序

有了第一屏的内容,接下来要模拟典型顾客的提问顺序。既然前面说这款产品好,就需要提出论点、论据来进行论证。要提供证据证明这个产品是外观好、口感好,还是功效好。

如果卖家在第一屏中提出某产品销量佳的观点,在接下来的详情页中,可将销量截图、好评截图等内容做一个展示区域,证明该产品确实销量佳。

卖家可站在典型顾客的角度去思考顾客购买商品还会有哪些疑问,例如尺寸、材质、物流、售后等问题,再将这些问题的答案体现在详情页中。再回顾感性、感情、理智和行动,顾客在购物时,提问的目的是想让自己更理智一些。而直接把他能想到的问题罗列出来,实际上已突破他的心理防线了,所谓的答案其实已没那么重要。

4) 排版形式

根据自己的类目,在规划完成交要点素材后,要考虑素材的先后展示顺序。建议分区块来展示信息,以简洁为主,不要搞艺术展览,一般情况下简洁胜过复杂。

5）描述的导航

描述的导航是什么意思？顾客浏览比较仓促时，给他一个醒目的小标题。这个小标题可以理解为写文章的大纲或大纲标题，让他能看到产品外观好、口感好、功效好，还有赠品活动或使用场景等。

如果有人看得慢，看到产品外观好，还想再深入看细节（拍摄角度、面料材质等）。为迎合这两种速度快慢不一的群体，更需要一个导航来引导购买。在照顾顾客浏览体验时要做到方便顾客浏览，并不是每个顾客都有足够的时间停留在详情页中。

任务 4　商品交易流程

在和买家达成一致后，买家拍下商品并完成付款操作，卖家就应按照约定确认订单、准备发货、更新物流信息等。而且，部分订单并不是一帆顺风的，会遇到必须修改价格、形成无效交易等。卖家应掌握商品的基本交易流程，并处理好可能的突发情况。

目标 1　确认顾客已付款

卖家一定不能马虎。在发货前，必须要确认买家已经付款。如果买家购买了自己的商品，应耐心地等待买家付款，直到买家付款以后自己的商品才算卖了出去。

进入"我的淘宝"，在"交易管理"一栏里单击"已卖出的商品"超链接，可以看到"买家已付款"字样，如图 5-42 所示，即可确认买家已付款。

图　5-42

目标 2　修改交易价格

尽量不去改动商品价格，但难免会遇到会砍价的买家，有时也会遇到买家要求同城见面交易、实际交易价格低于商品标价等。这就需要卖家掌握修改价格的方法，可按如下步骤进行。

第1步：在"交易管理"下，单击"已卖出的宝贝"选项，如图5-43所示。

第2步：显示所有的出售商品信息，选择要修改价格的商品，在商品标题最后方单击"修改价格"超链接，如图5-44所示。

图 5-43   图 5-44

第3步：进入修改页面修改价格，单击"确定"按钮，如图5-45所示。

图 5-45

之后通知买家刷新付款页面，对方就可以看到新的价格了。

目标3 确认商品发货

在收到买家货款后，卖家就需要按照约定发货。整个流程应该是确认商品，根据订单备货、包装、联系快递、发货。在发货后，需要根据发货订单来在淘宝进行发货订单的创建，以便完成整个交易流程，其具体操作步骤如下。

第1步：单击"交易管理"下的"已卖出的宝贝"选项，如图5-46所示。

第2步：在右边的列表中，单击"发货"按钮，如图5-47所示。

第3步：确认"第一步"中的收货信息和"第二步"中的发货/退货信息。在页面下方的"第三步"中选择采用的物流方式，如这里选择"自己联系物流"；在文本框中输入运单号，再选择对应物流公司；单击"发货"按钮，如图 5-48 所示。

图　5-46

图　5-47

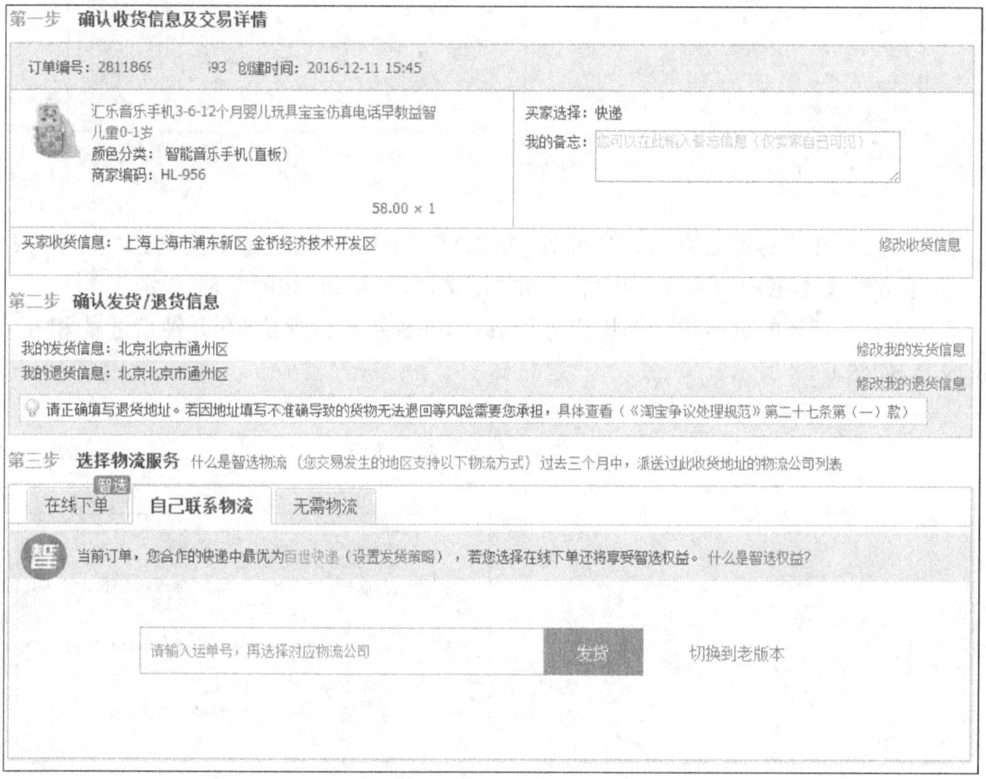

第一步　**确认收货信息及交易详情**

订单编号：2811869□□93　　创建时间：2016-12-11 15:45

汇乐音乐手机3-6-12个月婴儿玩具宝宝仿真电话早教益智
儿童0-1岁
颜色分类：智能音乐手机(直板)
商家编码：HL-956

买家选择：快递
我的备忘：您可以在此输入备忘信息（仅卖家自己可见）。

58.00 × 1

买家收货信息：上海上海市浦东新区 金桥经济技术开发区　　　　　　　　　　　修改收货信息

第二步　**确认发货/退货信息**

我的发货信息：北京北京市通州区　　　　　　　　　　　　　　　　　　　　修改我的发货信息
我的退货信息：北京北京市通州区　　　　　　　　　　　　　　　　　　　　修改我的退货信息

请正确填写退货地址。若因地址填写不准确导致的货物无法退回等风险需要您承担，具体查看《〈淘宝争议处理规范〉第二十七条第（一）款》

第三步　**选择物流服务**　什么是智选物流（您交易发生的地区支持以下物流方式）过去三个月中，派送过此收货地址的物流公司列表

| 在线下单 | 自己联系物流 | 无需物流 |

当前订单，您合作的快递中最优为百世快递（设置发货策略），若您选择在线下单还将享受智选权益。什么是智选权益？

请输入运单号，再选择对应物流公司　　　　　　　　发货　　切换到老版本

图　5-48

第 4 步：当卖家发货并在淘宝网中完成发货流程后，买家可以在自己的"已买到的宝贝"页面下，查看每件商品的快递情况，包括委托的快递公司、运单号等，买家可以根据这些情况大致估算到收货的时间。

目标 4　及时评价

评价是买卖双方对于一笔交易最终的看法，也是以后可能想要购买的潜在买家作为参考的一个重要因素。好的信用会让买家放心购买，差的评价往往让买家望而却步。交易结束要及时做出评价，信用至关重要，不论买家还是卖家都很在意自己的信用度，及时在完成交易后做出评价，会让其他买家看到自己信用度的变化。

评价还有一个很重要的解释功能,如果买家对商品做出了错误的、不公正的评价,卖家可以在评价下面及时做出正确、合理的解释,防止其他买家因为错误的评价产生错误的理解。

第1步:单击"交易管理"下的"已卖出的宝贝"选项,如图5-49所示。

第2步:进入"已卖出的宝贝"页面,可以看到已经成功的交易列表右侧显示为"对方已评",单击下方的"评价"链接,如图5-50所示。

图 5-49

图 5-50

第3步:在打开的页面中,勾选"好评"复选框(如非必要,尽量不要勾选"中评"或"差评"),在下方的文本框中输入评价内容,单击"提交评论"按钮,如图5-51所示。

第4步:在打开的页面中告知用户评价成功,并提示双方评价30分钟后才能相互看到评价内容,如图5-52所示。

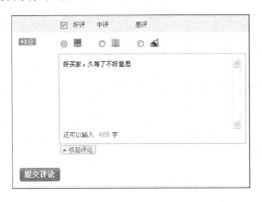

图 5-51

图 5-52

提　　示

买家在收货后,一直没有确认收货与评价,这时可以通过旺旺先联系买家并引导买家确认收货与评价,如果买家对商品无异议,但出于各种原因无法及时评价的话,那么淘宝在15天之内会自动将货款支付给卖家,同时自动给予卖家好评。

目标5　关闭交易

部分买家在下单后,可能会因为个人因素或其他因素联系卖家取消订单。所以,卖家要会处理这类订单,关闭取消的交易条目。

第 1 步：进入订单列表，单击需要关闭的交易商品后的"关闭交易"超链接，如图 5-53 所示。

第 2 步：选择关闭理由，单击"确定"按钮即可，如图 5-54 所示。

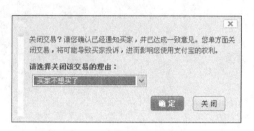

图　5-53　　　　　　　　　　　　　图　5-54

拓 展 阅 读

1. 商品定价

为商品定价也是一门很高深的学问，既要保证卖家有利可挣，又要让买家欣然接受。如何衡量自己产品的价格，并且还能够获得市场的认可呢？宝贝定价必须懂"数字"，不会计算的人不会富。万事都要做到心中有数，才能知道事情的重要程度，才能有效衡量盈亏。常用的商品定价方法包括整数法、非整数法、小单位定价、吉利数定价等，具体内容如表 5-4 所示。

表　5-4

方 法 名 称	重 点 内 容
整数法	对于高档宝贝、耐用宝贝等宜采用整数法定价策略，给买家一种"一分价钱一分货"的感觉，以树立品牌形象。高档、豪华宝贝的购买者，一般都有显示其身份、地位、富有、大度的心理欲望，整数价格正迎合了这种心理
非整数法	这种把宝贝零售价格定成带有零头结尾的做法被销售专家们称为"非整数法"。很多实践证明，"非整数法"能够激发出买家良好的心理呼应，获得明显的经营效果。如一件本来值 100 元的宝贝，定价 98 元，肯定更能激发买家的购买欲望。把宝贝零售价格定成带有零头结尾的非整数的做法，是一种极能激发买家购买欲望的定价方法。非整数价格虽与整数价格相近，但它给予买家的心理信息是不一样的
小单位定价	定价时采用小单位，会让买家感觉宝贝的价格比较便宜，如茶叶每公斤 200 元定成一两 10 元。或用较小单位宝贝的价格进行比较，如"使用这款净水器每天只耗半度电，才 0.26 元钱！"，而不是"使用这款净水器每月只耗 15 度电，才 7.8 元钱！"
吉利数定价	据调查发现，宝贝定价时所用数字的频率依次是 5、8、0、3、6、9、2、4、7、1。这不是偶然的，究其根源是买家消费心理的作用。带有弧形线条的数字，如 5、8 等比不带弧线的数字有刺激感，易为买家接受；而不带有弧形线条的数字，如 1、7、4 等相比较而言就不大受欢迎。在价格的数字应用上，应结合国情。很多中国人喜欢 8 这个数字，并认为它会给自己带来发财的好运；因中国有六六大顺的说法，6 也比较受欢迎

2. 电商营销的基本概念

提到电商营销的基本概念,不得不提一些营销过程中用到的常见词,例如 UV/PV、跳失率等。电商营销的基本概念共有 8 个重要指标,如图 5-55 所示。

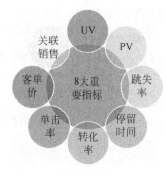

图 5-55

8 大指标的重点内容如表 5-5 所示。

表 5-5

指 标 名 称	重 点 内 容
UV	UV 可以理解为一个注册用户的访问。用线下门店的话来说,可以理解为进店的人,进来 1 个人叫 1 个 UV,进来 2 个人叫 2 个 UV
PV	PV 是 Page View 的简称,它是浏览页面的人次数的总和。例如 1 个人看了 3 个页面,那么此时的 UV 是 1,此时的 PV 是 3;如果有 3 个人,每个人看了 2 个页面,那么这个时候的 UV 是 3,PV 就是 6,也就是说 PV 永远大于或等于 UV,它至少会看一个页面
跳失率	跳失率与 UV、PV 指标有关,例如 1 个人进店铺后看了 1 个页面就走了,没有再看第 2 个页面,就说这个人在这个页面上跳失了。如果一共进来 100 个人,其中有 90 个人只看了 1 个页面就离开了店铺去了邻居的店铺,或者说离开淘宝网了,这时页面的跳失率就是 90%。再假如进来 100 个人,有 30 个人看了第 2 个或者第 3 个页面,那么跳失率也就降下来了。显而易见,跳失率越低越好
停留时间	停留时间和跳失率息息相关。当 1 个人看 2 个或更多页面时,他的停留时间肯定会长。如果大部分人只看 1 个页面就流失了,那么顾客整体在店铺的停留时间非常短。所以,跳失率和停留时间这 2 个指标是一个反比概念:跳失率越高,停留时间的平均数越低;跳失率越低,停留时间肯定会越长
转化率	这是一个至关重要的指标。例如,在 100 个人里有 5 个人购买产品,那么转化率就是 5%。转化率是一套体系,它是从前到中再到后,是一个整体的流程,每一步都可能会有各种原因,最终导致这个人没有付款,所以不管在哪个环节,转化率越高越好
点击率	点击率是浏览和点击的比例。例如,有 100 个人看了广告图,有 10 个人对图片上的文案产生了兴趣实现了点击,那么点击率就是 10%
客单价	假设有 100 个人进入店铺,其中 3 个人购买了。那这 3 个人平均购买了 100 元还是 150 元也是至关重要的。如果平均购买 100 元,那么总销售额只有 300 元;如果平均购买 150 元,那么总销售额就是 450 元。客单价越高越好
关联销售	关联销售实际是要求卖家通过各种手段让顾客买 A 产品,又买 B 产品,甚至再买 C 产品。关联销售的件数增多,能在一定程度上提升客单价

总结一下，其实质就是店铺进来多少顾客，这些顾客停留了多长时间，有多少人只看一页页面就走了，又有多少人购买了多少钱的产品，这就是销量和利润的组成部分。

3. 获客成本

很多卖家在计算商品成本价时，往往都只是单纯地用成本＋利润。其实，在网上开店，获得一个顾客的成本还有很多。通常，获客成本有两种算法，具体如下。

- ➤ 固定成本：例如开一个公司，有厂租、水电、员工薪酬等固定的支出。
- ➤ 变动成本：淘宝、天猫、京东等平台的年费、运营费、广告费、推广费等。

假设某天有 100 个人进入店铺，有 70 个人跳失，在留下的 30 个人中只有 5 个人购买。如果这 100 个人总共花费 300 元去推广，最后有 5 个人平均购买 100 元，也就说平均 60 元才能成交 1 个 100 元的顾客。实际上，这 100 元的成交额是不赚钱的，所以必须重视后端维护。

再细分到固定成本里，5 个人成交均价 100 元的产品，不仅分摊 300 元的推广费，还有房租、水电、运营人员工资的投入，那么获客成本就可能达到每个人 300～500 元甚至更高。这涉及盈亏平衡点的问题。只有成交顾客越来越多，分摊的固定成本才会越来越低，获客成本才会下降。

店铺成长的前期，一般不建议特别关注获客成本。如果过于关注获客成本，可能会看到最坏的一面，觉得店铺没法经营。实际上，顾客成本到了一个平衡点之后就会形成一个正向的循环。

4. 添加新品标

新品标能有效提升商品的整体排名。有新品标的商品在同样操作情况下，搜索权重更高，转化率转化也更迅速。淘宝中的新品，是指在淘宝网发布的对应款式距该店铺第一次上架时间在 28 天内的商品。

在淘宝搜索栏中输入"裙子"，在默认综合排序下展现的商品中，前 4 名的商品中 3 个有新品标的标识，如图 5-56 所示。

图　5-56

项目五

商品发布与交易

> **提　　示**
>
> 　　新品标对部分商品类目开放,如女装/女士精品、男装、箱包皮具/热销女包/男包、女鞋、女士内衣/男士内衣/家居服/流行男鞋、服饰配件/皮带/帽子/围巾、童装/婴儿装/亲子装、童鞋/婴儿鞋/亲子鞋、饰品/流行首饰/时尚饰品。

淘宝规则规定,新品类目商品存在被扣分情况严重的,即使符合新品标的规则也不能打新品标。符合条件和类目的商品还需要符合以下条件才能打新品标。

➢ 图片无严重"牛皮癣"。

➢ 非旧款重发。

➢ 非拍卖、二手、闲置商品。

➢ 商品标题中不包含"清仓""反季""换季""二手"等字样。

➢ 商品第一次上架时间在 28 天以内。

➢ 有一定的新品喜爱度。

符合打新品标的卖家,不能忽略新品标的重要影响。在条件成熟的情况下,可为商品加入新品标,加大商品搜索权重。

思　考　题

1. 思考在发布商品前,需要做哪些准备工作。
2. 拟定一个具有吸引力的标题应该从哪些方面入手?
3. 分析商品上架、下架时间与流量的关系。

实　战　演　练

1. 登录淘宝网,以"一口价"方式发布一个宝贝。
2. 设置一个新的运费模板。
3. 上架仓库中的一个商品,6h 后再将商品做下架处理。
4. 为店内的某个商品撰写一个详情页描述,包括商品实拍图、卖点、价格解释、赠品等内容。

项目六 商品拍摄与照片后期处理

项目导言

为了让商品图片更具说服力,刺激用户购买,卖家应掌握一定的拍摄技巧和后期处理技巧,选择拍摄器材,如相机、三脚架、灯光器材等;掌握拍摄技巧,主要体现在根据商品类目选择适宜的构图方式、拍摄光线和拍摄角度等。除了拍摄技巧,卖家还应学会处理图片曝光不足、曝光过度、偏色、背景过于突出等问题。

学习要点

- 拍摄器材与常用拍摄方法。
- 主流商品的拍摄。
- 商品照片的后期处理。

任务 1 拍摄器材与常用拍摄方法

巧妇难为无米之炊。想要拍好商品图片,需要购买合适的相机、三脚架、灯光器材等硬件设备。除此之外,还需要各卖家掌握一定的拍摄技巧,如构图方式、拍摄光线和拍摄角度等。

目标 1 选择相机

在拍摄商品图片前,必须准备硬件——相机。相机的种类繁多,目前市面中较为常用的主要包括普通数码相机、单反相机和微单/单电相机,三种相机的简介如表 6-1 所示。

表 6-1

相机名称	简 介
普通数码相机	普通数码相机价格低廉,适合用于拍摄家人、朋友、宠物或旅行照。在普通相机中,有很多比较轻薄,便于携带,因此这种薄型相机又称为"卡片机",这是普通数码相机中的主流产品,价格集中在 800～3000 元,当然也有特别便宜和特别贵的。普通数码相机的像素一般在 2000 万左右,拍出来的照片效果相当不错,对于拍摄网店宝贝图片来说,已经足够
单反相机	相比普通数码相机,单反相机拍摄效果更好,相应价格也更高,一般都在数千元以上。单反相机的镜头和机身一般都可以分离,一个机身上可以安装不同的镜头。如果店主希望完美展示自己宝贝的细节,不妨购买一台单反相机来进行摄影

相机名称	简　　介
微单/单电相机	由于单反相机采用了单镜头加反光板的取景结构,故名"单反"。但也因为这个结构,导致单反相机体积庞大,机身沉重。为了克服这个缺点,相机生产厂商又研发出单镜头加数码取景结构的相机,取消了反光板,导致其体积大大减小,摄影效果也略差于单反相机,但价格相对单反相机来说大幅度降低,主要集中在 2500～5000 元。这种相机被称为"微单相机"或"单电相机"。对于一个追求较好拍摄效果但资金预算又有限制的店主来说,微单/单电相机是一个不错的选择

在选购数码相机时,要量力而为,不要以价高为好。其实,没有最好的相机,只有最适合自己的相机,根据自己的需要来选购才是最佳选择。选购时通常要注意的要点有以下几个。

➢ 品牌。影响相机成像效果的因素除了像素、镜头等外,主要的因素还是厂家在成像质量方面的整体技术水平,像佳能、尼康、索尼、三星等厂家在相机整体成像技术上做得就比较专业。因此,建议购买那些在市场上推出时间较长的成熟机型,不要购买那些刚推出的小厂家的新品,因为新的机型价格较高,降价空间大,而且成像技术水平也难有保证。

➢ 像素。现在主流的数码相机都是上千万像素。像素越高,照片质量会越好,但是网络图片用 800 万像素相机就足够了。当然,如果店主平时外出游玩时还要使用该相机的话,也不妨选择高像素的型号。

➢ 实际拍摄效果。在选购数码相机时,购买者一般都会随便拍几张,然后在数码相机的液晶屏上看过后觉得效果可以就行了,其实这种方法是不正确的,因为数码相机的液晶屏很小,效果好坏并不能看出来。正确的方法是拍出来后在电脑屏幕上确认一下,并注意看照片里有没有偏色。因此,建议到有配备电脑终端的经销处购买,以便在电脑上查看拍摄效果。

➢ 画质。数码相机镜头往往比像素和 CCD 更加重要,尽量选择名牌的,如佳能、尼康、索尼以及奥林巴斯等。如今的数码相机的光学变焦倍数大多在 10 倍,有些定焦的效果可能更好,因为镜头变焦越大,镜头镜片数量就会越多,镜片数量多,就会影响画质,甚至造成更大的眩光、噪点、丢失暗部细节以及影响整个变焦范围的画质等问题。

➢ 微距拍摄。如果要拍摄宝贝的细节,就需要用到相机的微距拍摄功能。所谓微距拍摄,就是在极近距离(如 4cm)内拍摄物体。微距功能越好,成像就越清晰,拍摄出的宝贝细节的效果就越好。

➢ 防抖。现在的主流机型都配备了光学防抖的功能,而不防抖的机型已经相当少见了。如果买到了不防抖的机型,也不要紧,再购买一个三脚架,将相机放置在三脚架上进行拍摄,也可以解决抖动的问题。

另外,购买的时候还要注意商家是否是正规经销商,商品是否是正品行货、是否全国联保等,因为这关系到售后服务问题。

目标 2　选择三脚架

拍摄商品过程中,除了必备相机,还要选择一些辅助工具,如三脚架。很多人在拍摄时,都会遇到手抖问题、夜间拍摄问题或自拍问题,这些都需要借助三脚架进行拍摄。

三脚架一般有三只支撑脚,每只脚由三节可伸缩调节的金属管组成。支撑脚上面还有可调节高度的中轴,中轴上面还有可以调节仰角和方向的云台。三脚架在收起来时如图 6-1 所示(不带云台),展开并安装好云台以及相机时如图 6-2 所示。

图 6-1   图 6-2

三脚架的各个调节螺杆都非常明显和直观,只需按照说明书操作,即可轻松将三脚架展开,将相机安装到云台上。三脚架的档次有高有低,低至 40 元,高的则要上千元。卖家可根据实际经济状况,选择适宜的三脚架。

提　　示

在选购三脚架时,要注意好相机重量与三脚架重量的配合。三脚架越重稳定性越好,但如果相机很轻,则没有必要配很重的三脚架。一般来说,相机的重量主要集中在镜头上,比较重的三脚架适合 400mm 的镜头,而中型三脚架则适合 100mm~300mm 的镜头,小型三脚架则配合广角镜头使用。

目标3　选择灯光器材

日常拍摄商品时,难免遇到光线问题,如光线过亮、过暗、反光等都会使照片质量不佳。虽然后期也可以通过软件对图片进行处理,但如果前期做好工作,可以省去很多麻烦。所以,这里介绍一下可以提效果的灯光器材。

➤ 摄影棚:针对部分对颜色要求较高的商品而言,可以使用摄影棚进行拍摄。摄影棚是在室内拍摄宝贝的最主要的工具,在淘宝中可购买到价格适中的摄影棚。

➤ 反光伞:反光伞通常配合闪光灯使用,可以把闪光灯闪出的硬光变成柔和的漫射光。反光伞外形和雨伞差不多,不过伞的内面贴的是高度反光的材料,其价格在几十元到 200 元不等。

➤ 反光板:反光板的使用在室外拍摄中比较常见,因为很多时候外景都是逆光拍的,但逆光拍摄时模特正面会有很暗的阴影,这时候用反光板补光可以减少阴影。

另外,还有一些辅助拍摄器材,如独立闪光灯、摄影台等,但使用得不多,这里就不详细介绍了。

目标4 选择构图方法

商品照片构图指的是商品主体(单个或多个)在照片中的位置,以及商品主体与背景所造成的视觉效果。不同的构图方式起到不同的视觉引导作用。卖家可以尝试多种构图方式,从而找到最合适体现商品特点的构图方式。

1. 黄金分割法

黄金分割法指的是把一条直线段分成两部分,其中较长的一部分占全部线段的61.8%。这是由古希腊人发现的一种比例,这种比例也称黄金律。他们认为这种比例最能体现和谐与美感。事实上也确实如此,将黄金分割法应用到摄影中,能够拍摄出具有奇妙美感的照片来。

在摄影构图中,常使用简单的方法来实现黄金分割:在画面上横、竖各画两条与边平行、等分的直线,将画面分成9个相等的方块,直线和横线相交的4个点,称黄金分割点,如图6-3所示。

在拍照时,将主体安排在黄金分割点附近,既可达到突出主体,又具有美感的效果,如图6-4所示,照片中的杯子就安排在黄金分割点上,既显眼又和谐。

图 6-3　　　　　　　　　　　　　图 6-4

提 示

前面列举的图片更倾向于"井字形"构图,这种构图的效果与黄金分割构图很接近,但又比黄金分割构图简便易用,因此在实践中常用于替代黄金分割构图。

---

2. 三分构图法

三分构图法是黄金分割法中的一种,当商品主体(如人体、地平线等)比较长时,将主体安排在图片的三分之一处,则整个画面显得生动、和谐,主体突出。三分法构图的4种形式如图6-5所示。

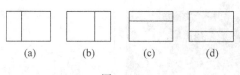

(a)　　　　(b)　　　　(c)　　　　(d)

图　6-5

在服装拍摄中，一般都需要用到模特，由于人体呈长条形，因此常常被放在画面的三分之一处进行突出，如图6-6所示。当要拍摄的商品占主体画面较多时，可以考虑将其一部分安排在画面三分之一处，能达到比较好的效果。如图6-7所示，图中簪子的亮点在右侧上方，整个画面显得具有美感。

图　6-6

图　6-7

3. 对角线构图法

对角线构图法是指将主体安排在画面的对角线上，可以使拍出的画面达到很好的纵深效果与立体效果，画面中的斜向线条还可以吸引观众的视线，让画面看起来更有活力，达到突出主体的效果，如图6-8所示。

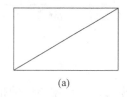

(a)　　　　　　　　　(b)

图　6-8

在拍摄长条形主体时，可将之斜向摆放，形成对角线构图，如图6-9所示。

4. 汇聚线构图法

在画面中出现一些线条元素，向画面相同的方向汇聚延伸，最终汇聚到画面中的某一位置，利用这种线条的汇聚现象来进行购物拍摄的方式，就是汇聚线构图法。出现在画面中的线条数量往往要大于两条才可以产生汇聚效果，这些线条能引导观赏者的视线，沿纵向由远到近地汇聚延伸，给观赏者带来强烈的空间感与纵深感，如图6-10所示。

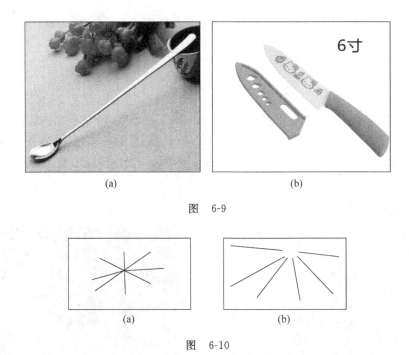

(a)　　　　　　　　　　(b)

图　6-9

图　6-10

　　汇聚的线条越多、越集中,透视的纵深感就越强烈,这也会使普通的二维平面照片呈现出三维立体空间的效果,因此用这种构图方式拍摄的画面也极具吸引力和艺术魅力。在网店商品拍摄中,也可以使用这种构图法进行拍摄,如图 6-11 所示。

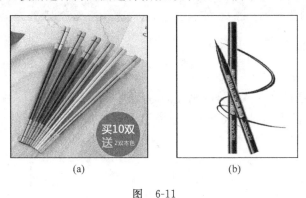

(a)　　　　　　　　　　(b)

图　6-11

5. 对称式构图法

　　对称式构图法指的是利用主体所拥有的对称关系来构建画面的拍摄方法。对称的事物往往会给观众带来稳定、正式、均衡的感觉,所以利用这种对称关系进行构图较为常见,如图 6-12 所示。

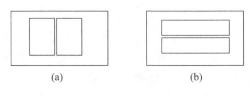

(a)　　　　　　　　　　(b)

图　6-12

在拍摄这种对称照片时,既可将主体摆放为左右对称,也可以将主体摆放为上下对称,如图 6-13 所示。

(a)   (b)

图　6-13

6. 花样构图法

花样构图法指的是一种不按常规思维构图方式,主要针对商品自身需要营造别具一格氛围的构图。

淘宝中使用花样构图法的地方很多。例如,花盆形状各异,在没有办法进行整齐排列的情况下采取毫无规律的摆放方式,不仅体现商品样式的多样性,也体现商品的生动感,如图 6-14 所示,使更多商品信息呈现在消费者眼里。

图　6-14

除了商品形状不允许整齐摆放外,还有部分商品即使棱角分明,也可采用花样构图法。例如,巧克力本可以采取整齐排列的方式,但是卖家为增强立体感,采用花样构图法,刻意摆放成无规律可循的感觉,其优点在于能避免常规摆放食物带来的单调,甚至能给消费者营造出看上去很美味的视觉效果,增强食欲,促进购买。

7. 错落构图法

在网店中,会遇到某些需要展现出丰富层次感、朦胧感的商品,这类商品就比较适合错落构图法。错落构图法主要是将商品根据远景和近景区分,明显体现出层次感。

如图 6-15 所示,手中的橘子因为距离近,所以每个细节都得以展现;远处蓝天白云下的橘子树上挂满了橘子,也侧面说明了橘子的生长环境。从整张主图来看,传达出橘子新鲜的特点。

图　6-15

提　　示

其实常用的构图方法还有一些,如框架式构图、开放式构图等,卖家如果感兴趣可以自己多多了解。

目标5　拍摄光线

在拍摄过程中,光线起着十分重要的作用。光线从不同角度照射到拍摄主体上时,会产生不同的效果。卖家应充分利用光线的射入角度,对商品进行不同角度的诠释。

1. 顺光拍摄,展示商品细节

顺光指的是光线照射的方向与拍摄的方向一致,光线顺着拍摄方向照射。通常情况下,顺光的光源位于拍摄者的后方,或是与拍摄者并排。当商品处于顺光照射的时候,商品的正面布满了光线,因此色彩、细节都可以得到充分的展现,而由光线产生的阴影则出现在商品背面,不会在画面中明显呈现,如图 6-16 所示。

顺光是拍摄商品时常用光线的一种,通常拍摄者布光的时候都会考虑采用一个光源来构成顺光,再搭配其他光源。顺光的主要缺点是光线太过于平顺,这会导致商品缺少明暗对比,并且立体感也难以通过阴影来展现。

2. 侧光配合顺光拍摄,营造立体感

光线从侧面照射到商品上,叫作侧光。侧光可以营造一种很强的立体感,对材质的表现也较好。在拍摄商品时,侧光一般不作为主要照明光使用,通常是配合顺光,从两个方向上对商品进行照明,侧光的亮度一般要小于顺光,如图 6-17 所示。

图 6-16

图 6-17

3. 用逆光拍摄，勾勒商品轮廓

如果光源放置在拍摄主体的后方，就形成了逆光。由于光线来自商品的后面，所以商品的轮廓线条会被光线勾勒出来，产生一条"亮边"，如图 6-18 所示。由于这条轮廓线条是明亮的，因此需要搭配深色的背景才能有明显的画面效果，而采用浅色背景的时候，逆光勾勒的轮廓的效果就很弱了。

另外由于逆光的时候商品的阴影全部在正面，所以，如果只使用一个光源，将无法呈现出商品的正面细节，只能得到一张剪影照片。因此通常还会使用一个顺光光源，这样一前一后的两个光源既可以展现出足够的商品细节，也可以产生漂亮的轮廓线条。

4. 用顶光拍摄，展现小商品细节

顶光就是从拍摄主体顶部向下照射的光。顶光不是一种非常理想的光线，如正午时分的阳光会形成顶光，这时通常不宜外出拍摄服装。不过对于一些小商品来说，由于商品远小于灯光的体积，各种光作用到它们身上的效果不是太明显，这时直接采用顶光反而简便易行，如图 6-19 所示。

图 6-18

图 6-19

商品拍摄与照片后期处理

提 示

顶光的主要缺点是会在商品的下方产生浓重的阴影。如果商品表面凹凸起伏,也可能会产生各种不太美观的阴影。所以,最好是使用光质柔和的光源用作顶光,让阴影轮廓模糊一点,这样更加美观。

---

5. 双光源拍摄,解决商品吸光

表面不光滑的商品,如毛绒玩具,在拍摄时会吸光。吸光严重,在拍摄过程中易出现细节损失的问题,画质过于模糊。解决这个问题最好的方法就是利用双光源来体现质感。

在布光方面,可以分为两种。第一种是两个光源分别放在左右两边,这是一般初学者最常用的方式,如图 6-20 所示。拍摄出来的照片如图 6-21 所示,玩具表面虽然看上去很柔和,但是细节不太清楚。

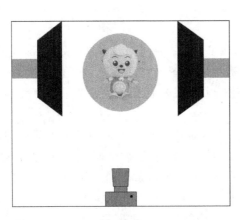

图 6-20   图 6-21

第二种布光是一个光源保持不动,把另一个光源向后移动,让它成为侧逆光,如图 6-22 所示。这种拍摄方式可以看到玩具表面的质感,如图 6-23 所示。

图 6-22   图 6-23

6. 三种方法解决反光问题

一些特殊材质的商品(如不锈钢、玻璃等光滑材质)的表面,在拍摄时很容易出现反光的问题。反光则易导致商品细节不完整,影响照片整体观感。解决拍摄过程中的反光问题,有以下几个简单方法。

> 柔光箱。将拍摄主体放进柔光箱进行拍摄,即可降低反光。或用牛油纸、硫酸纸、柔光布等材料挡在光源前,柔化光源,减少反光。

> 偏振镜。使用偏振镜也可以减弱或消除反光,把偏振镜套在镜头前慢慢旋转,直到从取景器里看到反光减弱或消失为止。

> 喷雾剂或软皂。拍摄时,把喷雾剂喷在亮处,亮斑即可消除。或把无碱的软皂稀释后,薄薄地涂在亮斑上,也可以得到消除光斑的效果。注意被摄物表面不要留下皂沫的痕迹。

目标 6　拍摄角度

在商品拍摄中,取景角度通常分为正面、侧面、顶部、底部等几个角度,而在对任意一面进行拍摄时,也可以分为平拍、仰拍和俯拍三种角度。拍摄角度的更多内容,如表 6-2 所示。

表　6-2

角　　度	拍摄名称	具 体 内 容
取景角度	正面	正面取景是指从商品的正面拍摄,这种方式简单直接,让买家一目了然
	侧面	侧面取景是指从商品的侧面拍摄,这种方式可以较好地展现商品的轮廓线条
	顶部	顶部取景是指从高处来拍摄,可以在一张照片中很好地展现出商品的整体面貌
	底部	底部取景则较少被运用,因为大部分商品的底部没有太多值得展示的东西,如果有的话,则应进行底部取景
拍摄角度	平拍	平拍是最常见的拍摄角度,主要原因在于平拍可以真实还原商品的大小比例关系,不易产生变形。因此为了让消费者看到的照片尽量与买到的实物感觉一致,多数时候会采用平拍
	仰拍	仰拍的作用主要是让被摄主体显得高大瘦长,通常运用在拍摄服装的时候
	俯拍	俯拍对于商品拍摄来说更多的作用是展现出平拍所没有的一种立体感

任务 2　主流商品的拍摄

在网上商城中,常见的类目包括服装类、生活类、数码类和首饰类 4 大类。不同的商品,在拍摄时有不同的技巧。如服装类商品需要重点注意光线、选择背景和细节的展现等问题。

目标 1　拍摄服装类商品

在网上商城中,服装的占比非常大,尤其是江浙一带,很多卖家经营的都是服装类商品。服装类商品在拍摄时,一般有两种拍摄方案可供选择:真人试穿拍摄和水平摆放拍摄。

实际上,为了更好地展现商品细节,更多卖家会选择真人试穿拍摄。真人试穿拍摄建议在户外进行。一般户外的光照比较好,拍摄出来的衣服色彩还原度也比较高,图片看上去真实可信,如图 6-24 所示。如果选择在室内进行拍摄,则最好能够提供一面纯白色的背景,如较为光滑的白色墙面、铺上白色绘图纸的墙壁等,如图 6-25 所示。

图　6-24

图　6-25

如果仅拍摄服装,这就涉及衣服的摆放,一般情况下都是选择浅色的背景,然后根据衣服的特性进行摆放,要尽量让其显得修身,突出立体感。同时可以在要拍摄的衣服旁边,摆放一些其他物件,这样可以起到点缀的作用。

对于室内拍摄而言,为了使光线更加充足,有条件的用户可以采用 1~2 盏布光灯。一般来说,细腻质料的衣服适合用柔和光,能突出细节;而粗糙质料的衣服适合直接打光,以挽回质料差的感觉。

为了全面、真实地展现实物效果,通常需要从各个角度进行拍摄。服饰的种类不同,所需拍摄的角度也不同。

> 外套类:正面、背面、内里,细节图则为衣领、袖口、衣兜、拉链扣子以及衣服材质细节。
> 毛衣类:正面、背面,细节图则为衣领、袖口、工艺与材质细节等。
> 衬衫类:正面、背面,细节图则为衣领、袖口、衣兜。
> 裤子类:正面、背面,细节图为拉链、裤兜。
> 鞋类:正面、侧面、底部,细节图则为材质特写、特色设计等。

以上无论哪种服饰,在拍摄时,均要考虑如何能够全面地将服饰的各个层面展现出来为主,具体如何拍摄,卖家可以结合自己的经验来操作。如果是品牌服饰,那么可以单独拍摄品牌 LOGO 位置以及服饰吊牌。

目标 2　拍摄生活类商品

生活类商品覆盖范围较广,材质体积没有规律可循。在拍摄照片时,需要根据商品特性来拍摄,如体积大的商品则需要较大的拍摄空间,材质较亮的不宜采用闪光灯等。

拍摄生活类商品的关键在于光线,合适的光线能将宝贝的特色在照片中充分展现出来。图 6-26 所示为拍摄的玻璃茶具与毛巾。

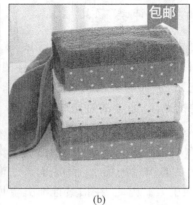

(a)   (b)

图 6-26

对于比较透明的茶具,如果使用纯白色背景,将很难体现茶具的质感,因此在茶具中装上一些黄色茶水,并将茶壶放在深褐色的木质桌上进行拍摄,拍出来的照片就能够充分体现出茶具的轮廓和质感。

在毛巾的照片中,店主采用了侧逆光拍摄手法,光源从毛巾侧前方打过来,造成明暗对比效果,容易给人留下深刻印象,而且店主还将深色、浅色毛巾交错重叠在一起,让照片看上去更加富有韵律感,让人产生购买欲。

目标3 拍摄数码类商品

数码类商品多为低频高价的商品,如果在拍摄方面没有优势,很难有销量。数码类商品一般都是塑料或金属外壳,外包装也基本都是印刷硬壳纸,表面反光现象严重,在拍摄时如不注意光线,容易产生眩光或倒影,影响最终的展示效果。

在拍摄数码类宝贝时,建议采用简易摄影棚加上反光伞进行拍摄,这样拍摄出的照片布光均匀,能够展示出宝贝各个面上的细节,如图 6-27 所示;而如果用光源直接照射进行拍摄外包装,则很容易产生眩光,如图 6-28 所示。

图 6-27   图 6-28

商品拍摄与照片后期处理

目标 4　拍摄首饰类商品

首饰类商品在特定光线的情况下,拍摄效果非常好,各种炫目的光晕让一些本来不怎么样的首饰也变得好看起来,加大购买欲。在拍摄首饰时,要注意多方面测试光源,如尝试闪光灯、摄影棚、自然光线分别拍摄,从而选择最容易出彩的光源。

图 6-29 所示的是在某网店中出售的水晶手链,在人造光线充足的拍摄环境下,看起来颜色饱满,晶莹剔透,很吸引人。因此,在拍摄首饰类宝贝时,一定要处理好光线,不妨多试试高光、柔光、侧光和逆光等,看看哪种效果最好、最炫目,最后把最好看(但不失真)的照片呈现给买家。

图　6-29

目标 5　上传照片

在为商品拍摄照片时,前面提到找角度、找光线来构图。但即使经过如此繁杂的步骤,拍摄的照片仍然可能存有缺陷。所以,接下来需要把拍摄好的照片传到电脑里,便于对照片进行修饰与美化,并将照片上传到店铺中。

大部分数码相机都是通过存储卡或数据线来进行数码相片的存储,而用户日常拍摄的照片都保存在这里。要读取内容,最为简单的方法就是直接接入数据线传输。

第 1 步:首先取出数码相机底部的存储卡,如图 6-30 所示。

第 2 步:将存储卡插入专用的读卡器设备,如图 6-31 所示。

图　6-30

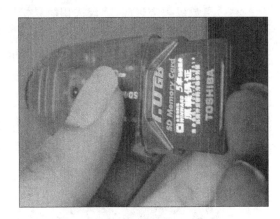

图　6-31

第 3 步:将读卡器插入电脑的 USB 接口进行连接,系统会自动将存储卡识别为移动设备,如图 6-32 所示。

第 4 步:存储卡通过读卡器连接笔记本电脑以后,会在"我的电脑"中显示为一个可移动磁盘,双击打开该磁盘,如图 6-33 所示。

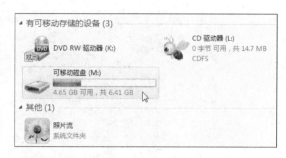

图 6-32

图 6-33

第 5 步：打开磁盘中的存放照片的图像文件夹，选择要进行传送的图像文件并右击，选择"复制"命令，如图 6-34 所示。

提　示

不同品牌的相机，在存储卡中放置照片的文件夹的名称有所不同。如佳能相机的文件夹是以 100CANON、101CANON 这样的顺序命名，每个文件夹中存放 100 张照片；而卡西欧相机则以 101CASIO、102CASIO 这样的顺序命名，其他品牌的相机各有不同的命名方法。

图 6-34

项目六

商品拍摄与照片后期处理

第6步：打开电脑上存放照片的文件夹，在空白处右击并选择"粘贴"命令即可将照片文件复制到电脑中，如图 6-35 所示。

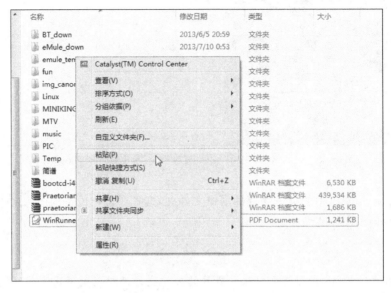

图　6-35

任务 3　商品照片的后期处理

经过精心构图、找光线、找角度拍摄出来的照片依旧可能存在曝光不足、曝光过度、偏色、背景过于突出等问题，需要卖家掌握修图技巧，如通过 Photoshop 软件，对照片进行处理。为了使商品的照片更加美观、更具说服力，卖家也可以通过 Photoshop 软件为照片添加文字说明、修饰框等。

目标 1　调整曝光问题

在拍摄过程中，易出现曝光有问题的照片。若曝光不足，则拍出来的照片整体偏暗，看不清商品细节；若曝光过度，则拍出来的照片又太亮，同样看不清商品细节。无论是曝光不足还是曝光过度，都可以通过 Photoshop 软件来对照片进行处理。

图 6-36 所示是一个女士钱包的效果图，因为曝光不足，导致画面偏暗，看上去效果不好，不能吸引访客，这里就要把它的曝光度调亮，使之看上去明亮饱满，更能吸引人购买。

第1步：在 Photoshop CC 中打开要调整的照片，选择"图像"→"调整"→"阴影/高光"命令，如图 6-37 所示。

第2步：打开"阴影/高光"对话框，设置"阴影"数量为 68％，单击"确定"按钮，如图 6-38 所示。

第3步：设置后的图像效果如图 6-39 所示。

第4步：曝光调整合适后，选择"文件"→"存储为"命令，如图 6-40 所示。

图 6-36

图 6-37

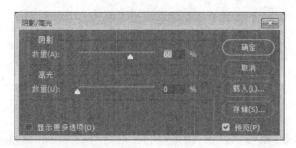

图 6-38

图 6-39

图 6-40

项目六

商品拍摄与照片后期处理

第5步：设置图片的保存位置和文件名，单击"保存"按钮，如图 6-41 所示。

图　6-41

如果照片曝光过度，则可以设置"阴影/高光"对话框的"高光"数量来降低曝光度。也可以单击"保存"按钮来保存图片。不过这样一来，就覆盖了原始图片，万一以后要再次使用原始图片时，就不方便了，因此这里建议使用"存储为"来把修改后的图片保存到其他地方（或者另命名保存）。

目标2　调整偏色

照片偏色在拍摄过程中也容易出现，如拍摄光线条件特殊，或相机白平衡设置有误，都可能出现偏色问题。遇到偏色，可通过 Photoshop 软件进行纠正。

如图 6-42 所示，女包照片的颜色比较偏暗红，不能正确反映女包的颜色，可能会引起买家的误会，因此需要先纠正偏色，再发送到网店中。

第1步：打开要修改的照片后，按 Ctrl＋J 组合键复制背景图层并创建新图层，如图 6-43 所示。

第2步：按 Ctrl＋B 组合键打开"色彩平衡"对话框，设置"色阶"参数。如果满意，则可以单击"确定"按钮返回主界面，如图 6-44 所示。

第3步：设置完成后效果如图 6-45 所示。另存图像，将修改结果保存下来即可。

图 6-42

图 6-43

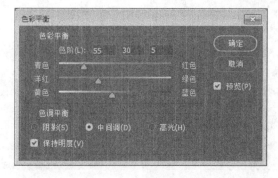

图 6-44

商品拍摄与照片后期处理

图 6-45

目标3 虚化背景

在商品照片的拍摄中,可能会出现因为背景过于精致美丽,喧宾夺主,让商品本身没有了吸引力。针对这种照片,可以对除商品之外的部分进行虚化处理。

如下面的例子中,由于照片清晰度很高,背景在很大程度上夺去了消费者的注意力,导致冰淇淋本身的视觉效果下降。因此这里要把冰淇淋以外的部分虚化,让其变得模糊,丢失细节,从而保证冰淇淋能够获得视觉焦点,显示出本身的特色。

第1步:打开要修改的照片后,按 Ctrl+J 组合键创建新图层,如图 6-46 所示。

第2步:选择"滤镜"→"模糊"→"高斯模糊"命令,如图 6-47 所示。

图 6-46   图 6-47

第 3 步：打开"高斯模糊"对话框，设置"半径"为 3 像素，调节完毕后单击"确定"按钮，如图 6-48 所示。

第 4 步：图像变得模糊（虚化），这是可以调节的，在"图层"面板中单击"添加蒙版"按钮，给"图层 1"添加蒙版，如图 6-49 所示。

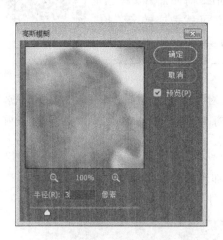

图　6-48

图　6-49

第 5 步：按 B 键选择"画笔工具"，设置前景色为黑色，在图像中需要清晰显示的区域中涂抹，如图 6-50 所示。

图　6-50

商品拍摄与照片后期处理

> **提　示**
>
> 为了避免处理过程复杂，可以将原图层复制一层，将其图层属性改为柔光，然后调整透明度即可。

目标 4　添加水印

很多人都有过类似这样的经历，自己辛苦的劳动成果，被别人剽窃，稍加修改就是别人的了。特别是在网店中，都知道拍摄商品照片是一个艰难的过程，后期修图也需要花费大量时间和精力。可就是这样辛苦拍摄的照片，很有可能被人盗窃。为避免这类情况发生，卖家可以为照片加上防盗水印。

> **提　示**
>
> 虽然防盗水印可以对照片起着保护作用，也能对店铺进行宣传，但在放置 LOGO 水印时，最好不要放在商品中心，以免影响顾客查看商品的细节；也不要放在空白处，否则很容易被擦除后盗用。

下面以在陶瓷杯加上店铺 LOGO 为例，讲述添加水印的操作步骤。

第 1 步：打开要添加 LOGO 的照片后，选择"文件"→"打开"命令，如图 6-51 所示。

图　6-51

第 2 步：选择 LOGO 图片，单击"打开"按钮，如图 6-52 所示。

第 3 步：设置 LOGO 图片的位置、倾斜度以及大小，设置 LOGO 图片的透明度，选择"文件"→"存储为"命令进行保存，如图 6-53 所示。

图　6-52

图　6-53

目标5　添加文字说明与修饰边框

纵观网上商城的商品照片,很多照片上都有相应的文字说明。或多或少的文字,对照片起着画龙点睛的作用。如果再配以合适的边框,使得整张照片更加精致、更具吸引力。下面就以为童装照片添加文字与边框为例进行讲解。

第1步:打开要修改的照片后,按 Ctrl+J 组合键创建新图层,在"图层"面板单击"图层样式"按钮,在下拉菜单中单击"描边"选项,如图 6-54 所示。

第2步:打开"图层样式"对话框,设置大小为 80 像素,位置为"居中",填充类型为"图

135

项目六

商品拍摄与照片后期处理

案",如图6-55所示。单击"图案"后的下拉按钮,单击"设置"下拉按钮。

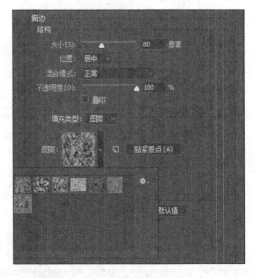

图 6-54   图 6-55

第3步:在下拉菜单中选择"自然图案",在提示框中单击"追加"按钮,单击"叶子"图片,单击"确定"按钮,如图6-56所示。

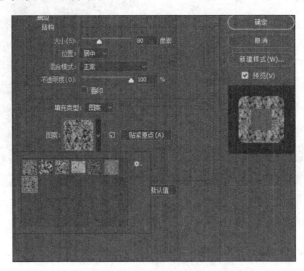

图 6-56

第4步:按T键激活文字命令,设置字体为"时尚中黑简体",字号为35点,颜色为白色,单击指定文字位置并输入文字内容(输入的是店名"粉红豹服装"),如图6-57所示。

第5步:单击"存储为"按钮,将修改结果保存下来即可。

图　6-57

目标6　更换照片背景

"抠图"是每个美工必会的一门技术,因为在网店中,会有部分图片背景复杂或单调,这就需要把主体"抠"出来,替换背景。例如,很多女装照片,背景可能不富有感染力,就可以把女装的图像"抠"出来,再放到其他更好看的真实的背景中,以增加真实感。

第1步:打开要修改的照片后,选择"魔棒工具",按住 Shift 键单击多次选择图像背景,如图 6-58 所示。

图　6-58

商品拍摄与照片后期处理

第2步：按 Ctrl＋Shift＋I 组合键反向选择图像，按 Ctrl＋J 组合键复制选区并创建新图层，单击隐藏背景图层，如图 6-59 所示。

图　6-59

第3步：打开背景图片，选择背景图片，单击"打开"按钮，如图 6-60 所示。

图　6-60

第4步：将新打开的图片拖动到"美女"窗口中，调整图层位置，将"图层 2"拖动到"图层 1"下方，调整美女在背景中的位置和大小，如图 6-61 所示。

第5步：单击"存储为"按钮，将修改结果保存下来即可。

图　6-61

目标7　批量处理图片

在处理图片过程中,有时需要对几十张图片进行同一个处理步骤,如同时对 30 张图片进行缩小尺寸处理。如果一张一张地缩小,会比较浪费时间。针对这样的情况,可以用 Photoshop CC 来完成,过程非常简单。下面就以批量为图片添加文字为例进行讲解。

第 1 步:在 Photoshop CC 中打开一张图片,在"动作"面板选择"创建新组"命令,在"新建组"对话框中输入新的组名"组 1",单击"确定"按钮,如图 6-62 所示。

第 2 步:在"动作"面板选择"创建新动作"命令,在"新建动作"对话框中输入设置内容,单击"记录"按钮,如图 6-63 所示。

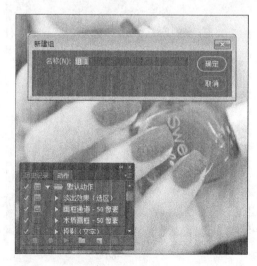

图　6-62

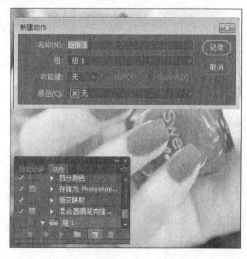

图　6-63

第 3 步：新建文字内容并调整，打开"存储为"对话框，指定存储位置，设置文件名及保存类型，单击"保存"按钮，如图 6-64 所示。

图　6-64

第 4 步：在"JPEG 选项"对话框中单击"确定"按钮，如图 6-65 所示。

第 5 步：设置完成后在"动作"面板中单击"停止播放/记录"按钮，如图 6-66 所示。

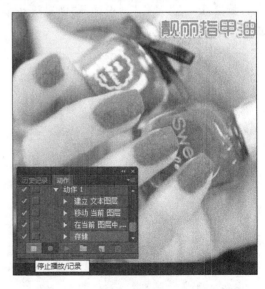

图　6-65

图　6-66

第 6 步：选择"文件"→"自动"→"批处理"命令，如图 6-67 所示。

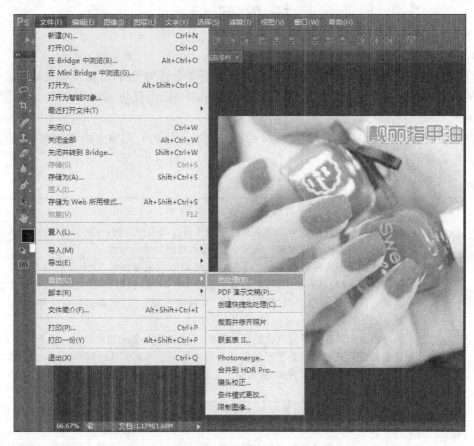

图 6-67

第 7 步：在"批处理"对话框中设置内容，设置完成后单击"确定"按钮，如图 6-68 所示。

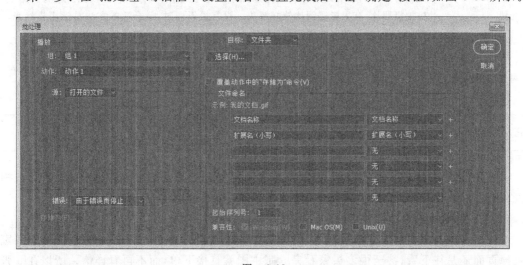

图 6-68

商品拍摄与照片后期处理

拓 展 阅 读

1. 手机拍摄技巧

开淘宝店,离不开好的图片。很多淘宝卖家都是业余做淘宝的,可能没有良好的设备和专业的技术人员。但是现在手机功能很强大,只要掌握一定的技巧,拍出的图片也是非常吸引人的。

在拍照前,应该有内在思想,例如拍给谁看? 想展示什么? 在确定内在思想后,可进行拍摄。拍摄技巧如表 6-3 所示。

表 6-3

技巧名称	具体内容
突出产品特色	商品图片一般需要展示什么就重点拍摄什么。以石榴为例,石榴的新鲜度、诱人的色泽等特点都是需要展示的。在拍摄时,着重展现石榴的特点
从全景到细节	如何才能展现商品的真实感? 采取全景到细节的拍摄方式,让商品得以全方位的展现。例如,在拍摄石榴图时,先拍摄石榴的生长环境,让消费者看到蓝天白云下挂在树枝上的石榴,直接呈现"新鲜""生态";再拍石榴近图,细微到果皮色泽,实现既可看全景又可看细节
注意图片的虚实	图片的虚实又称为景深。在拍摄过程中,单个商品难免会显得单调。背景的加入,能使图片更具灵魂。但是搭配背景又会出现另一个问题:有的背景较多,就会喧宾夺主。采用虚实的拍照方式,就能突出主商品。一般的手机有"大光圈"模式,可以完成虚实的拍摄
合适的背景	即使采用了虚实,有的背景和主商品依旧不搭。如何搭配一个比较和谐的背景呢? 这其实又要回归商品本身了。重点思考商品想展现的特点。以高档口红为例,如何突出口红的高档之处? 高端大气的包装可以是其中一点,在选取背景时,完全可以将口红的包装作为背景
光线	光线对图片的影响因素比较大,前期拍照时没注意,后期修改就比较耗费精力。用手机拍摄照片,有摄影棚倒比较好解决。没有摄影棚时,最合适的方法是运用自然光。相比阴天,晴天的光线更适宜;相比下午、晚上,上午的光线比较亮
对光、对焦、调色	对光:先试试光线是否暗。 对焦:一般用手点一下相机屏幕就有一个矩形框出来,点哪里,对焦的矩形框就在哪里。 调色:手机拍照时是可以调色的,不同的颜色会有不同的效果
适当修图	卖家不会 Photoshop 没有关系,应用较为常见的美图秀秀也可以对图片进行调整。可利用美图秀秀实现井字格裁切、调整亮度和色彩、抠图做白底图片、加边框等

除此之外,拍照时手不能抖动,否则图片容易模糊。在选品方面,尽量选好的商品来拍摄。把握好上述几点,差不多就能拍出一张效果不错的产品图片了。

2. 手机端主图的设计要点

对于手机淘宝的商品详情页面而言,5 张主图非常重要,因为这 5 张主图直接决定买家关掉页面还是往下看,甚至很多买家看完 5 张主图就直接下单,而不再看详情。所以在 5 张主图上下功夫,进行优化,可以极大地提高手机端转化率。

手机主图的作用可以归纳为吸引、传达、单击和记忆。想要图片有吸引力,前提是有吸引点。但由于空间有限,所以内容不能过于复杂。视觉吸引力有强弱之分,通常视觉吸引力的强弱顺序为人＞动物＞植物＞景物建筑。因此,卖家要把商品特点和较强的元素相结合,提高商品的点击率。

在做手机端主图时还需要注意尺寸。图片尺寸过大,可能导致买家在用手机浏览时,看不完整主图,文案也有所缺失,信息也就不能完整表达了。图片展现最大尺寸是 220px×200px,在设计时 800px×800px 有放大镜功能,但展现在买家眼前时,最大尺寸只有220px×200px。

在做主图前应有以下步骤。

➤ 分清目前的展示位。手机端的主图要求和 PC 端有所不同,在选图时要注意尺寸。

➤ 分析商品的卖点并重点展示。

➤ 分析买家的需求和消费点。

➤ 分析同行竞争对手的主图,包括定价、关键词等信息。

➤ 做出差异化设计。既要学习竞争对手,也要做出区别,让商品有亮点。

另外,一个店铺应该有一个自己的风格。在主图设计方面,要做到内部统一性,尽量保持风格一致,在图标方面也尽量保持一致性。

提 示

商品的第一张主图,会被放在淘宝的主图服务器里,一旦有改动,系统会自动识别。所以卖家如果需要替换主图,正确的做法应该是将新图上传到第 5 张,再替换到第 1 张,原来的主图不能立马删除。另外,同时替换主图、修改价格和详情,可能会引起淘宝官方的重视,有换宝贝的嫌疑。

思 考 题

1. 根据自己的实际情况,思考购买相机还是手机拍摄商品图片。
2. 思考几种构图法之间的区别与联系。
3. 从自己的商品类目出发,对比几种拍摄光线,找出最合适的拍摄光线。
4. 思考商品图片可能还有哪些后期处理问题。

实 战 演 练

1. 分别尝试用不同的构图方式对商品进行拍摄。
2. 分别尝试用不同的拍摄光线对商品进行拍摄。
3. 分别尝试用不同的拍摄角度对商品进行拍摄。
4. 使用 Photoshop 软件分别处理 1~2 张有曝光问题、偏色问题的图片。

项目七 网店推广与运营

▌项目导言▐

　　为了增加商品或店铺的曝光量,要求卖家掌握一定的推广与运营技巧。如熟悉站内的新品、节日庆、店庆、商品搭配套餐、满就送等营销技巧;参加淘宝直通车、钻石展位、聚划算、免费试用、双11、双12等官方营销活动;掌握站外平台的营销、推广技巧,如微信、微博、QQ等。同时,想要做好内容营销,还要求掌握短视频拍摄、制作技巧以及软文创作、营销技巧。

▌学习要点▐

- 店内营销。
- 淘宝官方营销活动。
- 淘宝视频营销。
- 站外推广与营销。
- 软文创作与营销技巧。

任务 1 店 内 营 销

　　促销活动是增加流量和销量的一大重点,但卖家不能盲目使用营销活动。活动过于频繁,会引起用户猜疑,如质量不好、生意不行等负面猜想。所以,卖家应先设计活动规则,并给出正当活动理由以及找到适宜的活动形式。

目标 1　设计并执行促销活动

　　众所周知,活动是支撑起一个店铺流量和销量的重要的环节。策划设计促销活动的要点有活动规则的设计、活动的前期准备、如何处理活动中的各种状况、如何通过活动提高销量、活动后期的维护等。

1. 活动规则

　　为了保证促销活动能够达到一个好的效果,卖家首先需要制定一系列活动规则,以规则的形式来确保活动的顺利进行。卖家制定的活动规则应该简洁明了,让买家可以一目了然地看明白活动到底是怎么样的。卖家应该尽量选择简单的活动方案,切记不要叠加过量的活动方案。否则在交易量较大的情况下容易产生纰漏,同时也会增加客服的工作量。

　　淘宝上最常见的店铺活动就是现金优惠券,如图7-1所示,这种方式的活动规则简洁明了,易于被买家理解。比起礼品赠送和折扣销售,这种现金优惠券的方式往往对买家也更具有吸引力。

图 7-1

2. 活动选款

选款是促销活动前期准备的一个重要环节。活动的选款要根据商品的销售情况和促销活动的形式而确定。选款时主要遵循三个基本原则:要有全局观;要有针对性;要进行商品关联。

> 每个店铺在不同阶段的整体战略是不同的,所以做活动的目的也不相同。有的是为了增加店铺销量和人气,做爆款;有的是为了推出新品;有的是为了解决库存积压问题。因此,主推什么活动,选择什么商品,必须从店铺的全局出发,立足自身需求来思考。

> 参加活动的商品并不是越多越好,而是需要有针对性的选款。在选款时,卖家一定要充分了解和调研市场预期和竞争对手的相关情况,注意考虑商品的热销度和差异化,以免身陷价格战,影响活动效果。

> 选款时需要进行商品关联,通过某种形式的引导,使买家对多个商品产生兴趣,并最终购买。通常促销活动支持的关联方法有三种,分别是单品关联、套餐关联以及多件关联,它们的作用分别是提高店铺的客单价、提高商品销量以及提高顾客黏度。

3. 备货充足

在进行促销活动时,店铺的交易量是非常惊人的,卖家需要提前准备充足的货源,以备不时之需。卖家可以根据近期的商品销量情况,或者参考同类商品在活动期间的销量进行备货。同时卖家需要密切关注参加活动的商品销量,根据实际情况适时地进行调整。在活动期间,店铺会引入大量流量,这不仅会使参加活动的商品销量增加,还会促进店铺其他商品的销售。因此,卖家除了要准备好参加活动的商品外,还要对店铺中其他商品的货品进行补足。

4. 客服培训

客服的培训也是促销活动前期准备中很重要的一个环节。在活动期间,店铺的流量会不断增加,对商品的咨询和交易量也会不断增加,这必然会使客服人员的工作量增加。为了避免出现不必要的工作失误,卖家需要在活动期间,扩大客服团队,并提前对客服人员进行培训。卖家可以针对活动期间可能会出现的问题和咨询,提前做好快捷回复短语,并对客服人员进行统一的话术培训,提高客服人员的回复速度和服务态度。

5. 宣传推广活动

在活动开始前,卖家需要进行一些宣传推广,使买家了解活动内容和活动商品。卖家可以利用免费试用、发放优惠券以及直接发送活动短信和邮件等方式,进行活动前期的宣传推广。

6. 妥善处理状况

在活动进行过程中,卖家有可能会遇到各种各样的状况。如果不能及时、有效地处理这些问题,往往会对整个活动的效果产生影响。

> 及时回复买家咨询。促销活动由于优惠力度大,所以买家往往会对活动商品或者活动本身产生一些质疑,进而去咨询客服。这时需要客服人员能够及时、有效地回复买家的咨询,在最短的时间内打消买家对于活动的疑虑,放心购买。在促销活动中,及时、有效地回复买家的咨询,既能够让买家体会到一种优越感,又能体现出卖家的专业和用心。

> 及时进行发货处理。每一位买家都希望卖家能够尽快发货,以便自己在最短的时间内收到商品。因此,在促销活动进行中,卖家想要在较短的时间内获得较高的销售量和一定数量的宝贝评价,就一定要做到及时发货。

> 及时处理买家退款。在买家想要申请退款时,卖家要对宝贝进行备注,并及时处理退款。这样做会给买家留下一个良好的店铺形象,虽然损失了一笔交易,但却为店铺赢得了信誉。如果在买家想要退款时,卖家进行推脱或者敷衍了事,只会让买家更加没有购买欲望,甚至还有可能产生一些不必要的纠纷,使店铺的评分受到影响。

7. 活动后期的相关维护

活动后期的相关维护也是非常重要的,因此卖家在制定活动规则时,就需要针对活动后期维护制定相应的活动规则。例如,适时地回馈老顾客,定期向老顾客发送优惠信息;向买家发送节日的祝福和问候;向买家定期发送新品发布信息或者活动信息等。活动后期的维护,能够使买家在活动完成后,感受到卖家的情谊,从而获得一批稳定的买家,也有利于塑造良好的店铺形象。

目标 2　新品上架、节日庆祝、店庆活动、换季清仓

福利优惠并非随意给的,需要用正当理由说服用户购买,如新品补贴、节日庆典、店铺周年庆典或换季清仓活动等。

1. 新品上架

通常,商品在上新期间,都需要来点福利优惠以吸引关注。由于店铺要发展就会源源不断地推出新商品,所以新品上架促销可以作为店铺长期的促销活动。新品上架促销既有利于快速提高新品的销量,又能够吸引老顾客的关注,提高他们的忠诚度。图 7-2 所示是淘宝上一店铺正在进行的新品上架促销活动,该店铺是采用新品补贴的方式,去吸引买家购买新品的。

2. 节日庆祝

节日期间通常都是人们购物的高峰,因此以"节日庆祝"为借口进行促销活动,成了许多卖家惯用的招数。特别是像元旦、情人节、母亲节、国庆节等节日,更是为卖家进行促销活动提供了很好的理由。图 7-3 所示是淘宝上一店铺利用七夕节进行的促销活动。

卖家在做节日庆祝促销活动时,需要考虑节日与店铺销售商品的关联程度。例如,销售中年女装的店铺,选择在母亲节进行促销就比较合适。

图　7-2

图　7-3

3. 店庆活动

店庆是一个常用的促销活动的借口,可以不受节日的限制,随时开展。如在新店开张、周年庆、"升钻升冠"都是进行店庆活动促销的大好时机。

店庆活动促销主要有两点好处:一是由于这类促销活动的次数有限,非常有利于营造出一种机会难得的氛围,从而增加买家们的购买欲望;二是这类促销活动可以向买家展示店铺的历史,有助于增加买家对店铺的信任感。图 7-4 所示是淘宝上一店铺通过限时秒杀的方式进行的周年庆活动促销。

4. 换季清仓

部分买家专买换季清仓商品,认为换季清仓商品更实惠、更划算,卖家可以基于买家的这种心理而进行促销。针对一些季节性强的商品进行换季清仓促销,力度通常都会比较大,这样做既有助于库存商品的清理,还能为店铺吸引不少人气。对一些断码、断色或者即将断货的商品进行换季清仓促销,往往能起到更好的促销效果,如图 7-5 所示。

目标 3　商品搭配

商品搭配套餐出售,在网上商城中很常见。特别是服装类目的商品,搭配套餐更是屡见不鲜,如图 7-6 所示。

图　　7-4

图　　7-5

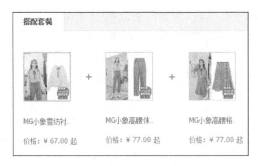

图　　7-6

搭配套餐是将几种卖家店铺中销售的宝贝组合在一起设置成套餐来进行捆绑销售,这样可以让买家一次性购买更多的商品,从而提升店铺的销售业绩,增加商品曝光力度,节约人力成本。

实际上,有很多类目都适合使用搭配套餐。

> 服装类:是最好搭配的类目,如可以衣服+裤子+帽子搭配、同色系衣服搭配、同风格衣服搭配等。不管男女老少,在买衣服时,都不会嫌多,只要价格合理、搭配合理,购买率往往都很高。

> 化妆品类:很多人在线下购买化妆品时,考虑到同套产品的功能相近等问题,往往会选择成套购买。在线上,一样可以按不同功能来搭配成套的商品,如水+乳液+面霜、美白面膜+保湿面膜等。

> 零食类:通常,零食的单件客单价比较低,如果不包邮就不划算。所以用套餐搭配的方式来提高客单价,给用户包邮。

目标4 满就送

开通旺铺功能的卖家,对"满就送"功能一定不陌生。"满就送"功能是基于旺铺的一种促销功能,它给卖家提供一个店铺营销平台,让所有设置了"满就送"的宝贝自动实现促销,如图7-7所示。

图 7-7

如出售的一款美白商品,进行了满200送小样的活动,那么买家在购买此商品后,系统会自动进行该优惠活动,不用卖家手动进行操作,从而通过这个营销平台带给卖家更多的流量。

目标5 优惠券

店铺优惠券是一种虚拟电子现金券,它是淘宝在卖家开通营销套餐或会员关系管理后开通的一种促销工具,当有买家购买定制该功能的宝贝以后,会自动获得相应的优惠券,在以后进行购物时,可以享受一定额度的优惠,如图7-8所示。

通过发放优惠券,能够促进客户再次到自己店铺中购买,从而有效地将新客户转化成老客户,提高店铺的销量。

图 7-8

新品销量破零是大家经常遇到的问题。一件新品上架后往往数周都没有销量，这常常让卖家感到头痛。其实只要用好优惠券，新品可以轻松破零。

方法很简单，在老客户购买商品时，放一张优惠券在包装中，优惠券上写明：好评后拿着这张优惠券来找客服，指定一款产品免单包邮或半价包邮，这款产品就是刚上架的新品。优惠券的使用时间是有限制的，大多数老客户都会在期限内购买新品，如此就轻松实现销售破零。但要注意的是，只给优质老客户发送优惠券，实现基础销量就够了，之后上直通车，7天螺旋加上自然搜索，大多数商品一个星期可以做到免费流量 2 万左右。

任务 2　淘宝官方营销活动

淘宝、天猫平台会推出一系列的营销活动，如付费的直通车、钻石展位及免费的聚划算、双 11、双 12、年货节等。这些营销活动极大地增加了整个平台的销售量，参与活动的卖家自然也可以分得部分流量。卖家应根据实际情况，积极参加官方营销活动。

目标 1　淘宝直通车

直通车是按照点击付费的一种广告形式，直通车广告每被点击一次，卖家会付给淘宝一定的广告费用，没有点击则不付费用。

1. 直通车基本知识

淘宝直通车具有广告位极佳、广告针对性强和按效果付费三大优势。这也是目前绝大部分的大卖家都在使用的一个工具，因为它能够实实在在地带来流量和成交，能立刻看到效果，很多卖家都喜欢使用它。图 7-9 和图 7-10 所示都是直通车的展示位。

直通车广告展示本身是免费的，但当消费者看到了商家投放的广告，进行了点击，商家需要为这个点击付出一定的代价。直通车的点击，在一般情况下是几角或几元，在活动促销期间则可能达到十几元或二十几元。

直通车在手机端也是差不多的，但由于手机端呈现的页面有一些其他特点，例如手机端是划屏，没有这么多的位置，也没有区分右侧或底部，所以手机端的付费位置是混在自然搜索中的，如图 7-11 所示，带 HOT，或者是带"广告"字样的商品都是付费商品。

手机端的特点也决定了手机直通车在投放时，主要考虑前几屏。在前几屏的用处比较大，后几屏流量会非常少，二者成果的效应比较明显。

直通车的优势具体说来有以下几方面。

右侧推荐位

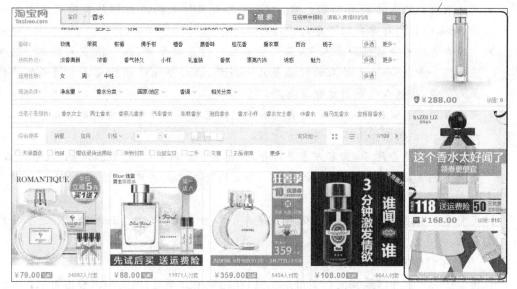

图　　7-9

下方推荐位

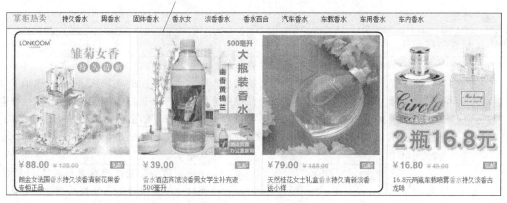

图　　7-10

图　　7-11

项
目
七

网店推广与运营

> 被直通车推广的商品,大大提高了商品的曝光率,带来更多的潜在客户。
> 有购买兴趣的人才能看到该广告,给该商品页面带来的点击都是有购买意向的点击,带来的客户都是有购买意向的买家。
> 直通车能给整个店铺带来人气,虽然卖家推广的是单个商品,但很多买家都会进入店铺里去看,一个点击带来的可能是几个成交,这种整体连锁反应是直通车推广的最大优势,店铺人气逐渐就会提高了。
> 可以参加更多促销活动,参加后会有不定期的直通车用户专享的促销活动。加入直通车后,可以报名参加各种促销活动。
> 在展示位上免费展示,买家点击才付费,自由设置日消费限额、投放时间、投放地域,有效控制支出,合理掌控自己的成本。强大的防恶意点击技术,系统 24 小时不间断运行,保证点击真实有效。
> 免费参加直通车培训,并且有优秀直通车小二指点优化方案,迅速掌握直通车推广技巧。

2. 直通车调整的原则和依据

直通车作为一个非常重要的付费推广工具,在花重金开车时,因为小调整也可能影响效率。所以依据时间、地域、关键词等调整总计划,是重中之重。时间、地域、搜索人群、选取关键词和投放设备的内容具体如表 7-1 所示。

表 7-1

序号	维度名称	重点内容	举例
1	时间	在设置直通车计划时,可以设置从周一到周日,以小时为单位。再根据生意参谋等工具,找到该类目商品的成交高峰段,设置不同的比例。可以动态设置,出价随着时间段、销量而有所不同	用生意参谋找到上午 11 点和下午 4 点是蜂蜜商品成交的高峰期,但在夜里成交率特别低。以基数为 1 元的前提下,应该把成交高峰期的出价调整为 150%,就是 1.5 元;在成交率低的夜里,出价调整为 50%,就是 0.5 元
2	地域	不同地域的人群喜好或运输情况会有所不同	一些商品不会受港澳台地区的人群喜欢,而且也没有很合适的快递去派送;再如一些液体商品,在新疆、西藏地区运费非常高。在设置直通车广告计划时,可以依照类目来分析地域接受度,不想要的区域是不能看到相应广告的
3	搜索人群	搜索人群指的是在淘宝有一定特征的人群。根据特征,在设置计划时,也可以按照指定的人群,提高出价或降低出价	① 有人经常购买高价的东西。② 有人经常逛淘宝、天猫。③ 有人特别热衷领优惠券。④ 年龄、收入、性别等层次
4	选取关键词	选取关键词是重中之重	系统会有一些提示,如某一个关键词应该出多少钱,但更多的出价原则来源于报表
5	投放设备	设备指的是 PC 端还是手机端。当然,在手机端定高价还是出低价,取决于类目特点,没有统一的标准	一般来讲,大家可能都会去抢手机端的头部流量,这时溢价会比较高

直通车工具近几年发展非常成熟,它的维度很多,数据也很准确。在具体投直通车时,可以从时间、地域、搜索人群、选取关键词和投放设备 5 个维度去分析报表。根据报表,再重新对计划做优化。

在分析报表时,还有 3 个比较重要的点。

➢ 次成交概念。有人群可能从直通车某个关键词,在某个时间地点进到页面,但没有成交。这个词虽没有带来成交,却带来了收藏店铺、收藏产品,或加入购物车。没有成交可能因为某种原因,类似这样的数据偶尔一两天出现,不足以说明问题,但如果连续很长一段时间都这样,就要去分析一下购物车和收藏到成交这一步的障碍在哪里,并加以改善。

➢ 消耗周期。前面提到通过直通车的 5 个维度来分析成交、加购、收藏等,注意这个报表存在周期的问题。例如,一天、一周、一个月、一个季度的报表周期等。

➢ 产出周期。产出周期是什么?如果今天是周一,从现在起向前数,7 天后就是周二,然后上周——一天消耗了 500 元。对于这一天的消耗,如果看一天的产出可能只有500 元,就是花了 500 元卖了 500 元的东西。但如果这一天产生 500 元的同时又产生了 3 笔加购和 5 笔收藏,或者没有收藏和加购,只要当时点击的人群在接下来的7 天之内又有成交,都会算在第 1 天。

同样的道理,3 天、15 天、1 个月的周期都是一样的。就是直通车后台会给出 15 天产出、15 天累计。在看报表时要注意分析不同的报表周期和不同的产出周期,这有助于复盘所投的广告、广告图、页面设置,最终达到指导推广甚至整体运营的目的。

目标 2　钻石展位

钻石展位是淘宝图片类广告位自动竞价平台,是专为有更高信息发布需求的卖家量身定制的产品,精选了淘宝最优质的展示位置,通过竞价排序,按照展现计费。其性价比高,更适于店铺、品牌及爆款的推广。目前,钻石展位(简称钻展)已升级为智钻。

1. 钻石展位的概念

钻石展位是按照流量竞价售卖广告位的,计费单位是"每千次浏览单价"(CPM),即广告所在的页面被打开 1000 次所需要收取的费用。钻石展位不仅适合发布商品信息,还适合发布店铺促销、店铺活动、店铺品牌的推广。可以在为店铺带来充裕流量的同时,增加买家对店铺的好感,增强买家黏度。

直通车是按照搜索来呈现结果,展现时不付费,按点击付费;钻石展位则相反,不管有没有点击,只要投放、展现了,就按照展示付费。

提　　示

钻石展位有一个新的形式是 CPC 模式,该模式类似于直通车按点击付费的广告形式。但 CPC 模式由商家去投 CPM 反推出来的点击价格,这与直通车按点击付费的质量分系统有明显差别。

钻石展位资源位置非常多,图 7-12 所示的淘宝首页就是一个钻石展位。

首页钻石展位

图 7-12

首页流量巨大,对于资金雄厚的大卖家来说,放在首页可以带来巨大的流量,从而带来更多的顾客。也可以考虑在各个频道的首页购买钻石展位,当然要选择和自己的宝贝同类的频道。图 7-13 所示为童装频道首页的钻石展位。

垂直频道钻石展位

图 7-13

提 示

天猫首页、手机端淘宝也有钻石展位。钻石展位的位置除了官方自用的版块,剩下的都可以竞价,这些位置不仅包括淘宝站内、站外的,也包括 PC 及手机位置,而且都有全网平均点击率的数据供卖家参考。

2. 钻石展位的优势

钻石展位作为常见的工具,具有哪些优势呢?

1）充足的展现机会

通常，直通车在达到一定流量后，展现有限，钱花不出去。例如，直通车某款美妆商品，需在用户搜索与该商品相关的关键词后才得以展现；钻石展位则可以拓展人群，或跨类目定向等，覆盖范围更广，展现机会也就更多。直通车对自然搜索量及商品的质量分要求比较高，当一些中小卖家和小类目还不能开车的前提下，可以考虑钻石展位。钻石展位可以自由构思创意图文，来展现宝贝卖点、独特价值，把顾客引到店铺。

2）大数据，定向人群更精准

钻石展位是一个以图片展示为基础，以精准定向为核心，面向全网精准流量实时竞价的展示推广平台。钻石展位以精准定向为前提，重视消费人群，降低成本，提高转化率，提升品牌曝光度。例如，某款大码女装，在做钻石展位广告时，可以单独展现给体重在 140 斤以上的人群看。人群越精准，转化率也就越高。

3）带动整店动销

和直通车不一样，钻石展位更主要是展现某个店铺而非某款商品。钻石展位店铺进来流量后，会以不同的比例分散到不同的款，这对每个款的动销，以及每个款的收藏、加购都有重要意义。

4）配合活动完成大促

通过钻石展位，可进行策略布局。

➢ 现有用户发展为购买用户。

➢ 潜在用户发展为现有用户。

➢ 购买用户发展为忠实用户。

➢ 沉默用户发展为现有用户。

钻石展位在可进行不同维度的战略布局、把握好消费者人群分层的基础上，建立营销策略，实现不同阶段的投放需求，使得活动效果更上一层楼。

5）引流成本更可控

钻石展位可根据每个卖家的不同流量需求，进行不同的钻石展位玩法策略。例如，某卖家的预算投入只有 500 元，在投放广告时，可重点优化投放时间段、地区、定向，从而做出更好的投产。

6）挖同行卖家顾客

利用钻石展位，还可以有针对性地挖同行卖家，因为他们的顾客可能也是我们的顾客，如果用直通车或自然搜索想排在大卖家前面会很难；但如果定向同行卖家的店铺，把自己的广告推送给同行卖家的顾客，代价和测试的成本都比较低。

3. 竞价模式及计费模式

钻石展位竞价模式和直通车有一点相似：谁出价高，谁就优先展示。钻石展位出价最高，就会优先展示，出价第二就第二展示，出价第三就是第三展示……这是比较理想化的状态。

这里要注意一点，假如有 10 个商家都投放，在预算也都足够的前提下，在某一时段（例如上午 8：00—9：00），谁的出价更高，谁就在 8：01 开始展示，但能展示 5min、10min，还是 30min，取决于总预算。总预算越高，分配到当前时段的预算也就越高。

简单来说,竞价模式就是出价越高,展示越早;预算越多,展示越长。

整个过程有个动态的调整过程。例如,某卖家的商品今天早上 8:00、9:00、10:00 的展示都在前 5min,但到 11:00 时突然有一个商家预算非常高、非常多,那么该卖家的商品在 11:00—12:00 这个时间段就得不到展现,也就是没有消耗。没有消耗的这部分费用会平均分摊到当天计划剩余的时段,这就是动态调整。

提　示

CPC 模式是根据 CPM 反推过来的。如果在点击按照展示付费投放了一段时间后,发现基本上点击单价在 1 元~2.5 元,那 CPC 可能也要出到 1 元~2.5 元才可能有消耗。

在钻石展位创建计划时,有两点新的变化:托管计划和推荐计划。

➢ 托管计划:在建立计划时,只要加进去自己做好的创意,剩下的出价定向由系统完成。这和之前的自定义,包括设置时间、地域及其他要素,建立计划有着一定的区别。

➢ 推荐计划:系统推荐资源位,推荐出价,卖家可以选择是否按照系统推荐来进行。

如果卖家有充足的经验,建议全部自定义计划。自定义计划测试很方便,而且就得到的结果和托管计划、推荐计划相比,产出更高。

目标3　聚划算

聚划算是阿里巴巴集团旗下的团购网站,最开始是淘宝论坛进行的一个独立版块,用以聚拢一些卖家不时进行团购活动。由于聚划算的全部商品都必须在原价上打折,优惠力度较大,因此拥有较为稳固的消费群体。据不完全统计,每天访问量达到 4000 万,约有 1200 万人在聚划算购物,关注度高度集中。聚划算已成为国内首选的团购平台。

参加聚划算活动,有清库存、树品牌、打造爆款等多种好处。

➢ 清库存:由于聚划算有较强的市场凝聚力,对于卖家而言,这是一个清理库存的好平台。让库存商品参加聚划算,只要价格低廉、商品质量达到普通水平,就能吸引顾客购买,减少压货成本。

➢ 树品牌:小品牌卖家和大品牌卖家相比不具优势,经济实力也不足,因此这类卖家最需要树立自己的品牌信息。而参加聚划算则能被更多的人看到,对品牌宣传有良好的作用。

➢ 打造爆款:打造爆款并非一朝一夕的事,需要慢慢提升市场接受度。因此,利用聚划算提升的商品销量,对打造爆款也有助推的作用。

➢ 关联销售:通常,若聚划算主商品的销量不错,则关联商品的销量也会不错,口碑较好的关联商品有机会成为下一次的爆款。

➢ 积累用户:销量都上去了,买家也就多了。把握好这部分买家,有促成二次销售的机会。

➢ 提高团队信心:参加聚划算的卖家,只要在商品上下足了功夫,流量和销量都会不错,而好的成绩在一定程度上能提高团队信心。

➢ 销量和评论的增加，会加大商品搜索权重：销量能直接影响商品搜索权重，而评论的多少也和商品搜索权重息息相关。随着销量和评论的增加，商品的搜索权重也会增加。

➢ 发现短板并加以改善：部分卖家的商品销量不佳，却不知道原因。只有通过大量的销售，才知道自己的商品、客户和物流等环节是否存在问题，才有进行改善的可能。

参加聚划算除了有以上好处，还有吸引更多流量、帮助新手卖家突破零销量现状、获得更好的排名等好处。

卖家参加聚划算，最重要的是选品。聚划算的选品主要从两方面出发。

➢ 市场接受度。所谓的市场接受度包含需求量、价格和款式等多种因素。想要查看到某个商品的市场接受度，可在生e经的行业分析中得知具体商品信息。

➢ 时间维度。时间维度主要指的是查看商品是否具有明显季节性。例如，厚围巾在冬季的需求量明显比夏季大。卖家在选择厚围巾参加聚划算时，就应该考虑是否符合市场需求。

卖家须具备一定店铺条件和商品条件才可报名参加聚划算。聚划算目前还是免费的，可参加的类型包括商品团、品牌团、聚名品、聚新品和竞拍团几种。每一种类型的招商对象和素材提交都不一样，商家可结合自己商品的特点参加适宜的聚划算活动。

目标 4　免费试用

淘宝的试用中心已发展为全国最大的免费试用中心，是很专业的试客分享平台。所有用户都可以通过此页面申请免费试用商品。试用中心不仅聚集了上百万份试用机会，还有亿万消费者对各类商品最全面、最真实、最客观的试用体验报告，供消费者参考。

1. 口碑作用

在淘宝网中有部分买家对陌生的品牌或商品持怀疑的态度，试用中心就很好地解决了该问题。卖家拿出试用品免费给淘宝会员试用，会员在试用后写一个试用报告。买家浏览报告后，能更加了解该商品的质量与细节，对是否购买也就有了更多的判断依据。

商品参加试用中心能极大地增加销量和店铺信用，还能得到商品试用的反馈，相当于不花大钱也能抓到新客户，为店铺提升了品牌价值与影响力。买家的良好试用体验对商品能起到口碑作用；针对试用者给出的缺点或建议，卖家可以积极采纳，调整运营战略或改进商品。

2. 推广作用

淘宝的试用中心无疑是一个很好的推广渠道，它相当于免费帮卖家打广告，让买家知道自己的品牌和商品的同时也抓住了新用户。当然，试用中心的商品还有获得流量、销量、搜索权重等作用。下面详细说明试用中心的推广作用体现在哪些方面。

➢ 导入优质流量，让推广更深入。试用中心导入的流量是精准的，只有需要试用商品或对试用商品有兴趣的买家才会发起试用申请。报名试用活动的用户很多，最终能领到试用品的人却屈指可数。申请流程中要求回答问题和收藏店铺，这些环节能让申请者记住商品信息，加深对商品的印象。

➢ 独享推广资源。参加活动的商品有望进入试用中心首页，相当于不花钱上首页，获得推广资源。

- ➢ 为商品获取流量的同时也为店铺带来流量。随着报名试用商品数量的增加，店铺首页或店内其他商品也会获得更多连带的流量。
- ➢ 增加销量。随着参加试用活动，商品和消费者见面的机会越来越多。部分倾心商品的买家即使没有得到免费使用的机会，也会选择自行购买，加大商品的销量。
- ➢ 更直观的推广方式。试用报告的说服力比直通车、钻石展位等付费广告的效果更好。此外，试用者如果真心认可商品，自然会向身边的好友推荐。

参加试用中心的门槛不高，对集市店铺和商城店铺都开放。满足条件的卖家，可按参加试用中心的活动。

目标5　淘金币

淘金币是淘宝网的虚拟积分。所有在淘宝交易的买家都可以得到数量不等的淘金币，当积累到一定数量后，可以进行抽奖或者购买卖家提供的商品。淘金币也可以兑换、抽奖得到免费的商品或者现金红包，又或兑入线上线下商家的积分。

1. 营销价值

卖家参加淘金币有如下价值。

- ➢ 签到送金币。对进店签到的买家赠送金币，可以提升用户黏性，加大复购率。
- ➢ 分享送金币。对进行店铺分享的买家赠送金币，加大店铺的宣传。
- ➢ 收藏送金币。对收藏商品的买家赠送金币，在提升店铺人气的同时，也能增加买家回访商品或店铺的可能性。
- ➢ 购物送金币。对购买商品的买家赠送金币，增加下单率与商品转化率。

除了上述价值外，参加淘金币的卖家还有机会获得抵钱频道的展位；提升店铺的流量，拉动店铺成交量；发放金币的过程能增加和买家互动等好处。

提　　示

在无线端，卖家参加淘金币活动的商品，有机会获取更好的排名。因此，淘金币的另一个重要的价值在于影响无线端的搜索权重。

---

2. 设置淘金币抵现活动

卖家在报名参加淘金币的活动之前应该掌握一定的技巧。

- ➢ 了解平台的受众特点。参加活动之前就要先对活动有所了解，根据相关调查，淘金币主要受众群体为 20～35 岁的女性，这类群体的特点是喜欢优惠、时间多。卖家在选取淘金币商品时就要看自己的商品是否符合这个群体消费。
- ➢ 找到合适的款式。选择的款式一定是较为大众的、时尚的或朴素的；商品也要符合季节性。
- ➢ 价格的定位。淘金币与天天特价等客单价较低的活动有区别，淘金币更加倾向于客单价中等偏高的商品。
- ➢ 商品的质量。无论参加什么活动，商品的质量都是老生常谈的要点。在淘金币中，想要拉拢回头客和人气,更加需要注意商品的质量。

淘金币在不同的活动中有着不同的规则,例如"淘金币抵钱"活动,指的是参加淘金币抵钱的商家可自主设置活动时间和抵扣的比例,在开通后全店商品都支持买家金币的抵扣,但是针对不同的商品可设置不同比例的抵扣。

目标 6　天猫双 11

阿里巴巴在每年的 11 月 11 日举行"双 11 购物狂欢节",在这天,许多网络商家会进行大规模促销活动。双 11 活动从 2009 年 11 月 11 日开始,起初是想做一个属于淘宝商城的节日,为的是扩大淘宝的影响力。结果在第一年的时候,双 11 活动就创下了意想不到的成绩。时至今日,双 11 活动不仅仅是电商消费节的代名词,对非网购商城和线下商城也产生了较大的影响。

阿里巴巴官方数据显示,2017 年的双 11 活动,最终以 1682 亿元收官,创造了全新纪录。从 2009 年到 2017 年,双 11 的销量呈直线上升。

如图 7-14 所示,2017 年天猫双 11 活动报名分为海选开始、公布海选结果、预售预热、预热开始和正式活动 5 个阶段。

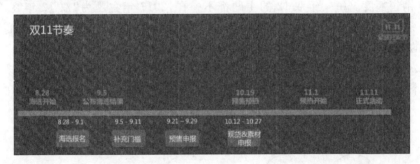

图　7-14

进入双 11 招商入口,有两种方法。

(1) 活动招商入口将会在"商家中心"→"营销中心"→"官方活动报名"页面展示,建议大家关注该页面即可。当活动开始的时候,双 11 活动报名就会出现在官方活动报名处。

(2) 关注淘营销。活动开始之后,会有双 11 招商报名的活动窗口,单击"立即报名"即可。

天猫会从多个维度对报名营销活动的商家进行排名,例如:商家店铺的品牌知名度、活动契合度、店铺成交额、店铺类型、开店时长、客单价、店铺主营类目、诚信经营情况等。

双 11 入围规则如图 7-15 所示。

除图中所列规则外,参加活动的卖家还应严格遵守双 11 价格规则、重点管控规则、包邮规则及发货规则等。

提　示

2017 年双 11 的热门活动为"预售",该活动其实为预售定金＋预售尾款的销售模式。买家拍下双 11 预售商品在 30min 内完成预售定金支付,并自觉遵守担保法的相关规定,在支付尾款后即可享受一定的膨胀比例,享受高于其所支付定金金额的抵扣权益。

项目七

网店推广与运营

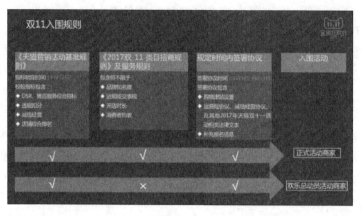

图　7-15

目标 7　天猫双 12

双 12 是指每年的 12 月 12 日,大型电子商务网站会在这一天进行大规模的打折促销活动,以提高销售额度。每一年双 12 的主题都不一样,2017 年主题为"双 12 年终盛典"。因为主题不一,规则也在发生变化,因此每年的具体招商规则可能存在差异,建议商家仔细阅读该年度的规则。下面以 2017 年的招商规则为主,介绍参加天猫双 12 的规则。

如图 7-16 所示,2017 年天猫双 12 活动流程共分为商家报名、商品报名、活动预热和正式活动 4 个环节,商家可在活动开始之前就关注这方面的信息,以免错过报名时间,错失良机。

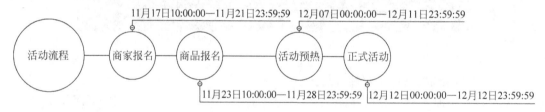

图　7-16

1. 商家报名方式

如表所示,天猫双 12 的报名方式有反向邀约和自主报名两种方式。

(1)反向邀约。由系统发起,收到邀约的卖家在招商入口单击"立即报名"后,填写商品信息时,单击"符合资质的商品",即可知晓店铺内被邀约的商品。

(2)自主报名。每个卖家自主报名可报名 2 个商品,或通过以下方式获得额外的商品报名机会。①资质奖励:符合淘宝汇吃卖家资质,可额外获得 15 个报名商品的奖励。如符合不同行业特色卖家资质,额外获得的奖励可以叠加。②完成加购目标奖励:2017 年 12 月 1 日到 12 月 11 日期间,完成加购物车目标的卖家,可额外获得 2 个报名商品的奖励,每天统计前一天数据并给予奖励。

2. 商家准入规则

➢ 卖家为天猫卖家。

➢ 符合《天猫营销活动规则》。

➢ 店铺未涉及廉正调查。

➢ 店铺信用等级要求 1 心及以上。

➢ 要求商品不含区间价。

➢ 店铺绑定的支付宝账户身份认证完善信息达到 II 类支付账户。

➢ 单品价格要求：促销价小于或等于最近 30 天最低拍下价。

➢ 本自然年度内不存在出售假冒商品等违规行为。

➢ 本自然年度内未因发布违禁信息或假冒材质成分的严重违规行为扣分满 6 分及以上。

➢ 外围要求商品类目：食品全类目商品均可，白酒、阿胶块、其他传统营养品的商品除外。

除上述准入规则外，参加天猫双 12 的商家还必须满足商家包邮要求、三年质保服务要求、破损保障服务、商家发货要求和其他要求。因为每年的具体要求都不一样，以实际规则为准。

目标 8 天猫年货节

2015 年 12 月 23 日，马云来到革命圣地延安，宣布首届阿里年货节启动。年货节是基于双 11 和双 12 后的第 3 个节日。和前 2 个节日不一样的是，年货节的举办更多加入劳动人民的元素。年货节的主题在促进农民土特产销量的同时也能使在城市里生活的居民买到家乡特产，解一份乡愁；另外，更是促进了快递员的业绩，挣足了钱好过年。

换句话说，年货节在为农民增加收入的同时也便捷地解决了城市人购买年货的问题，可谓是双赢。2017 年的年货节招商主要围绕食品、百货以及鲜花等跟年味相关的品类。其活动时间安排如下。

➢ 活动预热时间：1 月 5 日—1 月 7 日。

➢ 活动商品开售：1 月 8 日—1 月 11 日。

每年的年货节的规则都会发生变化，包括商家准入规则、价格管理规则、发货规则等。卖家应根据每年活动开始时间和相应规则去报名参加。

目标 9 淘宝直播

在 2016 年，各大直播火热时，淘宝直播在同年 5 月正式上线。淘宝直播成为一种新的引流方式，通过场景互动，加深用户对品牌的信息接收度和真实度。由此，诞生了新的消费形式：卖家边播边卖，粉丝边看边买。在直播过程中，消费者可直接提出疑问和要求，卖家也可通过现场展示来解决，整个互动过程简单、明了，销量也随之上升。

据淘宝方面介绍，淘宝直播涵盖的范畴包括母婴、美妆、潮搭、美食、运动健身等。在淘宝首页有"淘宝直播"分类，如图 7-17 所示。

如图 7-18 所示，单击任意一个直播间，可看到直播间详情。直播间页面共分为 3 个版块。

➢ 最左侧是主播直播画面，可清晰看到直播名称、在线观看人数等信息。

图　7-17

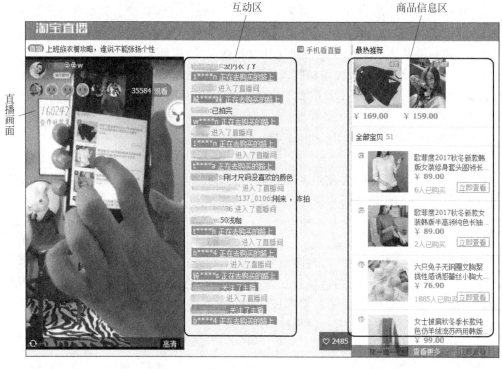

图　7-18

> ➤ 中间位置是互动区,可看到新进入直播间的用户、购买商品信息、关注信息及提问聊天信息。
>
> ➤ 最右侧是商品信息区,可看到主播正在推广的商品名称、价格、颜色等信息。

对于卖家而言，淘宝直播有两个途径。

（1）自己申请作红人。如果卖家具备表演功能，自己有信心做好，可以申请作达人。当然，在申请前，要符合淘宝直播后台的相关规则，例如粉丝积累等。配置方面，有一个智能手机，下载、安装直播软件。再学习做视频、选择拍摄角度和拍摄技巧，慢慢地积累粉丝，也可以推广商品。

（2）找主播合作。这个方式可能对中小卖家来说比较现实，可以去阿里后台或其他第三方资源，找到和类目相关的红人。根据该主播以往的直播水平、表现能力等方面，确定主播和产品的吻合度，选择合作。

按照目前行情，一场直播的佣金从免费到几千元不等。一般来讲，免费或者从成百上千元的价格需要卖家根据产品属性来设置。

任务3　淘宝视频营销

在信息化的大背景下，视频成为越来越多人了解信息的途径。特别是在电商业行业中，很多卖家都会选择拍摄商品视频来全面展示商品，短视频比静态图片更具说服力和吸引力。卖家应全面了解淘宝视频的制作要求和为视频添加配音、字幕、特效等技巧。

目标1　淘宝视频的制作要求

网店视频通常分为详情页视频与主图视频两种，它们对视频的尺寸和时长要求各不相同，下面分别介绍。宝贝详情页视频的添加可以改善消费者的浏览体验，展示完整的宝贝详情。主图视频则起着引导作用，在一定程度上决定用户是否查看详情页。两种视频的制作要求如表7-2所示。

表　7-2

特点名称	详情页视频	主图视频
视频格式	支持多种格式，淘宝后台会对上传的视频进行统一转码审核（GIF动态图片的格式不支持），通常包括AVI、MOV、ASF、WMV、NAVI、3GP、REALVIDEO、MKV、FLV等	支持所有视频格式，淘宝后台会对上传的视频进行统一转码审核（GIF动态图片的格式不支持），常见的视频格式有AVI、MOV、ASF、WMV、NAVI、3GP、REALVIDEO、MKV、FLV
视频尺寸	推荐尺寸：1280px×720px	视频的高宽比必须为1:1，尺寸最好是800px×800px，大于800px的也可以，低于800px的会比较模糊，大小不超2GB
视频时长	不能超过10min，对视频大小无要求	主图视频为小于或等于9s的视频
提示	淘宝（需为旺铺专业版）、天猫店对视频的要求是相同的	一个视频只能绑定一个商品

手机端主图视频尺寸建议为800px×800px，最长时长为10s，详情尺寸无限制，视频最长时长为60s。主图视频设置输出宽高比为1:1，尺寸越大，清晰度越高。通常拍摄的视频宽高比一般为4:3或者16:9两种，为了制作1:1的视频，最好用4:3的比例来拍摄，制作的时候，注意视频铺满全屏，这就需要适当地调整。

构图是视频拍摄的基本技巧之一,是对画面中各元素的组成、结合、配置与取舍,从而最好地表达作品的主题与美感。同样的事物,不同的角度就有不同的构图。视频拍摄中必须有一个主体,将视频的兴趣中心点引到主体上,给人以最大程度的视觉吸引力。

➤ 主体明确。突出主体是对画面进行构图的主要目的,主体是表现主题思想的主要对象。在视频拍摄的构图上,要将主体放在醒目的位置。从人们的视觉习惯来讲,把主体放置在视觉的中心位置上,更容易突出主体。

➤ 陪体衬托。如果只有主体没有陪衬,画面会显得呆板而无变化,但是陪体不能喧宾夺主,主体在画面上必须显著突出。

➤ 环境烘托。在拍摄时将拍摄对象置于合适的场景中,不仅能突出主体,还能给画面增加浓重的现场真实感。

➤ 前景与背景的处理。一般而言,位于主体之前的景物为前景,位于主体之后的景物为背景。前景能弥补画面的空白感,背景则是影像的重要组成部分。前景与背景不仅能渲染主体,还能使画面富有层次感,立体感。

➤ 画面简洁。选用简单的背景,可以避免对主体注意力的分散。如果遇到杂乱的背景,可以采取放大光圈的办法,让后面的背景模糊不清,以突出主体。或者选择合适的角度进行拍摄,避开杂乱的背景,可以使拍摄主体突出。

➤ 追求形式美。充分利用点、线、面等元素的结合,在视觉上追求画面感。

在短视频这块,建议合作为主,找和类目相关的达人制作视频并给予一定的提成或佣金。部分具备制作视频能力的卖家也可以自己拍摄、上传视频。目前短视频是一个比较好的红利期,应该积极地把握。

目标 2　为视频添加配音

为呈现更好的视频效果,需要给视频加以配音。视频配音的方法很多,这里列举使用爱剪辑软件给视频配音,其具体操作步骤如下。

第 1 步:添加视频后,单击"音频"面板,单击"添加音频"按钮,在弹出的下拉列表框中,根据需要选择"添加音效"或者"添加背景音乐"选项,如图 7-19 所示。

第 2 步:在弹出的文件选择框中,单击选择要添加的音频文件,进入"预览/截取"对话框,截取音频片段,在"此音频将被默认插入到"栏目,选择需要的选项,单击"确定"按钮即可,如图 7-20 所示。

提　示

爱剪辑在支持各种纯音乐格式作为背景音乐的同时,还支持提取视频的音频作为台词或背景音乐,并可实时预览视频画面,方便、快捷地提取视频某部分的声音(如某句台词)。

第 3 步:在"音频"面板的音频列表中,选中要编辑的音频选项,在音频列表右侧,编辑"音频在最终影片的开始时间""裁剪原音频""预览/截取"等内容,单击"确认修改"按钮即可,如图 7-21 所示。

如果要删除音频,在"音频"面板的音频列表中,选中要删除的音频选项,单击音频列表右下角的"删除"按钮即可。

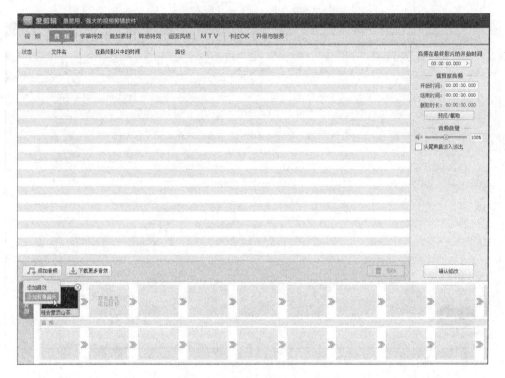

图　7-19

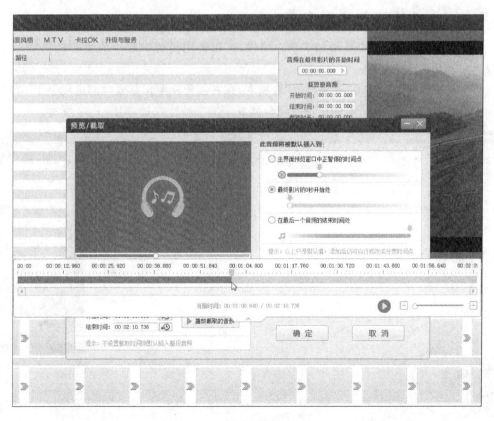

图　7-20

网店推广与运营

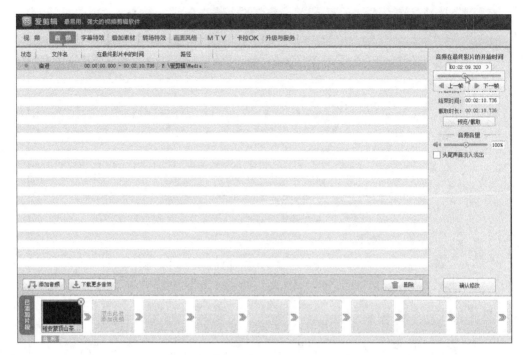

图 7-21

目标 3 为视频添加说明字幕

一个完整的视频,还需要添加字幕。同样,可以使用爱剪辑软件为视频轻松制作字幕特效。

第 1 步:在主界面单击"字幕特效"选项卡,在右上角视频预览框时间进度条上,单击要添加字幕特效的时间点,将时间进度条定位到要添加字幕特效处,如图 7-22 所示。

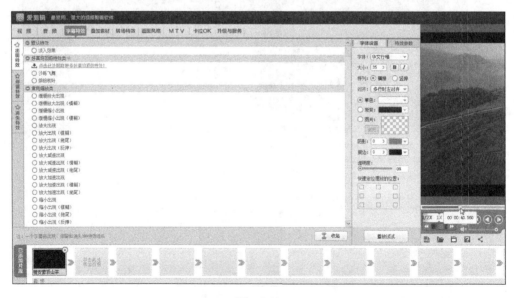

图 7-22

第2步：在视频预览框中在弹出的"输入文字"对话框中输入文字内容，并可在"顺便配上音效"下方单击"浏览"按钮，为字幕特效配上音效，单击"确定"按钮，如图 7-23 所示。

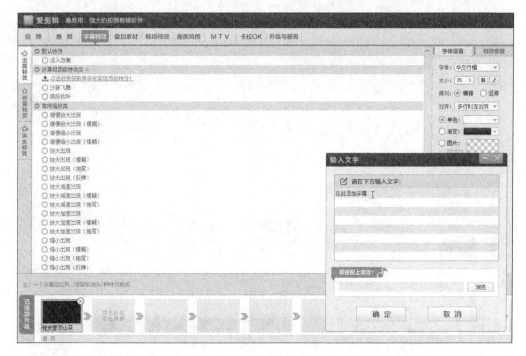

图　7-23

提　示

卖家可在爱剪辑软件里选择给字幕应用酷炫的字幕特效。确保在视频预览框选中要添加字幕特效的字幕，使其处于带方框的编辑状态后，在"字幕特效"面板左上角的"出现特效""停留特效""消失特效"相应字幕特效前打钩即可应用此类字幕特效。

第3步：设置字幕的字体、颜色、阴影等样式效果。在视频预览框左侧"字体设置"栏目下，可对字幕的字体、大小、横排或竖排排列方式、字幕颜色、阴影、描边、透明度等进行设置，设置好后，单击"播放试试"按钮，如图 7-24 所示。

第4步：单击视频预览框左侧"特效参数"栏目，可对字幕的特效时长进行设置，该设置决定了字幕特效速度，"特效时长"越短，速度越快；"特效时长"越长，速度越慢。同时，该设置决定了字幕持续时长。设置好后，单击"播放试试"按钮，如图 7-25 所示。

提　示

如果想删除字幕特效，在"所有字幕特效"列表右上角单击"垃圾桶"按钮，即可删除字幕特效。

目标4　添加转场特效

场景与场景之间的过渡或转换叫作转场。好的转场特效能够使不同场景之间的视频片

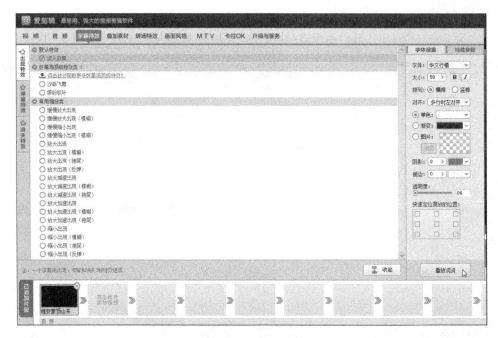

图　7-24

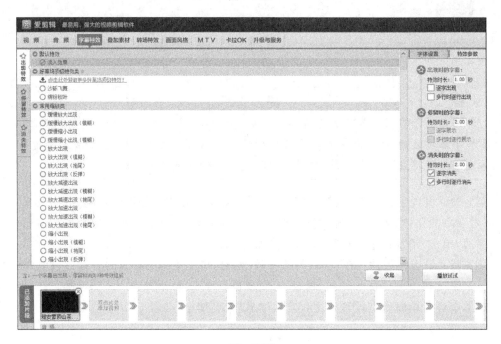

图　7-25

段过渡更加自然,并能实现一些特殊的视觉效果。卖家可用爱剪辑软件添加转场特效。

　　如果需要在两个视频片段之间添加转场特效,选中位于后位的视频片段为其应用转场特效即可。譬如,如果需要在视频片段 A(前)和视频片段 B(后)之间添加转场特效,操作步骤如下:在"转场特效"面板底部的"已添加片段"列表中选中视频片段 B,在转场特效列表中选择需要应用的转场特效,在效果列表右侧的"转场设置"面板中设置"转场特效时长"为转场持续时长,单击"应用/修改"按钮即可,如图 7-26 所示。

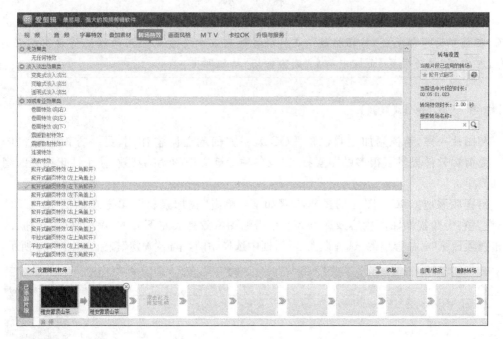

图 7-26

如果修改设置好的转场特效,操作步骤如下:在"已添加片段"列表中选中要修改转场特效的视频片段,在主界面顶部单击"转场特效",在转场特效列表中会看到应用的转场特效前已经打勾。如需应用其他转场特效,直接双击其他转场特效即可;在"转场设置"中修改参数,单击"应用/修改"按钮即可,如图 7-27 所示。

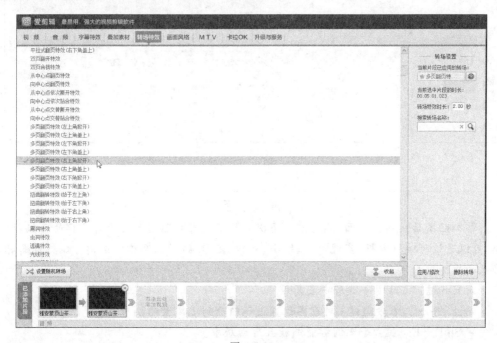

图 7-27

网店推广与运营

提　示

　　如果想删除转场特效,在"已添加片段"中选中要删除的转场特效所应用的视频片段,在主界面顶部单击"转场特效",在转场特效列表中会看到应用的转场特效前已经打勾,在右侧"转场设置"面板中单击"删除转场"按钮即可。

目标 5　添加 LOGO

　　和图片一样,给视频加上自己的 LOGO,一方面起着防盗作用,另一方面起着宣传作用。爱剪辑软件提供了很多贴图素材,以及各种一键应用的动感特效,使个性化视频的制作更加简单。

　　给视频添加 LOGO 图片的操作步骤如下:单击"叠加素材",单击左侧的"加贴图"栏目,设置右上角视频贴图内容及时间点;单击贴图特效列表左下方的"添加贴图"按钮,或者双击视频预览框,在弹出的"选择贴图"对话框中选择贴图,单击"确定"按钮,如图 7-28 所示。

图　7-28

提　示

　　添加贴图后回到主界面,此时右上角视频预览框里的贴图已处于带方框的可编辑状态,可以通过可编辑方框,实现放大、缩小、旋转、变形、移动以及删除贴图。编辑贴图时,涉及的快捷键如下。

　　➤ Esc 键:将贴图一键居中或复原。

　　➤ 上、下、左、右方向键:对贴图位置进行精确到 1 像素的调整。

　　➤ Shift＋Esc 键:等比例智能缩放且自动居中。

> 九宫格定位框＋Shift 键：通过"叠加素材"面板中央的"贴图设置"处的九宫格定
> 位框，可快速定位贴图位置。

目标 6　调整视频播放速度

很多网络红人的视频之所以备受关注，正是因为调动视频的速度，让视频内容更具趣味性。卖家同样可以使用爱剪辑软件来调节视频播放速度的快慢，以实现一些特殊或有意境的视觉效果。其具体操作步骤如下。

第 1 步：调慢视频。导入视频时，会弹出"预览/截取"对话框，在该对话框的视频预览框下方单击"魔术功能"选项卡，在"对视频施加的功能"下拉列表框中，选择"慢动作效果"，设置"减速速率"值即可，其数值越大，则调节后视频速度越慢，单击"确定"按钮，如图 7-29 所示。

第 2 步：调快视频。导入视频时，会弹出"预览/截取"对话框，在该对话框的视频预览框下方单击"魔术功能"选项卡，在"对视频施加的功能"下拉列表框中，选择"快进效果"，设置"加速速率"值即可，其数值越大，则调节后视频速度越快，单击"确定"按钮，如图 7-30 所示。

图　7-29

图　7-30

目标 7　设置视频画面尺寸

部分平台对视频尺寸有要求，如果拍摄的尺寸与要求不符，可通过爱剪辑软件来调整。设置画面大小的操作步骤如下：单击"导出视频"，弹出"导出设置"对话框，设置"参数设置"，设置"导出路径"，单击"导出"按钮，如图 7-31 所示。

172

图　7-31

目标8　制作主图视频与详情页视频

使用视频可以加快消费者对商品的了解,提高商品转化率。所以,卖家可以加入主图视频与详情页视频。在制作视频时,要注意以下几点。

➤ 时间:主图视频的时间限制为 9s 以内,制作视频时注意控制时间。

➤ 尺寸:主图视频一般为正方形,根据主图的大小确定视频尺寸为 800px×800px。

➤ 详情页视频的时间和尺寸没有限制,只要保证画面的清晰和文件的大小即可。

卖家可通过爱剪辑软件来制作淘宝主图视频和详情页视频,具体操作步骤如下。

第1步:在店铺介绍中,打开爱剪辑软件,在弹出的"新建"对话框中设置片名、制作者、视频大小、临时目录等参数,单击"确定"按钮,如图 7-32 所示。

图　7-32

第 2 步：单击"添加视频"按钮，在弹出的"请选择视频"对话框中选择编辑的主图视频，单击"打开"按钮，如图 7-33 所示。

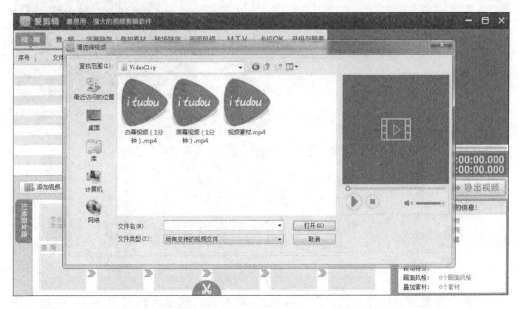

图　7-33

第 3 步：添加完视频之后，在主界面右上角预览框的时间进度条上，单击凸起的向下箭头（或按 Ctrl＋E 快捷键），打开"创新式时间轴"面板，并结合"音频波形图"和"超级剪刀手"精确踩点，截取需要的主图视频片段，如图 7-34 所示。

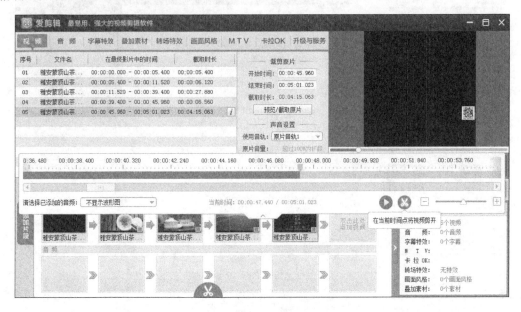

图　7-34

第 4 步：截取完需要的主图视频片段，单击视频片段右上角的交叉图标，删除其他多余片段，留下主图视频，如图 7-35 所示。

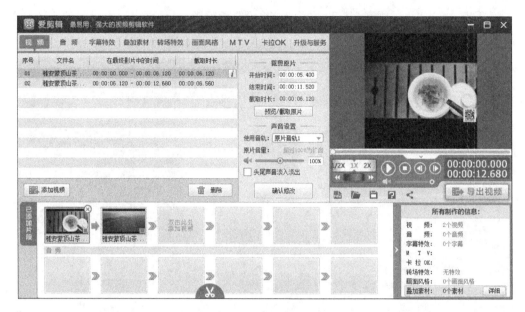

图　7-35

第 5 步：重复前面的操作截取多余的视频,视频的时间最终确定为 9s 内,完成视频截取。单击主界面右上角预览窗口上的"导出视频"按钮,在弹出的"导出设置"对话框中设置视频的尺寸和格式等参数,最后单击"导出"按钮即可,如图 7-36 所示。

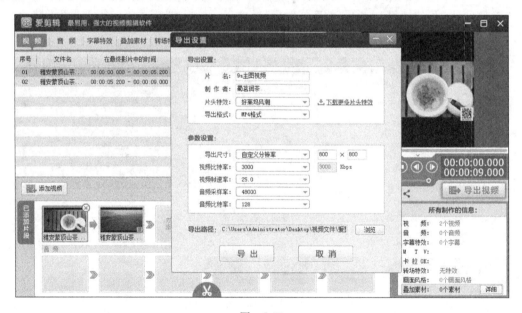

图　7-36

提　示

在制作主图视频和详情页视频时,加以背景音乐、配音、字幕、特效等,这样一段专业级的淘宝产品演示视频就完成了。

目标9　发布视频

制作好的视频,需要发布到各个商品的主图和详情页中才能起到一定的作用。发布主图视频与详情页视频的操作步骤如下。

第1步:进入卖家中心,单击"宝贝管理"下的"出售中的宝贝",如图7-37所示。

第2步:在"出售中的宝贝"中选择需要添加视频的宝贝,单击宝贝右边的"编辑宝贝"按钮,如图7-38所示。

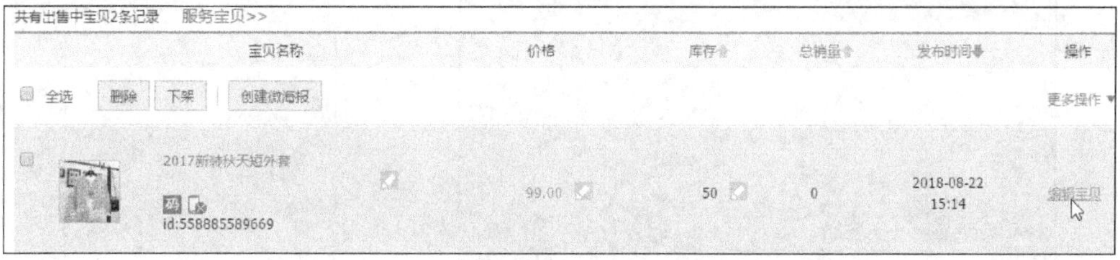

图　7-37

图　7-38

第3步:用鼠标下拉滚动页面,在编辑宝贝后台中找到"电脑端宝贝图片",在主图中找到"主图视频",单击＋按钮,如图7-39所示。

图　7-39

第4步:在跳转的页面中,单击"上传视频"按钮,如图7-40所示。

第5步:在跳转的页面中,单击"上传"按钮,如图7-41所示。

图　7-40

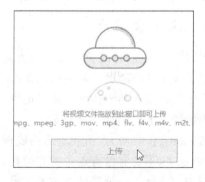

图　7-41

网店推广与运营

第6步：在跳转的页面中，选择需要上传的视频，单击"打开"按钮，如图7-42所示。

第7步：文件上传保存成功，进入转码审核阶段，可以在素材管理中查看视频状态和编辑视频信息，待视频转码审核成功之后即可使用了，如图7-43所示。

图　7-42　　　　　　　　　　　　　　　　图　7-43

添加完视频后，单击"发布"按钮，视频就添加到主图里了。卖家可用相同的方法，发布详情页视频。

任务4　站外推广与营销

除了参加站内活动或付费推广外，卖家还可以使用站外推广营销技巧来实现精准营销。例如微信、QQ、微博、论坛和百度系列产品都有数以亿计的活跃用户，卖家在做商品促销或举行活动之前，都可以借助这些平台来维护用户。特别是对于新入门的卖家来说，可以先把重心放在免费推广上，利用免费推广获得人气和收益后，再考虑收费推广。

另外，淘宝客推广已经成为一种热门的营销手段。与其他广告形式相比，淘宝客推广具有很高的投入产出比。要想熟练掌握这些推广技巧，先从认识各种平台开始。

目标1　淘宝客推广

淘宝客发展至今，已经有十多年的历史，淘宝客推广是一种按成交计费的推广模式，其作用类似于线下的推销员。阿里巴巴首次将广告推广视为商品，让其公开地展示在交易平台上。广告发布商和淘宝客可以实现销售利益的分享，获得双赢的局面。阿里妈妈是淘宝客最常用的推广平台，如图7-44所示。

直通车按点击收费，点击收费后的展现免费，成交也没有提成。钻石展位主要是展现付费，只要展现了，不管有没有点击都要付费。淘宝客跟它们都不太一样，它按成交收费。

所谓淘宝客就是一批帮助卖家推广淘宝商品赚取佣金的个人或网站。任何网民都可以充当淘宝客，只要从淘宝客推广区获取商品代码，让买家通过给定的链接进入淘宝卖家店铺

图　7-44

成功付款交易,就能获得卖家支付的交易佣金。

　　这种无须成本投入、时间自由、束缚少、风险小的赚钱模式已经吸引了数十万的人员从业。在淘宝联盟平台可以找到各种类型的商品,最高佣金提成甚至达到成交额度的50%。业绩较好的淘宝客收入可能高达千万元,收入相当可观。

　　对卖家而言,淘宝客就像一群不领底薪的推销员,只需要对成功交易的现金流进行分享,就能轻松赚钱。相较于直通车和钻石展位,淘宝客的管理更简单、方便,就连支付佣金都不需要过多操作,支付宝链接代码会自动扣除相应的费用,这样投入的时间和精力就较少。

　　在淘宝客推广模式中,有卖家、买家、淘宝客和淘宝联盟4个主要角色,如图7-45所示。在环环相扣的整条推广链中,每个角色都不可或缺。

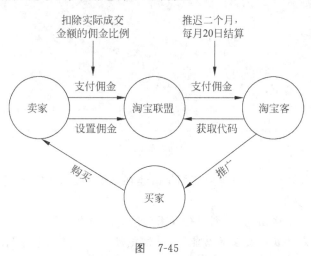

图　7-45

　　卖家将需要推广的商品发布到淘宝联盟上,并设定愿意支付的佣金,在交易成功后支付佣金。淘宝联盟作为推广平台,负责收集、发布商品信息和代码,并对每笔推广收取一定的服务费。

有兴趣的卖家,可为商品寻找淘宝客,支付一定比例的佣金来做推广。

目标2　微信营销

微信是出自腾讯的一款社交软件,它不像QQ那样以文字交流为主,而是以语音交流为主,文字交流为辅。并且,微信账号与QQ账号相通,换言之,用户可以使用QQ账号和密码来登录微信,微信实现了在QQ几亿用户的基础上进行发展,有着庞大的用户基数。

微信营销又分为个人账号和公众号营销,这里重点介绍公众号营销。公众号具有很多个人账号不具备的功能,如安排客服在线交流、使用程序进行自动应答、推送营销信息给客户以及实现简单的查询、购买功能等。

微信公众号站在移动互联网的大风口上,其数量已突破1400万个。微信的本质是交流工具,有对讲、视频通话等功能,使之沟通起来更具亲和力。微信公众号在沟通方面保持了这些特色,让营销方式的多元化更具亲和力。通过微信公众号平台,个人和企业都可以打造一个微信的公众号,用于群发文字、图片、语音、视频、图文消息5个类别的内容,是淘宝卖家营销的有力工具。

自2017年小程序上线以来,微信公众平台的账号类型就包含了服务号、订阅号、小程序和企业微信,如图7-46所示。

图　7-46

小程序、服务号、订阅号和企业微信都是搭建在微信平台上的,其主要功能、用途有一定区别,使用于不同的场景。

➢ 如果想简单地发送消息,达到宣传效果,可选择"订阅号"。

➢ 如果想用公众号获得更多的功能,如微信支付,可选择"服务号"。

➢ 如果想用公众号来管理内部员工、团队,可选择"企业微信"。

➢ 如果企业想用最少的投入开发APP,实现用户好的体验,可选择"小程序"。

卖家可根据自身需求,注册相应的公众号。公众账号申请成功后,应立即进行各种设置,如头像、名称、隐私、图片水印设置等。其中最重要的是头像与名称设置,因为头像是一个视觉标签,用户看见头像就可以识别出微信号;微信名称则方便其他用户进行搜索及关注。

公众号的灵魂就是软文。软文写得好,富有感染力,获得更多粉丝,才好做宣传工作。软文,简单来说就是以文字形式为主的软广告,即使适当插入图片与视频等多媒体元素也属于软文的范畴。相对于电视、电台、路边广告牌中的硬广告而言,软广告显得比较隐蔽和婉转。

软广告并不像硬广告一样把商品的特点、优点、成绩等直接罗列出来告诉受众,而是通过一个看似不相关的报道或故事,将要推广的产品或品牌悄悄地带出来,让受众不知不觉间看到。因此卖家要注意在公众号的内容上下功夫,例如,用引人入胜的标题吸引点击率;用轻松活泼网络语言表达观点;用一定的排版技巧,提升粉丝对内容的好感度等。

如表 7-3 所示,目前,通过微信公众号,可以实现几种营销模式。

表 7-3

模 式 名 称	具 体 内 容
漂流瓶	微信官方可以对漂流瓶的参数进行更改,使得合作商家推广的活动在某一时间段内抛出的"漂流瓶"数量大增,普通用户"捞"到的频率也会增加。加上"漂流瓶"模式本身可以发送不同的文字内容甚至语音小游戏等,如果营销得当,也能产生不错的营销效果。这种方式是一种"撒网"式的营销,成功的关键在于营销内容是否吸引受众
推送微信	将推广信息推送到"粉丝"的手机或平板电脑上,开展个性化的互动活动,提供更加直接的互动体验。所谓粉丝,就是指关注了某个公众号的客户,公众号可以给关注自己的客户主动发送信息
陪聊式对话	现在微信开放平台已经提供了基本的会话功能,让品牌用户之间做交互沟通,但由于陪聊式的对话更有针对性,所以无疑需要大量的人力成本投入
二维码推广	在微信中,用户只需用手机扫描商家的独有二维码,就能获得一张存储于微信中的电子会员卡,可享受商家提供的会员折扣和服务。企业可以设定自己品牌的二维码,用折扣和优惠来吸引用户关注,开拓 O2O 营销模式

目标 3 微博推广

微博是一种迷你型的日志,一条微博不超过 140 字。这种短小精悍的内容发布平台受到了全世界网民的追捧。微博的种类繁多,有新浪微博、网易微博、腾讯微博等,其中新浪微博是最火热的。

在微博上可以推广营销自己的店铺或产品,图 7-47 所示为某个做大码女装的微博账号,该账号属于新浪微博。

通过微博账号不仅可以宣传、互动,还可以设计很多活动,如转发微博赠送产品、有奖竞猜、限时抢购等。只要吸引足够多的人关注营销微博账号,就能够极大地提升店铺的知名度或商品的销售量。

在谈微博系统运营时,首先会讲微博定位,考虑消费者关注微博希望获得什么。卖家通过微博这个工具把企业和消费者连接起来,最合适产生相应的价值。

淘宝卖家可以通过搜索关键词,相对低成本找到一些有需求或者提及产品服务的一类消费者。例如一个卖女鞋的卖家,可能找到很多提及"买鞋子"的人,但不一定能把他或她转

图 7-47

化为粉丝。

所以微博上营销推广的关键不是能不能找到有需求的客户,而是找到后如何跟他或她"勾搭"起来。这是个很重要的能力,尤其是微个体,需要和陌生人交流。一般地,加了很多人,不买东西有两种情况:对产品没有需求;有需求但不信任企业。卖家们应该站在消费者的角度去思考,自己平常是怎样相信一个陌生人,如互动、找话题交流等。微博就是可以用来寻找潜在客户的方法,某些时候它比直通车更精准。

目标 4　论坛/贴吧推广

网络论坛和贴吧都是聚集无数人气的平台,如果一个论坛帖子可读性高的话,会带来非常大的传播效应,从而制造无数的商机。卖家可以利用人气论坛和贴吧进行自我推广,进而实现精准引流。

1. 论坛推广

在论坛推广中,不能一上来就直接打广告。巧用一定的方法和步骤,可让推广效果达到事半功倍。

1) 根据行业筛选目标论坛

论坛数量多不胜数,只有找到合适的论坛,推广效果才能实现最大化。在选择论坛时,有 3 个要点:所选论坛要和推广的内容相关;并且所选论坛的人气和流量要高;或者收录好能够展现在百度搜索结果的第一页位置。

通常,卖家根据行业筛选目标论坛的方法如下:通过百度搜索输入关键字来进行搜索,看看搜索结果中排在第一页里都有哪些行业论坛。如图 7-48 所示,在百度搜索栏中输入"美妆论坛",单击"百度一下"按钮,下方会出现多个和美妆论坛相关的网址。

图　7-48

为进一步了解该论坛,还可利用站长工具的 SEO 综合查询功能来进一步确认。打开站长工具查询页面,输入希望查询的论坛网址(这里以 https://www.zhihu.com/为例),单击"查询"按钮;稍后即可看到详细的查询结果,如图 7-49 所示。其中重点观测的数据为流量排名、日均 IP 和日均 PV、百度权重,通过流量排名和日均值即可对比出该论坛人气值。

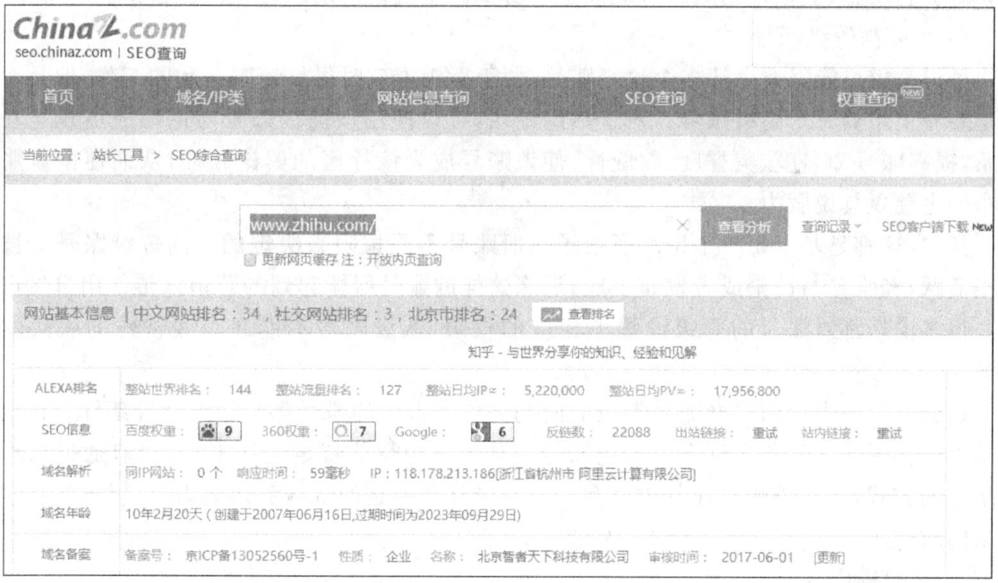

图　7-49

2) 参与讨论,引导话题

卖家在论坛账号注册好后,可以多加入论坛中发言,积极参与讨论,在混个熟脸的同时也能提升账号的等级。

才申请开通的账号,很多权限都没有,卖家只有通过多回复别人的帖子来增加经验。在回复他人的帖子时就不能为自己做宣传了吗?其实也是可以的。如有人在论坛里咨询化妆事宜,卖家在回复问题时,可在末尾加上"更多穿搭技巧,可加微信: ＊＊＊＊＊＊＊＊＊＊＊ "。如此一来,既解决了别人的问题,在为自己账号涨了经验值的同时又推广了信息。

卖家在积累了一定的论坛权限后,就可以开始尝试发布主题帖了。不过这时候还是不要单纯地发广告。基本上所有的网友都会排斥论坛上的广告,而且会对发广告的人产生抵触心理。如果被管理员发现,很可能会被删帖,甚至封号。

在论坛应该使用"软文"来营销,或者采用争议话题来引起关注。发布之后,还要注意引导话题,其目的有 3 个。

> 让话题保持热度,尽可能地"榨取"话题的价值。

> 不要让话题偏离主题太远,否则到最后都在讨论不相干的内容,营销作用就小了。

> 不要让话题变得对营销商品或品牌不利,当发现有这个倾向时,一定要果断处理,立即终止话题;立即提出强有力的相反证据;或者带歪话题,引开众人的注意力。

3)实现"渐进式"引导

如果在帖子里放比较"硬"的广告,不仅读者不感兴趣,而且帖子的存活率也很低,容易被管理员删除掉。因此要大量加入掩饰性内容,为商品活动信息做掩护,将网友的负面情绪降到最低。

在实施时,可以在一个帖内展开一个场景,然后在最后不经意地传达出产品对用户的重要性或相关性即可,之后再在回帖中进行进一步的引导。这样一步一步"引君入彀",就不会太容易引起反感,主帖被删除的可能性也小得多。这就是所谓的"渐进式"营销。

4)"养"高等级账号

虽说卖家可能需要申请多个论坛账号,便于营销推广时做好一唱一和的工作,但是卖家还是要着重培养一个高级账号。对于热门论坛,可以使用该高级账号与论坛成员建立互动关系,提高账号知名度、美誉度、权威性,使该账号成为该社区的舆论领袖,从而使由该账号发布的主题更具说服力。

其实,这都是基于每一个论坛所给予注册账号不同权限来决定的。高等级账号会被认为很活跃,经常参与讨论或者发布主题,那么这样的账号所能起到的营销宣传作用自然也更大。很多论坛都对账号的等级设置了相应的权限,低级账号不能在一些特殊的版块发布话题。

这就涉及一个如何提升账号等级的问题。单击自己的账号都会看到晋升条件。在论坛帮助里也都说明如何晋升到下一等级账号。对于一些行业特定论坛来说,只有通过这种慢慢培养的方式,让营销账号在其中生存。当账号具备一定的等级和影响力后,就是收获宣传效果的时候了。

2. 贴吧推广

如果论坛热度不够,卖家也可以考虑加入贴吧推广。如百度贴吧允许用户以某个主题建立贴吧进行交流,像"化妆技巧吧""胖女生穿搭吧"之类。由于任何用户都可以建立新的贴吧,因此很多直播平台都会建立贴吧,与用户进行交流,将商品或活动信息进行推广。

在百度贴吧,发帖、回帖都需要掌握一定的技巧,这样才能让推广效果变得更好。对于没有回复的主题帖,一段时间后很容易被百度贴吧清除,而有回复的就能保存更久,所以发主题一定要消灭零回复,没人回复可用自己的其他账号来进行回复。

下面就一起来看看有哪些常见的发帖、回帖技巧。

- ➢ 自己顶帖。在热门或与商品信息相关的贴吧精心写一篇内容翔实的软文。如果没有人评论,可自己评论。让帖子保持推荐位的同时,再深化正文内容。
- ➢ 勿回旧帖(精品帖除外)。所谓旧帖,是指15天以前的帖子——顶了是要被百度扣分的。这对贴吧排名很不利。
- ➢ 满15字。企业在回帖时一定要满15字,注意是汉字,标点和英文只算半个字。不满15字的回帖等于没回。如果回帖带图,则不满15字也可认为满15字,如果满15字且带图就是两个帖子的分。
- ➢ 更换IP地址。再怎么换马甲账号,只要没换电脑,IP地址就是一样的,这样只算一个ID的分,帖子的排名也上不去。浏览一个帖子的独立IP地址越多,该帖子排名越靠前。如何"创造"独立IP呢?如果使用拨号上网,可以采取反复断开重拨的方法,每次重拨都会获得一个新的IP地址;如果不是拨号上网,则可以使用"365自动换IP""IP自动更换大师"等软件来更换IP地址。
- ➢ "鱼目混珠"。将自己的商品或活动信息在知名的同类产品、品牌或网站中进行推荐,引起网友关注。常见的做法如写一篇《盘点2017年春天十大流行元素》这样的文章,将流行元素罗列出来进行点评,顺便把自己店铺中有流行元素的商品进行展示,能对读者起着一个引导的作用。

目标5　QQ宣传

QQ是腾讯QQ的简称,作为腾讯旗下的一款即时通信软件被人熟知。QQ支持在线聊天、视频通话、点对点断点续传文件、共享文件、网络硬盘、自定义面板、QQ邮箱等多种功能,使用人数非常多。卖家在营销推广时,可借助此平台。

1. 个人QQ号推广

设身处地地站在消费者的角度,如果收到一个陌生人主动添加好友的申请时,最关注什么?就是个人资料。在QQ社交里,资料就是一个人的名片。资料的设置包括名称、头像等内容。设置QQ资料,可以更好地完成营销。

- ➢ 头像。一个好的头像能为资料加分,尽量选择符合大众审美的图片来做头像。头像一旦生成尽量不去改动。当然,如果能设计一个有趣又与商品相关联的头像是再好不过的。
- ➢ 昵称。好的昵称能起到好的营销作用。关键词的覆盖能为昵称加分。例如企业是经营水果的,昵称中尽量包含"水果"二字,让人一看就知道是做什么的,以及从这里可能得到什么样的服务或产品。
- ➢ QQ说说、个性签名。利用QQ说说和个性签名做营销的优势在于成本低、互动性强且传播速度快,算得上病毒式营销。企业在QQ签名上写促销信息和联系方式,就能打广告。签名信息和空间内容一样,需要更新。通过修改签名信息,QQ好友会收到更新提示。如果感兴趣的好友居多,可通过签名来宣传打折活动信息吸引客户成交。

> **提　示**
>
> 　　丰富 QQ 资料，能为营销账号加分。这些资料包括年龄、地区、职业、个人说明等。需要注意的是，以上信息尽量以真实为主。真实、完整的资料，能加大好友的信任，增强亲和力。

2. QQ 群吸粉

QQ 群是多人交流、互动及时和低成本操作的营销推广方式。做好 QQ 群营销，可以大大提升引流效率，甚至可能影响粉丝口碑、品牌宣传等一系列发展。因此，卖家需要掌握正确的 QQ 群营销推广技巧，实现它的推广意义。

1）寻找目标群

QQ 群一般可以通过 QQ 面板、QQ 群官网、论坛、贴吧或行业性的网站查找。在找到目标群组后，如何判断群的质量呢？

> ➤ 看成员数量。如两个同行业群组，一个群（成员 2000 为满员）已经有了 1783 名成员；另一个群（同样是 2000 为满员），但只有 300 多名成员。毋庸置疑要选择加入成员多的群，更多的成员才能做更多的宣传。

> ➤ 看群的活跃度。成员人数相差不大的群，在活跃度方面也有区别。有的群一分钟能刷上几十条消息，也有的群整天无人发言。建议企业尽量把时间花在活跃度较高的群里。活跃度低的群可能被很多人屏蔽了群消息，凝聚力也不足。

> ➤ 同质化的群。企业在加群时可能会遇到同质化的群。刚加群就发现老面孔，先不要窃喜遇到了熟人。要想想借用群宣传目的是什么。是推广，是注入新鲜血液。如果都是熟人，推广计划就无法顺利展开。

2）巧用群交流，引群友关注

群聊天面对的是很大一群人，沟通就显得更重要。群交流的要点如下。

> ➤ 每个群规则都不一样，有的完全允许有广告，有的规定每人每天最多三则广告，而有的严禁广告。在进群之后，应先阅读一遍群规则，按照规定格式修改群名片。一个颇具特色的群名片，更容易引起群友注意。还可以通过群签到的方式来引起关注，每次签到，都免费让自己的账号和大家有一次见面的机会。

> ➤ 加入 QQ 群后，通过与群友聊天及名片信息，企业可以了解到很多群友信息。但是初到群里不建议马上去加好友。群里菜鸟盲目添加好友，好友申请可能被驳回，还有可能遭到群成员投诉，带来被踢的风险。

> ➤ 群聊很重要，它决定了是否能在群里打广告或添加目标好友引流。因此，不要新进群就着急打广告。在部分熟络网友聊得火热的时候，企业可迅速加入到话题的讨论中，让大家注意到你。

> ➤ 很多人都喜欢抢红包，发红包时金额可以不大，但数量一定要多。有技巧的企业可以采用口令红包，将商品信息和联系方式作为打开红包的口令，想要领取红包的成员必须将红包的口令信息复制一遍，自然会对商品信息有个记忆的过程。企业不要吝啬几块钱，适当地发个小红包，可加大群成员之间的互动。即使打了广告，被踢的风险也会减小。

3) 自建群组吸粉

如果卖家能建个自己的群来推广商品、活动是再好不过的,这样可以不受别人管制。建群营销,重点在于"营销",不仅要建群,还要对它进行运营和维护,使其发挥最大的作用。

➢ 一个高级群的重要性。成为超级会员可以创建人数为 2000 的群组,而一般普通的账户只能创建人数为 200 的群组。200 和 2000 相差整整 9 倍。如果条件允许,为账号开个会员,不仅在排名上有优势,还可创建人数大群。

➢ 有针对性的群名称。群名称的好坏直接决定群是否具有吸引力。如果仅仅是"美妆群",能从中得到什么信息? 是买化妆产品的群,还是卖化妆产品的群,或者是喜欢美妆的群? 不建议使用这样模棱两可的群名称。"默默家的化妆室 1 群""双林路周末约跑 1 群"……这样主题鲜明且有针对性的群名称,把具体的信息呈现在大家眼前,加上数字,如同连锁店的分店名称,久而久之,属于企业自己的品牌就出来了。

➢ 第一批群友从这来。创建新群后,很多人不会通过查找方式加入进来。这时,可以从 QQ 好友里拉好友进入群组。如果企业 QQ 好友都为熟悉的朋友或客户,引导他们集中讨论商品,对新人也有着指引作用。

➢ 活跃度和管理员。群的活跃度相当重要,只有活跃的气氛才能留住老成员,吸引新成员。这一步算是建群步骤中最难的,因为稍有不适,群成员之间就可能发生冲突。所以,几个明事理的管理员就显得尤为重要了。可以选择发言较多且有一定话语权的人作为管理员。

➢ 男女比例。俗话说的"男女搭配,干活不累"也不是没有道理的。群成员的男女比例适当,群内的氛围会更好。

➢ 注意宣传群。上述步骤都完成得不错,接下来可以去各种行业论坛、贴吧推广群信息。例如在水果的贴吧里回复楼主:"我在某某群里买的柠果蛮不错,个大味甜,还有很多其他水果,群号:*****"或者留言:"我们的群号是****,如果有兴趣可以加入,大家一起讨论"。

提　　示

在 QQ 群官网中,可对群申请认证。认证后的群人数可达 5000 人,同时,一个加 V 的标识,凸显权威性官方性,平台会予以很好的排名。满足条件的企业,可在建群后考虑申请群认证,实现更好的引流。

---

3. QQ 空间推广

几乎 90% 的 80、90 后都进入过 QQ 空间,它曾是炙手可热的社交平台,其内容非常丰富,主要包括:主页、日志、相册、说说、音乐、留言板、时光轴、个人档等版块。想要做好 QQ 空间推广,主要从装扮、日志、相册等方面出发。

1) 精心装修 QQ 空间

进入空间第一眼展现给访客的是空间装扮。因此企业首先应考虑装扮好空间,把有用的信息带给访客。一个博人眼球的装修风格,能加深到访好友的印象。

2) 空间日志

QQ 空间其实就是一个博客,想利用 QQ 空间做好营销,原创日志最好占较大比例。因为如果一个博客大部分都是转载文章,访客可能兴趣不大。空间日志是用于 QQ 用户以长篇幅的形式记录心情、摘录事件的地方,而从营销赚钱的角度来考虑的话,空间日志又是一个不错的营销软文发布地。

一篇巧妙植入营销信息的软件就像是一个会传播的导购员,它可以把企业想对消费者说的话,用非常"软"的方式表达出来,然后形成一种口碑、一种品牌的效应。随之带来的就是更多用户对于店铺、店铺商品或活动认知度的提升。

3)相册照片

图片具有较为直观的引流功能,针对一些对文字没有兴趣的网友而言,可以考虑利用相册功能来做宣传。

将水印加在图片的下方,在图片传播的同时,信息也得到转播。当然,相册不能只用来放置商品信息图片,适当添加个人生活照片或美食美景,能吸引更多的关注。

4)开通黄钻或会员

基于营利的考虑,QQ 普通用户有诸多的限制,如 QQ 空间没有华丽的装修、QQ 相册不够大、不能建立人数多的群等。因此,想要为 QQ 和空间增加更多功能,不妨考虑开通黄钻或会员。

开通黄钻后,能免费使用很多商城物品,也能对 QQ 空间进行装修。装修完成后效果与天猫店看上去差不多,更加专业,能够给访客一种信任感。

开通会员或超级会员则可以加速等级升级,同时网络硬盘、QQ 相册等容量都有扩充,还可以注册一个 VIP 邮箱地址名,创建最高容量达 2000 人的高级群等。其中,上千人的大群特别方便于营销。

目标 6　SEO 技术

淘宝 SEO 是指通过优化商品信息,使商品或店铺搜索排名靠前,增加曝光量。想要了解 SEO,应该从了解消费者的搜索习惯以及平台的搜索结果排序习惯出发。同时,还应避开一些常犯的搜索排名权重误区,提高优化效果,不用触及平台雷区。

淘宝 SEO 是指通过优化店铺商品标题、类目和上下架时间,让淘宝店中商品的搜索排名靠前,这也就是淘宝搜索引擎优化。商品类目相关、属性相关和标题相关是淘宝 SEO 的三大基石。

1. 买家搜索习惯

首先了解电商平台通常使用什么方式来进行搜索,从而根据不同的搜索方式,制定不同的优化方案。以淘宝为例,较为常见的搜索方式包括关键词搜索、类目搜索、提供建议搜索和热门关键词搜索。

1)通过关键词搜索商品

对于有购买目标商品的消费者,会直接在淘宝搜索框中输入相应关键词。由此产生的关键词搜索流量是淘宝 SEO 重点。

如图 7-50 所示,在淘宝的搜索框里输入"套装女",从出现结果来看,这些出现在首页中的商品标题,都包含有"套装""女"等关键词,但是这些关键词之间并非紧密相连。

由此可见,卖家想要商品排名靠前,就需要在标题中加入更多符合买家搜索的关键词。这样商品才会有更多点击率,更多销量。

图　7-50

2）通过类目进行分类搜索

淘宝平台中也不乏消磨时间的无购买目的用户。针对这类用户,淘宝将商品进行详细分类。如图 7-51 中,在淘宝网首页的"主题市场"中有女装、男装、内衣以及家电、数码、手机等分类。单击"鞋靴"分类下的商品能看到"女鞋""红人同款"和"复古方头"等小分类。

大分类　　　　　　　　　　　小分类

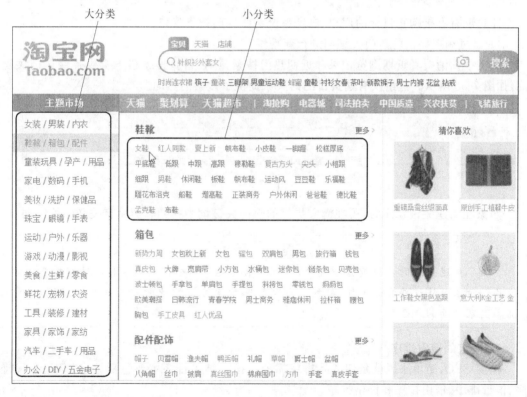

图　7-51

消费者可通过查看小分类来查找心仪的商品,从而形成交易。根据这种类目逐层分类搜索习惯,商品能否展现在买家眼前,取决于商品发布时选择的类目。因此,选择商品类目也是淘宝 SEO 中的一个重心。

3)根据淘宝提供的建议多条件搜索

淘宝中提供最常见的搜索建议,就出现在淘宝下拉框列表中。如图 7-52 所示,在淘宝搜索栏中输入"水杯",下拉列表框中会出现如"水杯闺蜜""水杯儿童小学生"等搜索建议,这些建议关键词都是搜索量较大的关键词。

图　7-52

针对没有直接购物目标的用户,淘宝系统会给一些搜索建议。

4)通过淘宝提供的热门关键词进行新搜索

淘宝根据消费者近期浏览记录和近期热门搜索量,在首页搜索栏下提供一些热门关键词,如图 7-53 所示。这给没有购买目的的买家提供了搜索的热词。

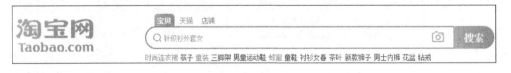

图　7-53

卖家在组建关键词库时,可在淘宝提供的热门关键词中找到和商品有关联的关键词。

提　示

除了上述介绍的 4 种搜索方式外,买家还有可能使用个性化搜索和店铺搜索来搜索商品。卖家可从这些方面出发,找到更符合买家搜索习惯的搜索方式并迎合,可加大商品和买家见面的机会。

---

2. 淘宝的搜索排序

淘宝 SEO,简单来说就是使商品排序靠前。搜索结果排序主要包括综合排序、人气排序、销量排序、信用排序和价格排序。

1)综合排序

综合排序指的是淘宝系统通过对买家输入的关键词,在后台进行计算权重占比后得出的商品排序。综合排序是淘宝中较为常见的一种排序方式,超过80%的流量都来源于综合排序模式。

过去,卖家只要销量高,基本上不用担心综合排序。但根据目前出台的淘宝规则来看,淘宝为了保障客户权益,更加注重商品质量和服务质量等因素。现在已经不再是只参考销量来排名的时代了。

2)人气排序

所谓人气排序,是根据商品受欢迎程度而进行的排序。因为很多人都有从众心理,认为大家都喜欢的商品应该不错。所以,在搜索结果中,参考人气排序的人群也比较多。人气排序看的不仅仅是销量,还和其他因素有关。

3)销量排序

销量排序是按照商品销量的多少来进行排序。在很多买家看来,销量大的商品性价比可能更高;而且销量越多,可参考的评论也就越多。因此,销量排序也是买家搜索结果中较为常见的。销量排序只根据商品销量多少来进行排序,而不考虑其他因素。

4)信用排序

信用排序是根据卖家得到的好评、中评和差评等积累分数得出的排序。换言之,卖家得到的好评越多,信用也就越高。很多买家在搜索时也会选择参考信用排序。

细心的卖家可查看某一商品的信用排序,在大多数情况下,根据信用排序的前几个商品都来自同一家店铺。由此可见,在信用排序中,参考的是店铺信用高低。

5)价格排序

价格排序是根据商品价格从高到低或从低到高来进行排序。大多数人都希望买到物美价廉的商品。如果能用最少的钱买到心仪的商品,何乐不为呢?所以,淘宝系统可以提供价格排序来迎合买家的搜索习惯。

卖家只有知道能影响排序结果的因素,才能对商品进行更好的优化,从而获得好的排名。如图7-54所示,通过分析影响综合排序因素、影响人气排序因素、影响销量排序因素、影响信用排序因素和影响价格排序因素,来告诉卖家应该从哪些方面出发,优化排序因素。

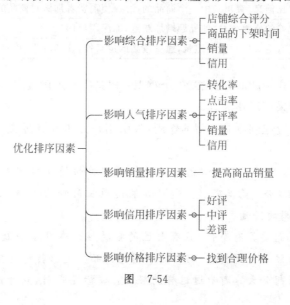

图 7-54

网店推广与运营

任务 5　软文创作与营销技巧

软文，简单来说就是以文字形式为主的软广告，即使适当插入图片与视频等多媒体元素也属于软文的范畴。软文的"软"其实是相对于"硬"性广告而言的，硬性广告是日常生活中最常见的广告，如街上的广告牌、电视节目间插播的广告等。

软广告与硬广告的区别在于，软广告并不像硬广告一样把产品的特点、优点、成绩等罗列出来告诉受众，而是通过一个看似不相关的报道或故事，将要推广的产品或品牌悄悄地带出来，让受众不知不觉间看到。

目标 1　软文标题

软文的标题起着至关重要的作用，因为就算正文写得再好，标题平淡乏味，仍是无人点击，同样起不到宣传的作用。常见的几种标题包括宣事式标题、新闻式标题、诉求式标题和悬念式标题等，其具体内容如表 7-4 所示。

表　7-4

标题类型	重点剖析
宣事式	常规型标题，如实地将广告正文的要点简要地摆明，使人一目了然
新闻式	直截了当地告之消费者新近发生的某些事实，可用来介绍新品或企业新措施，可引起大众关心而转读正文
诉求式	用劝勉、叮咛、希望等口气写标题，其目的在于催促消费者采取相应的行动
颂扬式	用正面的方法，积极赞美商品的优点，使人对商品产生好印象
号召式	用含鼓动性的字句作为标题，号召用户快速做出购买决定，多用于鼓吹时尚流行的商品
悬念式	用使人感兴趣而又难以做出答复的话作为标题，让粉丝由于惊讶、猜想而读正文
提问式	提出问题来引起关注，促使用户产生兴趣，引发思考
对比式	通过对比信息，突出其中一个商品的优点，使消费者加深对商品的认识
寓意式	利用比喻的修辞方法，使标题增加新意，加深用户印象
总结式	让读者有更大层次性的感觉，通过较高的逻辑性，让读者眼前一亮

企业在使用对比式标题时，要注意一个重点：相关广告条例规定，不能直接指对方名进行对比，所以，对比时采用泛比为宜。

优秀的软文标题应起到画龙点睛的作用，吸引用户点击阅读原文。一个好的软文标题应该符合以下要求。

> ➤ 突出主题、简短明了。一个好的标题要能让用户快速了解文章的内容是什么，故标题应是内容的概况，直接突出主题。如果使用长句作为标题，不免让人觉得标题冗余，不会产生阅读兴趣。
> ➤ 引人注目。标题要具有个性，且有自己的独特性。在众多公众号软文里，如何让你的标题更引人注目？想要引人注目，不同的商品要突出其针对性，不可离题。
> ➤ 远离标题党。想必大家都有过这样的经历：被标题吸引，点开内容却发现其内容和

标题严重不符。这种情况就是很多人都厌恶的标题党,标题党可能会让软文阅读量有所增长,但关注量却可能有所下降。所以,在拟写标题时,要远离标题党,不要为了阅读量而丢失了潜在的粉丝。

➤ 融入关键词。在搜索为王的时代,搜索引擎营销成为主流方式,在软文标题设计时要充分考虑搜索。所谓的搜索,离不开关键词的堆砌。企业在做软文时,考虑的问题在于用户体验度和符合搜索引擎。只有得到搜索引擎的认可,才能引来更多的浏览,进而得到用户体验。所以,无论是对用户还是对搜索引擎,只有融入关键词,搜索引擎才好判断文章的主题与相关性。

➤ 换位拟定。在拟定标题时,要站在用户的角度去考虑,如用户可能用哪些关键词来搜索,再根据搜索匹配性来获得好排名。具体做法:可在拟定标题前,先将相关关键词输入百度指数中,去查阅相关关联词,找到搜索指数较高的关键词,放入标题中。

目标 2　常用的起头方法

除了标题外,软文的起头也决定着文章的阅读量。曾有人把文章的开头比喻成"凤头""爆竹"。凤头俊美靓丽,先声夺人,让人有一种美的享受;爆竹噼里啪啦,响得痛快,听着震撼,营造氛围。软文开头也有模式供借鉴。常用的写法如表7-5所示。

表　7-5

常 见 写 法	重 点 剖 析
开门见山	开宗明义,直奔主题,引出文中的主要人物或点出故事,或揭示题旨或点明说明的对象。用这种方式开头,一定要快速切入中心,语言朴实,绝不拖泥带水
情景导入	在开头有目的地引入或营造软文行动目标所需的氛围、情境,以激起读者的情感体验,调动读者的阅读兴趣。用这种方法去写开头,对于渲染氛围、预热主题有直接的效果
引用名句或者自创经典话语	在文章的开头,精心设计一个短小、精练、扣题又意蕴丰厚的句子,引领文章的内容,凸显文章的主旨及情感。如果实在想不出来也没有关系,找个合适的名人名言、谚语、诗词等都可以,既显露了文采,又能提高软文的可读性
巧用修辞	修辞的常用手法是比喻、比拟、借代、夸张、对偶、排比、设问、反问等。用这些修辞手法去写开头会非常容易,还可以演变出很多开头的方式

目标 3　软文正文布局

软文布局,简单来说,就是文章的结构、组织形式,也就是段落安排。软文正文布局素有"胸腰"的说法,意思是正文内容详尽。具体来说,软文布局要做到以下几点。

➤ 所有材料的排列次序要有先后,安排妥当。

➤ 一气呵成,不能有脱节现象,更不能离开主题。

➤ 软文中提出的观点和论据要统一,不能相互矛盾。

➤ 分段内容不能过长或过短,开头要有吸引力,内容要有说服力,结尾更要具震撼力,如此才不会变成"虎头蛇尾",头重脚轻。

软文布局常用的 8 种方式如表 7-6 所示。

表 7-6

正 文 布 局	重 点 剖 析
悬念式	悬念，即设置疑团，不作解答，借以激发读者的阅读兴趣。要达到这种效果，撰写软文的时候要有意识地制造悬念。悬念式的布局，通常需要一个悬念式的标题与之相互呼应。且制造悬念常用以下 3 种形式。 (1) 设疑：这个疑问随着文章展开而逐层剥开。 (2) 倒叙：将读者最感兴趣、最想关注的东西先说出来，接下来再叙述前因。 (3) 隔断：叙述头绪较多的事，当一头已经引起了读者的兴趣，正要继续了解后面的事时，突然中断，改叙另一头，这时读者还会惦记着前一头，就造成了悬念
抑扬式	抑扬，是记叙类文章写作中常用的一种技巧，可分为欲扬先抑和欲抑先扬两种情况。欲扬先抑，是先褒扬，但是不从褒扬处落笔，而是先从贬抑处落笔，"抑"是为了更好地"扬"。欲抑先扬正好相反。用这种方式可以使文章情节多变，形成鲜明对比
穿插回放式	穿插回放式记叙类文章，利用思维可以超越时空的特点，以某物象或思想情感为线索，将描写的内容通过插入、回忆、倒放等方式，形成一个整体。具体操作上就是选好串起素材的线索，围绕一个中心组织材料
片段组合式	选择几个生动的、典型的片断，把它们有机地组合起来，共同表现一个主题。用这种方法构思的记人叙事的文章，可以在较短小的篇幅内，立体而多角度地表现人物，叙述事件，描写商品特点，烘托品牌
并列式	一般写的是对象的横向的、静态的情况。各部分相互间无紧密联系，独立性强，但共同为说明主旨服务。能够省略某一部分，先后次序不那么固定。这种方法的好处是概括面广，条理性强，把一个问题从不同角度、不同侧面进行阐述。其组织形式基本上有两种：一种是围绕中心论点，平行地列出若干分论点；另一种是围绕一个论点，运用几个并列关系的论据
正反对比式	通过正反两种情况的对比分析来论证观点的结构形式。通篇运用对比，道理讲得更透彻、鲜明；局部运用正反对比的论据，材料更有说服力。正反对比的写法比较简单，通常采用"事前"和"事后"的对比来加强读者的印象，最常见的是药品、保健品软文，常常使用"以前，我如何肥胖，偶然使用了 xxx 产品后，身材如何好，穿衣如何漂亮……"之类
层递式	在论证时层层深入，步步推进，一环扣一环，每部分都不能缺少。论述时，由现象到本质，由事实到道理，这是层递；提出"是什么"，再分析"为什么"，最后讲"怎么样"，也是层递；讲道理层层深入，也是层递。运用层递式结构要注意内容之间的前后逻辑关系，顺序不可随意颠倒。这种方式的好处是逻辑严密，能说明问题
总分总式	运用"总分总"式的文章往往开篇点题，然后在主体部分将中心论点分成几个基本上横向展开的分论点，一一进行论证，最后在结论部分加以归纳、总结和必要的引申。运用"总分总"结构时要注意，分总之间必须有紧密的联系，分述部分要围绕总述的中心进行，总述部分应是分述部分的总纲或水到渠成的结论

以上 8 种布局方式，前 4 种方式多用于记叙形式的软文中，后 4 种方式多用于议论、说明类的软文中。但是文无定式，一篇软文中也有可能几种布局方式综合运用。

目标 4　软文收尾方法

好的软文收尾，应该是可以用"豹尾"来形容，指的是结尾巧，强而有力。软文收尾方法如表 7-7 所示。

表　7-7

收尾方法	重点剖析
自然收尾	在内容表达完之后,不去设计含义深刻的哲理语句,不去雕琢丰富的象征形体,自然而然地结束全文。记叙性文章中,常常以事情终结作为自然收尾
首尾呼应式	结尾与开头遥相呼应,文章的开头若提出了论题或观点,中间不断展开,进行分析论证,结尾时回到开头的话题上来。这样收尾的软文多应用于议论性文章,能够让结构更完整,使得文章浑然一体,能唤起读者心灵上的美感
点题式	文章行文中没有明确提出观点,在结尾时,要用一句或一段简短的话明确点出文章的观点,起到画龙点睛的作用。这样收尾能够帮助读者悟出全文的深意,提升软文的品格,从而给读者留下深刻的印象
名言警句式	用名言、警句、诗句收尾,要么让软文意境深远,要么揭示某种人生的真谛。它往往用三言两语表述出含义深刻、耐人寻味的哲理性或警醒性内容,使之深深地印在读者心中,起到"言已尽,意无穷"的效果。文章结尾,如果能够巧妙引用名言警句,就一定能让文章增色
抒情议论式	用抒情议论的方式收尾,要用作者心中的真情,激起读者情感的波澜,从而引起读者的共鸣,有着强烈的艺术感染力。这种结尾方式应用较广,可以用于写人、记事、描述物品的记叙性文体中,也可用于说明文、议论文的写作
余味无穷式	结尾之处留白,让读者自由驰骋,纵横想象,读者可以适当补白、续写。这样的思维阅读会有令人惊奇的收获和非同寻常的深刻体验。韵味悠长的结尾除了妙手偶得之外,绝大部分都是对生活有了独特的感情后,再加以精心提炼形成的结晶
请求号召法	在前文讲清楚道理的基础上,向人们提出某些请求或发出某种号召,如"让我们携起手来,保护环境,还地球蓝天白云吧"
祝福式	站在第三者的角度对软文中的人或事物进行祝福,如"愿天下有情人终成眷属!"

目标 5　软文体裁

常见的软文体裁可能是说明文或叙事文,但软文的体裁并不局限于此,还包括日记式、诗歌式、书信式等,其具体内容如表 7-8 所示。

表　7-8

常见体裁	重点剖析
日记式	用日记的方式去写一篇软文,特别是写与人们衣食住行直接相关的产品或者服务时,则显得更贴近生活
诗歌式	诗歌素有长短句配合韵脚,朗朗上口,容易记忆、打动人心的特点
书信式	借用书信的布局格式,自由组织材料,这种写作体裁以"面对面"的形式交流,读者读起来特别有代入感
剧本式	剧本式布局非常新颖,会让软文更有趣味。此类软文显得不太严肃,更适于在网络论坛、微信、博客、QQ 群上传播
创编式	借用大家熟悉的神话、寓言、童话等,对之进行创造改编,注入新的内容,借来讽喻、折射现实生活,这样的文章有"言在此而意在彼"的效果
说明书	说明书有固定的格式,按照这种布局格式将其他服务或者其他类别的产品写成软文,趣味感也会十足
实验报告	实验报告文体有固定格式,用这种方法与用说明书式布局有同样的趣味感

常见体裁	重点剖析
自问独白式	自问独白式就像单口相声一样,全文自己问自己,中间用自白巧妙过渡。这类软文适合在论坛上传播
散点式	围绕一个中心,从数个点上进行发散、铺排,每个点都有一个精美的句段,数个点连成一体就是一篇优美的软文。这种方式大多是散文形式的软文,常见于房地产类软文

目标 6 植入软文

软文阅读量的高低并不是衡量软文成功与否的唯一方法,例如,有的软文阅读量很高,但没有植入广告信息,那就不算成功。所以,卖家应掌握将推广目的植入软文的方法。

文植入广告有两种宏观策略:第一种,直截了当,用新闻报道、专访、访谈、评论等形式直接对要推广的产品或者服务进行描述或者评论;第二种,设置"温柔陷阱",将广告巧妙融入文章。一般地,第二种策略难度较大,如果融入得太隐晦,读者可能领会不到广告的含义;如果广告强调得比较多,又会引起读者的厌恶。

因此,软文内的植入广告要掌握好火候,过多过少、过软过硬都是不适合的,掌握好这个度很重要。下面介绍几种较为实用的植入方式。

➢ 将产品的信息以举例的方式展现,可以适当展开几十字,多用于平面媒体软文。

➢ 借用第三方身份,如某专家称、某网站的统计数据、某人的话,一定要真实,引入的文字也不要太长。这种方式多用于平面媒体软文。

➢ 以标题关键词形式植入,多用于网络门户软文。内文中将植入的关键词拟人,如"高进教育机构认为……"。这类植入方式尽管没有太多地融入产品信息,但是因为关键词及内文多次带有产品、商标或者公司名称,既能传达一种理念,又能达到被百度检索收录的效果。

➢ 故事揭秘形式。这种多用于论坛软文,开始就围绕植入的广告编故事,一切都是以这个需要植入的广告为线索展开。这种植入方式尽管非常容易让读者意识到是软文,但是只要故事新颖,读者还是愿意一口气看完。

➢ 版权信息的方式。这种也多用于博客软文、微博软文。这种方式最为简单实用。只需要找出潜在客户群体,找出他们感兴趣的话题、原创或者伪原创相关话题的文章,内文中不需要刻意琢磨如何植入广告,在文章结尾后加入版权信息即可。如"本文为某某机构原创,如需转载请注明出处,则阅读更多文章请访问 www.xxxxx.com"。

➢ 插图及超链接形式植入。这种方式多用于网络软文,可以结合以上 5 种方式使用。

目标 7 软文内容创作

软文标题和正文写作技巧,属于"战术"范畴,这里谈谈软文"战略"范畴的内容,如关于软文内容的实操技巧。软文内容创作技巧如表 7-9 所示。

表　7-9

技 巧 名 称	重 点 剖 析
深挖历史	从企业或产品的历史中寻找话题。任何企业都有历史,即使刚刚成立的企业,其创始人也会有他自己的创业实现过程。产品则不一定有历史,但可以开动脑筋,自己创造历史
善于借势	借助时下发生的事件,引起人们的广泛关注。这些事件可以是社会热点,也可以是新闻事件,以及网络流行热词等
虚构故事	故事是人类最容易接受的信息传播形式。利用故事,也可以实现产品、品牌的推广营销
数字冲击	中国人非常喜欢数字,几乎一切都被编织成了数字,如价格指数、天气指数、洗车指数、穿衣指数等比比皆是。数字本身看起来就很有说服力,因此,在软文中使用大量数字来震撼读者,是一种常见的写作手法
请出权威	大多数人都相信权威,在专业方面相信专业人士是一个自然的选择。权威可以是古代的、现代的、当代的、科学的,或不那么科学的,如"周公解梦"和星座等
曝光内幕	人类与生俱来就有非常强烈的好奇心,利用这种心态进行营销是一种常见的方法,也就是适度地曝光行业或名人的内幕,就会赢得广泛关注,而在曝光的帖子中加入营销内容,就能达到不错的营销效果
人造新闻	没有新闻意味着失去注意力,失去社会焦点。对于中小卖家而言有很多制造新闻的机会,如经销商座谈会或者经销商大会、签下大的业务单子、接待社会知名人士到访、企业领导对外参加知名的活动、招聘方面的新举措、企业管理方面卓有成效的方式等
名人效应	名人是社会公众比较熟悉和喜欢关注的群体,名人的一举一动、一言一行都受到大众的关注。正因为名人具有这样的影响力,导致名人在出现时往往能够起到事态扩大、影响加强的效果。名人效应的应用很普遍,在广告方面,几乎大部分广告都在利用名人效应,名人拿着产品一说话,就可以让产品销量突飞猛进
煽情赚泪	软文用文字来打动读者,走进读者的内心,从而引发读者的认同感,诱导读者的购买行为。所以情感营销也是软文常见的写作手法之一。软文要做情感营销,自然是要以打动读者为目标,文章切忌不痛不痒,让人感觉是无病呻吟
有利可图	贪便宜大概是人类的最古老的习惯之一,是人类在漫长的进化过程中形成的一种能够增加自身存活率的习惯。这种习惯根深蒂固,到了物资丰富的今天,也未能自动消除掉。利用这种习惯来营销,也是常用的软文写作手法
访谈推广	访谈一般是针对权威、名人的一种营销手法。它的巧妙之处在于,不仅可以借助权威、名人的影响,还可以在访谈中让权威与名人与营销的产品建立联系
卖萌	卖萌是近年来的流行文化。所谓萌就是生物幼小时那种天真、可爱、笨拙的形象与行为,以幼猫、幼狗以及儿童为代表

拓 展 阅 读

1. 淘宝论坛发帖

淘宝论坛是淘宝官方设置的供淘宝用户讨论话题的公共场所。在淘宝论坛上可以通过撰写文章的方式来推广自己的店铺,完全免费,如图 7-55 所示。

淘宝论坛上每天都有数以千计的帖子与数不清的回帖,如何才能让自己发的帖子被人关注呢?这就要求帖子写得好,言之有物,有理有据,能被版主评为"精华热帖",如此一来,点击的人自然就多了,宣传的目的也就达到了。

下面是精华帖标题的一些基本特征。

图 7-55

> 在淘宝社区里一页有几十条帖子,要让潜在买家把注意力集中在自己的帖子上,就需要在帖子标题中加一些显眼的符号。

> 当潜在买家注意到自己的帖子之后,需要使用吸引买家眼球的引爆点,如"最牛 ***""惊爆胖妞 3 个月减 30 斤……"。还需要多用一些吸引人的词语,如"秘密""竟然""惊爆""最牛""特别""绝对""100%""意外"等,套上这些词语的帖子标题都能够大幅提高点击率。

> 揭秘很多人都不知道的东西。人们对秘密的东西总是比较感兴趣的,如"揭秘 5 钻卖家月入 30 万""你不知道的直通车秘籍"或"店铺营销密码"等。

> 题目可长可短,根据文章的需要而定,但最好不要太长,不要超过人的视觉接受能力,不然会让人觉得一口气念不下来,影响阅读感。

如何写出高阅读量的精华帖呢? 下面介绍一下写出精华帖的秘密。

> 标题新颖。看帖都是从标题开始的,如果标题没有拟好,不具吸引力,那么阅读量肯定不容乐观。在符合内容的情况下标题越新颖越好,但是切不可夸大事实。

> 质量有保证。不要只追求数量而忽视了质量,帖子内容本身不宜过长或过频。如果一篇帖子过长就很难让人从头看到尾。如果在短时间内同时发表许多帖子,就算这些帖子再好,管理员也只会在其中选一加精,其余的就浪费了,因此建议最多一天一篇即可。

> 内容要精。精华帖的内容不一定要最多,内容要有主次,重点的详细写。有的帖子很长,讲了很多方面,这些大道理互联网上都有,会上网的都知道,还能成为精华帖么?

> 排版合理,版面整洁。帖子的排版一定要让浏览者看起来很舒服。要尽量多分一些段落,每个段落尽量不要超过 10 行字。并且使用大一点的字体,不要让字显得很拥挤。

> 图文并茂。纵观网上的精华帖不难发现,好的帖子往往是图片和文字组合在一起的,每段文字都配上相应的图片说明那样最好,如果整篇很长的帖子全部是文字不

免会让浏览者觉得枯燥无味,图文并茂的帖子更容易加精。

- 选对版块发帖。在发帖时有一个选择版块的下拉菜单,一定要选择发表版面。帖子内容是哪一方面的就应该发在哪个版块,这样更有机会被加精,曝光率更高。
- 必须原创。有的帖子立意新颖,非常具有可读性,但是最终因为是在别处随手粘贴来的,自己没有付出努力,所以当然不会获得别人的认可。鼓励大家写原创帖,当自己付出努力后获得人家的认可,那不仅是得到流量,更有一种成就感。
- 软广告。如果帖子写得很好,吸引了很多人浏览,但是却很少有人去自己的店铺,这样的广告也是失败的。实际上,可以在帖子中加入一些软广告(淘宝不允许在帖子中直接打广告)。一般那些写自己的淘宝故事的帖子都属于软广告,他们会假装"无意中"在故事里透露自己店铺的一些经营情况,吸引读者去访问自己的店铺。
- 熟悉论坛规则。最后要熟悉论坛内部制度,以保证自己的帖子不会因为违规而被删掉,甚至受到处罚。如不能以贬损其他产品的方式来宣传自己的产品,如果这样做,帖子无疑会被删除。

2. 微淘营销技巧

微淘是卖家与买家的联系平台,卖家可用微淘来导购、销售、互动。微淘的核心是回归以用户为中心的淘宝,让用户根据自己的兴趣爱好去关注账号,获取信息和服务。

微淘营销中最重要的就是粉丝,无论卖家采取发布哪种信息,最终都是为了获取更多的粉丝。没有粉丝,什么都是空话。

1) 主动吸引买家关注自己的微淘

在吸引新粉丝之前,卖家应注意设置自己的微淘账号。账号的定位和命名,能让粉丝快速知道该账号的功能。在命名时注意避开生僻字,用与店铺相关的名称会更容易被粉丝搜索到。

下面介绍几种吸引粉丝的技巧。

- 首页设置二维码。想要店铺被更多新人关注,可将店铺二维码放置在首页,经手机淘宝的"扫一扫"功能扫描后,能跳转微淘关注提醒,也能展现店铺近期的商品。
- 群组之间的互粉。加 QQ 群互粉是一种较为常见的方法,卖家可以自行选择加入群组,进行互粉。
- 售后拉粉。卖家可在包裹中或包裹外贴微淘二维码,并添加相关提示:关注微淘,有礼相送。小卡片成本不高,却是很好的宣传渠道,用户也很精准。
- 微博推广。微博作为图文并茂的社交软件,可将二维码或商品、店铺信息用巧妙的方式展现在网友眼前,获得更多关注。

也可以在贴吧、论坛、QQ 空间等地发布微淘的链接或二维码信息来进行推广,获得更多的粉丝。

2) 留住已有的微淘粉丝

微淘粉丝积累是个漫长的过程,可以说每一个粉丝都来之不易。有了粉丝的微淘,还要使用技巧来留住粉丝,避免粉丝流失。

- 和粉丝互动。微淘并不是卖家唱独角戏的地方,想要增进和维持与粉丝的关系,就需要卖家投入感情去问候、评论、回复粉丝。

> 用活动来带动粉丝的积极性。想要和粉丝互动,活动是个好方法。卖家可以在微淘上举行活动,送出小礼品、小奖品等,让粉丝感到惊喜,带动粉丝的积极性,让粉丝保持关注微淘的兴趣。

> 推送符合粉丝兴趣的内容。无论是什么类型的营销,目的性都不能太强。做微淘也是一样的,如果在内容中直接推广商品,被接受的可能性就不大。想要留住粉丝,要从粉丝的兴趣点出发,推送符合粉丝兴趣的内容。

> 让粉丝有收获。想要留住粉丝,就要让粉丝感受到收获。例如签到有礼、收藏有礼让粉丝感受到礼物,是收获;也可以在微淘内容中体现一些实用技巧性的东西,让粉丝感受到收获。总之,要让粉丝有收获,粉丝才会继续关注该账号。

3) 微淘,内容为王

微淘想要吸粉,内容是王道。发布微淘的方式多种多样,总的来说离不开内容策划和布局。卖家的首要问题是定位微淘账号,分析账号粉丝特点。例如一个主营女装的卖家,可以在无线运营中心用"人群分析"功能查看近期来自所有页面、所有渠道的人群分析。卖家通过人群分析,可得知精准客户的肖像。例如客户的年龄、性别、消费层次、职业分布、等级等内容,再分析精准客户的兴趣,找到相关内容进行微淘推送,运营就能事半功倍。

微淘的内容包括 4 个方面:促销活动、最新上新、品牌文化、热点内容。

> 促销活动。促销活动最好有针对性,例如老用户享受优惠折扣、新用户初次购物获礼物;老用户介绍新用户,新老用户均享优惠等。

> 最新上新。店铺中有了新品,可更新帖子。内容可以是店铺新品体验活动、新品上架享折扣或前多少名免单等。

> 品牌文化。内容可以是品牌文化或经营理念。无论店铺的大小,这部分的内容都需要原创。各个店铺之间的文化有差异,如果连这部分的内容都抄袭,不但不会被粉丝认同,还有可能被扣上抄袭的名头。

> 热点内容。很多粉丝都喜欢八卦和新鲜事,在内容中结合当前的热门事件,能引起不少粉丝围观。

在布局微淘内容时还需要注意标题、封面、差异化等方面的内容。更新内容时一般需要图文并茂,先用图片来引起注意,再在标题上润色,突出亮点,让人有点击欲望。图片与标题相呼应,不含广告信息、牛皮癣。

微淘的篇幅可根据运营资源来安排,长短皆可。一般来说,500~1000 字为佳,有料的内容可稍加篇幅,但不宜超过 3000 字。微淘的推送时间也有讲究,可通过生意参谋、生 e 经查看店铺时间段的流量分布,选择流量最多的时间推送消息效果更佳。

另外,如果单凭卖家个人的感觉去改善微淘营销,效果可想而知。但是卖家可以借助数据来查看并改进微淘营销。打开微淘管理中心,能看到微淘数据概况、直接引流情况、直接引导成交笔数、单条动态数据等数据情况。

单条动态数据的内容包括标题、发布时间、曝光量、阅读量、点赞数、评论数、成交笔数、成交金额、流量等详细数据,在其中可清楚地看到每一篇微淘推文效果如何。卖家可针对效果极差的推文做出改进,保留效果好的继续发扬。

3. 站内短视频营销推广

手机端的短视频分别在每日好店、必买清单、淘宝头条等版块展现。短视频的类型大体可分为两类：商品型及内容型。如果短视频被抓取展现了，则可能迎来流量爆发期。卖家要把握住机会，增加商品权重。

1）商品型短视频

顾名思义，商品型短视频主要以展现商品卖点为主。这类短视频比较符合快消用户的购买习惯，其展现时长在 9～30s，投放位置在主图第一张或详情页里。商品型短视频在发布后，有机会在"有好货""猜你喜欢""行业频道""购买后推荐"等位置展现，可获得免费加权流量。

2）内容型短视频

相比商品型短视频，这类视频的拍摄门槛较高，多以故事情节或达人教学为主。针对新手卖家而言，可找达人、达人机构合作拍摄内容型视频。由于故事情节的丰富，内容型视频的时长比商品型更长，基本在 3min 左右。

内容型短视频被抓取展示的位置更多，且被抓取后，可能迎来相当可观的流量。具体的短视频类型展现位置如表 7-10 所示。

表 7-10

展 现 位 置	内容型短视频类型
每日好店	店铺故事、镇店之宝、品牌新品故事、创意广告
必买清单	场景型内容，如做菜教学步骤、旅行必备
爱逛街	偏向于教学、评测类型的商品，重点类目包括时尚、美妆、美食等
猜你喜欢	不限类目，可以有商品头图类的单品展示，大多以展示头图视频为主
淘宝头条、淘部落、微淘	红人内容，如穿衣心得、化妆步骤、生活窍门
微淘、淘宝头条	直播切片

思 考 题

1．根据自己的商品属性，思考商品可以参加哪些店内营销活动。

2．分析对比双 11、双 12 和年货节的区别与联系。

3．思考淘宝直通车、钻石展位和淘宝客推广的优势与劣势。

4．分析得出适合自己商品类目的站外推广营销渠道。

实 战 演 练

1．登录淘宝网，设置 2～3 组商品搭配套餐。

2．根据店铺实际情况，参加聚划算、免费使用、淘金币换购中的任意一个活动。

3．为商品拍摄一个 9s 内的短视频，要求视频含配音、字幕、转场特效及 LOGO。

4．登录阿里妈妈网站，为商品发布一个淘宝客推广计划。

5．写一篇关于商品的软文，在百度贴吧中发布，并获得 5 条以上的回复。

项目八 商品包装与物流

项目导言

作为卖家,为保证商品能安全、快速到达买家手中,必须了解商品包装原则、方法和包装特点。应了解常见的物流配送方式,如中国邮政、民营快递公司、托运公司和国际快递等。从性价比方面出发,还应选择对比优质的快递公司、掌握节省商品物流费用的方法以及和快递公司签订优惠合同等。

学习要点

- 掌握商品的包装方法。
- 了解常见的物流配送方式。
- 物流公司的选择与交涉。

任务1 掌握商品的包装方法

美观大方、细致入微的包装不但能够保护商品安全到达,而且能够赢得买家的好评和信任。本任务主要要求大家了解包装商品的健壮性原则和美观性原则,掌握不同商品的常用包装方法。

目标1 商品包装原则

衡量一个商品的好坏,除了商品本身的质量外,还有客服服务态度以及商品包装细节。想要获得更多好评,卖家应该在包装上下功夫。如表 8-1 所示,在包装产品是要注意健壮性和美观性。

表 8-1

原则名称	详细内容
健壮性	所谓健壮性,就是宝贝经过良好的包装,在长途跋涉后,最后送至买家手中时,包装仍然保持完整不变形(软包装可不考虑变形问题),没有任何开口、裂缝,宝贝没有任何损坏,数量上没有任何缺失
美观性	包装的美观性主要体现在内包装上。当用户打开外包装,发现自己的宝贝居然是随便用塑料袋或报纸等东西包起来的,可能会有很不好的感受,觉得卖家不用心包装而造成负面的评价。反过来说,内包装精巧的宝贝必然能博得买家的喜爱,从而感受到卖家在经营上的用心

目标 2　常用包装方法

由于在网上商城中出售的商品类目不一,在包装时也需要用到不同的包装材料。如图 8-1 所示,常见的包装材料包括纸箱、编织袋、牛皮纸及充气泡袋等。

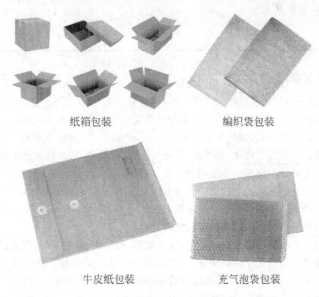

纸箱包装　　　　　　　编织袋包装

牛皮纸包装　　　　　　充气泡袋包装

图　8-1

不同的包装材料,其优缺点也不一样。纸箱、编织袋、泡泡纸、牛皮纸等包装材料的优缺点如表 8-2 所示。

表　8-2

材料名称	优　缺　点
纸箱	是一种使用较为广泛的包装方式,其优点是安全性强,可以有效地保护物品,而且可以适当添加填充物对运输过程中的外部冲击产生缓冲作用;缺点则在于增加货物重量,运费也会相应增加
编织袋	适用于各种不怕挤压与冲击的商品。其优点是成本低、重量轻,可以节省一点运费;缺点是对物品的保护性比较差,只能用来包装质地柔软耐压耐摔的商品
牛皮纸	多用于包装书籍等本身不容易被挤压或摔坏的商品,可以有效防止商品在运输过程中的磨损
充气泡袋	除价格较低、重量较轻之外,还可以比较好地防止挤压,对物品的保护性相对比较强。适用于包装一些本身具有硬盒包装的商品,如数码产品等;另外也可以配合纸箱进行双重包装,加大商品的运输安全系数

对于使用纸箱包装的商品,一般内部会添加填充物以缓解运输过程中的挤压或冲击,填充物可以因地制宜来选择,常用的填充物主要有泡沫、废报纸等。另外,对于一些商品,在包装时需要考虑到防水与防潮因素,如服饰、数码产品、未密封的食品等,这类商品在包装后,可以采用胶带对包装口进行密封。

目标 3　不同商品的包装特点

把商品包装原则和包装方法分到不同商品类目中,可以知道几个大类目商品的包装特点。这里列举服装、床上用品等纺织类,礼品饰品类,电子产品类等几个类目的商品包装特点,其具体内容如表 8-3 所示。

表　8-3

类目名称	包装特点
衣服、床上用品等纺织类	这个类目的商品可以用布袋或无纺布包装。淘宝上有专卖布袋的店,大小不一,价格也不一,如果家里有废弃的布料,也可以自己制作布袋。在包装的时候,一定要在布袋里再包一层塑料袋,因为布袋容易进水和损坏,容易弄脏商品。也可以使用快递专用加厚塑料袋,同样可以在网上购买,价格不贵,普通大小的一个 0.3~0.7 元钱不等。其特点是防水、强度高、经济实惠、方便安全,用来邮寄纺织品是个不错的选择
礼品饰品类	这个类目的商品一定要用包装盒、包装袋或纸箱来包装。可以在当地的包装盒、包装袋批发市场或网上批发。使用纸箱包装时一定要有填充物,这样才能把礼品固定在纸箱里。还可以附上一些祝福形式的小卡片,有时还可以写一些关于此饰品的说明和传说,让饰品显得更有故事和内涵
电子产品类	电子产品是价值较高的产品,如吸尘器、擦窗机、电熨斗等,因此包装很讲究。在货物比较轻的情况下可以用纸箱,但纸箱的质量一定要好。包装时一定要用充气泡袋包裹结实,再在外面多套几层纸箱或包装盒,多放填充物。并且请买家收到商品后,务必当面检查确定完好再签收,因为电子产品的价格一般来说比较高,如果出现差错是比较麻烦的事
易碎品的包装	易碎品包装一直是一个难点。易碎品包括瓷器、玻璃饰品、CD、茶具、字画、工艺品等。易碎品外包装应具有一定的抗压强度和抗戳穿强度,可以保护易碎品在正常的运输条件下完好无损。对于这类产品,包装时要多用些报纸、泡沫塑料或者泡棉、泡沫网,这些东西重量轻,而且可以缓和撞击。另外,一般易碎怕压的东西四周都应用泡沫类填充物充分地填充,如果有易碎物品标签就贴上,箱子四周写上易碎物品勿压、勿摔,提醒在装卸货过程中避免损坏
书刊类	书刊类商品的具体包装过程如下:用塑料袋套好,以免货或者包装的时候弄脏,同时也能起到防潮的作用;用较厚的铜版纸(如楼盘广告纸)做第二层包装,以避免书籍在运输过程中损坏。若外层用牛皮纸进行包装,则要用胶带进行捆扎。若打算用印刷品方式邮寄,则用胶带封好边与角后,要在包装上留出贴邮票、盖章的空间;包裹邮寄方式则要用胶带全部封好,不留一丝缝隙
数码产品	数码类产品种类繁多,如数码相机、数码学习机。这类商品更加"娇贵",需要多层"严密保护"。包装时一定要用泡沫包裹结实,再在外面多套几层纸箱或包装盒,多放填充物。同电子类产品一样,买家收到商品后,一定要当面检查确定完好再签收
食品类	易碎食品、罐装食物宜用纸盒或纸箱包装。在邮寄食品之前一定要确认买家的具体位置、联系方式,了解运送到达所需的时间,这是因为食品有保质期,而且还与温度和包装等因素有关。为防止食品运送时间过长导致变质,一般来说,发送食品最好使用快递
生鲜类	发送生鲜食品,如生鱼片、鲜牡蛎等,应该用泡沫塑料箱运送,使用冰袋垫底,中间放上包裹在塑料袋中的食品,上面再压上冰袋。快递一般使用次日达航空快递,一般来说,买家收到快递时,冰还没有化完。不过次日达快递相对来说运费比较贵,对于能购买生鲜食品的买家来说相对适宜

类目名称	包装特点
液体类	香水、化妆品大部分都是霜状、乳状、水质,多为玻璃瓶包装,因为玻璃的稳定性比塑料好,化妆品不易变质。但这一类货物也一直是查得最严的,所以除了包装结实,确保不易破碎外,防止渗漏也是很重要的。最好先找一些棉花把瓶口处包严,用胶带扎紧,用泡沫将瓶子的全身包起来,防止洒漏。最后再包一层塑料袋,即使漏出来也会被棉花都吸住并有塑料袋作为最后的保障,不会漏出污染到别人的包裹
钢琴、陶瓷、工艺品	钢琴、陶瓷、工艺品等偏重或贵重的物品采用木箱包装。如果是寄往国外,要注意熏蒸。如美国、加拿大、澳大利亚、新西兰等国,对未经过加工的原木包装有严格的规定,必须在原出口国进行熏蒸,并出示承认的熏蒸证,进口国方可接受货物进口。否则,会罚款或将货物退回原出口国。这是为了防止从国外带来本国没有的动植物病菌,从而造成严重的生态灾难

任务 2　了解常见的物流配送方式

实体类目商品的卖家,必定涉及发货问题。要掌握国内外的物流配送方式,如中国邮政、民营快递公司、托运公司以及国际快递。

目标 1　中国邮政

中国邮政速递物流是中国经营历史最悠久、规模最大、网络覆盖范围最广、业务品种最丰富的快递物流综合服务提供商。很多人都在邮政发过信件、快递,对邮政的服务和收费也是褒贬不一。实际上,邮政服务的分类很广,常见的邮政业务如表 8-4 所示。

表　8-4

业务名称	特　点
平邮	平邮是比较常见的一种邮寄方式。平邮的速度很慢,但价格非常便宜,适合时间要求低、追求经济实惠的用户。平邮不上门取件,需要自行去邮局发,且自费购买一张绿色的平邮单,填写好以后贴在包裹上即可。邮局的包装材料比较好,但是价格比较贵,建议卖家包装好商品后,直接在邮局寄出,尽量不使用邮局提供的包装材料
快递包裹	快递包裹是中国邮政为适应社会经济发展、满足用户需求于 2001 年 8 月 1 日在全国范围内开办的一项新业务。它以快于普通包裹的速度、低于特快专递包裹的资费,为物品运输提供了一种全新的选择
EMS	EMS 是邮政特快专递服务,是中国邮政的一个服务产品,主要是采取空运方式,加快快递速度。一般来说,根据地区远近,1～4 天到达。该方式安全可靠,送货上门,寄达时间比前两种方式都要快,运费也是这三种方式里最高的,比较适合买家对于收到商品有较高的时间要求或是国际商务的派送
E 邮宝	E 邮宝是中国速递服务公司与支付宝最新打造的一款国内经济型速递业务,专为中国个人电子商务所设计,采用全程陆运模式,其价格较普通 EMS 有大幅度下降,大致为 EMS 的一半,但其享有的中转环境和服务与 EMS 几乎完全相同,而且一些空运中的禁运品将可能被 E 邮宝所接受。优点:便宜,到达国内任何范围,运输时间快,只比 EMS 慢 1 天左右,可以邮寄航空禁寄品,派送上门,网上下订单,有邮局工作人员上门取件;缺点:部分地区还没有开通此项目

业务名称	特　　点
邮政小包	中国邮政小包又称为"中国邮政航空小包"，是一项经济实惠的国际快件服务项目。邮政小包包括两种服务：中国邮政挂号、中国邮政平邮。可寄达全球各个邮政网点。它是作为电子商务卖家提供的又一个服务全面、价格合理的邮递方案。优点：可寄送范围广，挂号后可在官网上全程跟踪信息，掉包率低。缺点：运输时间长；运输产品类型有限；如果没有缴纳挂号费，则无法动态跟踪，可能为售后带来麻烦；价格虽然相对便宜，但是变化较大

目标2　民营快递公司

无论是在网上商城中的买家还是卖家，涉及物流方面，更多接触到的是民营快递公司。目前，市场上主要的快递公司有顺丰快递、宅急送、圆通快递、申通快递、全一快递、中通快递等。与中国邮政相比，民营快递公司有以下特点。

➢ 上门取货随叫随到，而且比邮局下班晚。

➢ 速度一般都和 EMS 差不多，甚至比 EMS 快。

➢ 一般是 1kg 起步而不是 EMS 的 500g。

➢ 快递对于检查比较松，一般不需要检查。

➢ 寄的量越多就越能砍价。

其中，顺丰快递是龙头企业，服务多，质量上乘，速度快，送达区域广，不过价格也相对较高。如顺丰快递的跨省价格一般在二十元左右，而其余的快递一般在十元到十二元。顺丰快递的服务也是有口皆碑的，如顺丰快递推出的当日到、次日到等服务，别的快递就很难做到，当然价格也是超级贵。

其他的几家快递，总体来说区别不大，在价格、速度、服务和送达区域上，没有本质的区别。不过，即使是同一家快递，在不同地区的表现也是不一样的，这和具体的业务人员的素质有关系，因此可能存在甲地的 A 公司好，B 公司差，而乙地 B 公司好，A 公司差的情况。

那么，面对这么多快递公司，该怎样选择呢？下面有几项需要卖家注意。

➢ 安全度。无论用什么运输方式，都要考虑安全方面的问题。因为不管是买方或是卖方，都希望通过一种很安全的运输方式把货送到手上。如果安全性不能保障的话，那么一连串的问题都将困扰着卖家，所以在选择快递公司的时候，一定要选择一个安全性较高的公司进行合作。

➢ 诚信度。选择诚信度高的快递公司，能够让卖家更有安全保障，能让买卖双方都放心使用。选择快递公司的时候，可以在网上先看看当地网民的评价。

➢ 价格。对于卖家来说，找到一家合适的快递公司也不容易。价格如果比较便宜的话，将省下一笔不小的开支，特别是对新开店的卖家而言，可以有效缓解资金紧张。但不要一味地追求价格低廉的快递公司，至少要在保证安全和诚信的基础之上才能进行考虑。如果前面两点都无法保障的话，将为自己带来无数的麻烦，仅仅价格便宜是得不偿失的。

大家可以多试用几家快递公司，多打几次交道才能看出来到底哪家的服务好，价格更便宜，从而提升店铺利润。

目标 3　托运公司

部分卖家会遇到大批量运输的情况,这时再去选择中国邮政或普通快递都会显得不划算。在这种情况下,托运公司是个不错的选择。然而,托运公司也不是垄断企业,它分为汽车托运、火车托运和物流公司等。

1. 汽车托运

运费可以到付,也可以现付。货物到了之后可能会再向收货方收 1～2 元的卸货费。一般的汽车托运不需要保价,当然,有条件的话最好是保价,一般是 0.4% 的保价费。收货人的电话最好能写两个:一个是手机,另一个是固定电话,确保能接到电话通知。

2. 铁路托运

铁路托运一般价格比较便宜,速度相对快递来说要慢一些,只要通火车的地方都可以送达。托运费用在火车站托运部门的价格表上可以查到。包装好之后,一般不会打开检查,但会提醒用户,不允许寄送液体之类的东西,万一被发现会拒送。运费需要现付,对于卖家来说不太方便,因为无法事先和买家确定运费的金额。

3. 物流公司

物流公司如佳吉、华宇等,它们的发货方式是和其他托运站不太一样的,托运站一般是点对点的;但物流公司不同,一般只转运到一个城市中的几个固定地点,客户需要上门去自提,如果要求送货上门,则还要收取不菲的上门费。物流速度很慢,中转次数很多,因此货物必须包装得很牢固,常用的方式是打木箱。

目标 4　国际快递

当卖家的宝贝被境外买家购买时,就需要发送国际快递了。现在发国际快递的方式主要有 DHL、UPS、FedEx、TNT、EMS、国际专线、代理公司等几种。下面介绍其中的几种,如表 8-5 所示。

表　8-5

快递名称	特　　点
DHL	DHL 为国际快递公司,可为客户提供专业的国际快递、空运、海运、公路和铁路运输、契约物流以及国际邮件等全球服务,其业务覆盖 200 多个国家和地区,全球拥有近 30 万名员工
UPS	UPS 称为联合包裹服务公司,它既是世界上最大的快递承运商与包裹递送公司,也是专业的运输、物流、资本与电子商务服务的提供者。UPS 的业务覆盖世界上 200 多个国家和地区,掌握着全球性的物流、资金流与信息流
FedEx	FedEx 即联邦快递,是集团快递运输业务的中坚力量。作为一个全球性的品牌企业,联邦快递集团通过相互竞争和协调管理的运营模式,提供了一套综合的商务应用解决方案,它为超过 200 多个国家和地区的买家和企业提供涵盖运输、电子商务和商业运作等一系列的全面服务。联邦快递设有自己的环球航空及陆运网络,运输方便、快捷,通常只需一至两个工作日,就能迅速运送时限紧迫的货件,而且确保准时送达
TNT	TNT 集团为全球领先的快递邮政服务供应商,其总部设在荷兰的阿姆斯特丹,其业务遍布于 200 多个国家和地区,拥有约 160 000 名员工。TNT 集团主要为企业和个人客户提供全方位的快递和邮政服务

快递名称	特　　点
EMS	EMS 为中国速递服务公司的简称,其主要业务为经营国际、国内 EMS 特快专递业务,是目前中国速递行业的最大运营商和领导者。公司的 EMS 业务遍及全球 200 多个国家和地区。EMS 建立了以国内 300 多个城市为核心的信息处理平台,与万国邮政联盟(UPU)查询系统链接,可实现 EMS 邮件的全球跟踪查询

要想进一步了解各大公司的更多相关信息,可以登录其官方网站,并记录下各自的联系电话,以备不时之需。

任务 3　物流公司的选择与交涉

现在,很多店铺为了增加商品吸引力会选择包邮。即使由卖家自行承担邮费的情况下,也会流失部分顾客。所以,无论包不包邮,卖家都应该找到安全性高、时效性好且价格最具优势的物流方式。

目标 1　选择快递公司

虽说卖家发货有多种选择,但总体而言,很多都以发快递为主。如何在众多快递公司中找到合适的快递公司成了卖家思考的一大问题。既要保证货物到达用户手中的时效,又要在价格方面看到优势。

这里谈谈选择快递公司的技巧。

➤ 看评价。选择快递公司的时候,可以在网上先看看其他网友的评价,对选择有基本帮助。网上有各种各样的针对快递服务的调查,如阿里巴巴物流论坛就提供了一个国内快递公司评价版块,用户可以在这里查看各地快递的用户反映情况。

➤ 看规模。在查看快递公司信誉的时候,大家应该选择至少两家以上的快递物流公司来进行比较,看其在全国的网点规模覆盖率如何,因为这直接影响到营业范围。而如果是同城则建议找一些本地的快递公司,优点就是同城速度极快,而且价格有很大的下降空间。

➤ 看特点。依照快递公司的特点来选择快递,例如申通快递走江浙沪效率很高,如果自己的商品都是发到那个范围就可以考虑。DHL 则有“限时特派”这样的紧急快递业务;中国邮政 EMS 则具有最大的地域送达优势。

目标 2　节省物流费用

网店的每一项支出都关乎利润问题,如何最大限度地节省快递费用,几乎是每个卖家都在思考的问题。卖家应从实际出发,从如下方面入手,考虑开源节流。

1. 多联系几家快递公司

不同快递公司的资费标准各不相同,一般来说,收费越高的快递公司,货物运输速度也就越快。很多卖家在选择快递公司发货时,往往习惯选择一个快递公司,这样不但无法了解到其他快递公司的价格进行参照与对比,而且由于所选快递不存在竞争,在运费上也不会让步太多。

选择多家快递公司还有一个好处就是,在发货时可以同时联系多家快递业务员上门取件,故意让快递业务员知道存在竞争,有些情况下,快递业务员之间的价格竞争,最终受益的就是发货人。

2. 使用电子面单

电子面单,指的是使用不干胶热敏纸按照物流公司的规定要求打印客户收派件信息的面单,也称为热敏纸快递标签、经济型面单、二维码面单等。传统纸质面单存在价格高、信息录入效率低、信息安全隐患等劣势,因此电子面单问世后得到广大卖家的喜爱。

卖家如果单量较大,可向快递公司申请电子面单。电子面单具有效率高、成本低、消费者隐私信息安全等特点。

3. 不要贪图便宜

有些小的快递公司确实便宜,甚至听说过到达江浙沪只收 6 元。但这样的公司肯定是联盟性质的小公司,寄送时间慢,包裹丢失、晚到等情况时有发生,有时还查询不到快递信息。所以,还是在各大快递公司中选择最有优势的一家比较好。

4. 大宗物品采用火车托运

火车托运价格很低,而且速度也较快。全国范围内根据到站不同价格不同,从 1.0～3.0 元/公斤都有。可以去火车站买一份火车托运价格表来具体查询。

目标 3　签订优惠合同

特别是一些民营快递公司,考虑到卖家单量大的问题,可以适当地在价格方面做出让步。所以卖家要善于讲价,和快递公司签订优惠合同。

快递公司的优惠合同一般都是月结协议,也就是一个月结算一次,量大从优。优惠合同既可以同快递公司正式签订,也可以和负责自己片区的快递员协商。快递员主要靠接快递业务赚钱(送快递一般只有一元钱一件,是他们工资的小头,而接一单快递一般有 3～8 元收入),因此对于发送大量快递的客户是相当渴求的,卖家不必担心快递员会不遵守协议。

目前基本所有快递公司都可以灵活讲价,不过要想成功降低快递费用,还需要了解与快递公司的一些讲价技巧。下面介绍常用的一些讲价方法,卖家可根据实际情况作为参考。

➢ 直接找快递业务员讲价,而不要找快递公司客服或前台人员讲价。

➢ 在讲价过程中,适当夸张自己的发货量,因为如果发货量较大的话,业务员为了稳定业务,一般会在价格上有一定让步。

➢ 用其他快递公司价格对比,在讲价时可以和业务员谈及其他快递公司要低多少,即使是虚构,也要表现出很真实的样子,一般还是可以讲下一定价格的。

➢ 掌握讲价幅度,如同日常购物砍价,假如 15 元的快递费用,想讲到 12 元,那么要和业务员先砍到 10 元,这样即使对方不同意,但最终可能就以 12 元的折中价成交。

跟快递业务员砍价,要显得老成一点,要让他以为自己是个经常寄东西的人。软磨硬泡,再加上一点前景预测(自己生意以后会更好之类),业务员自然要考虑报个低价了,以便长期接下自己的业务。

商品包装与物流

目标4　办理快递退赔

口碑再好的快递公司,也会发生丢件或损坏货物等情况。如果遇到这些消极情况,卖家也不要着急,可以找到相关证据联系快递公司协商赔偿或解决方案,同时也给买家一个良好的解决方式(重发或退款处理)。

快递退赔一般有两种情况。

1. 运输过程中货物损坏

遇到货物在运输过程中损坏的情况,一定要提醒买家不签收。一旦签收,就表明快递公司已经完成本次运输,不再负担任何责任。特别是易碎类商品和贵重商品,卖家可以通过旺旺或短信的方式告知买家,务必先验货,如损坏拒绝签收。这样才能与快递公司协商赔偿问题。

视不同情况,与快递协商赔偿是件非常费时费力的事情,如果发货方没有对商品进行保价的话,那么最终争取到的赔付金额也不会太多,通常对于没有保价的商品,赔付是根据运费的倍数来赔偿的,而这个赔偿数额可能远远低于商品价值。由于快递公司丢失或损坏货物的概率非常低,因而多数卖家在发货时,一般都没必要对商品保价,而一旦出现货物损坏的情况,也只能尽力与快递公司周旋,争取到尽可能多的赔付金额。

有些商品快递或物流公司对运输过程中的商品损坏是不予赔偿的,如玻璃制品等,这时卖家在发货时就需要进行加固包装,在最大程度上防止运输过程中出现商品损坏。而对于一些价值较高的贵重易碎物品,通常建议对商品进行保价。

2. 运输过程中货物丢失

相比货物损坏,货物丢失更好处理,因为丢失是纯粹找不到货物,和快递协商处理起来争议也相对减小。

货物丢失的赔偿,根据是否保价而决定。如果没有保价,那么快递公司的赔偿方法有两种:一种是按照运费倍率赔偿;另一种是根据商品来酌情赔偿。但是最终不论采取哪种赔偿方式,可能也不足抵付商品的价值,而且快递公司的赔付流程相当烦琐,也会耽搁卖家的更多精力。

一般来说,如果本身商品价值不是太高,不值得花费太多精力用于赔付时,只要快递公司能给一个合理的赔付就可以考虑解决;但如果商品价值较高,而且快递公司赔付太低的话,就可以考虑通过法律等手段来解决。

总之,为了避免商品在运输过程中出现不可预料的问题,卖家在选择快递公司时,应该选择规模较大、口碑较好的快递公司,而不能为了低价选择小快递公司来发货,否则一旦出现损坏或丢失等情况,就因小失大了。

另外,无论是货物损坏还是货物丢失,也不管与快递公司协商得如何,都应该先和买家联系,选择一种买家比较能接受的方式来解决(如重发或退款处理)。

目标5　跟踪物流进度

跟踪物流进度方法很多,如目前支付宝、淘宝软件都自动提供了物流查询的功能。只要绑定相关账户,可以直接在软件上查询物流。即使有用户不接触这些软件,也可以以在线网址的方式查询到物流进度。

1. 网址查询物流进度

目前基本所有物流都提供了在线跟踪运输进度的服务,当用户通过快递公司发货后,可以登录到快递公司网站方便地跟踪货物运输进度。

通过快递公司发货后,可以从发货单中获取到货单号,不同快递公司单号位置可能略不同,但一般都位于快递单上方的条码位置或快递单下方突出位置。图8-2所示为韵达快递单的样式。

图 8-2

有了快递单以后,就可以登录到对应的网站中跟踪运输进度。下面以在线跟踪中通快递单为例,其具体操作步骤如下。

第1步:登录中通快递网站,在"运单查询"文本框中输入货单号,单击"查询"按钮,如图8-3所示。

图 8-3

第 2 步：跳转到新页面，显示出该快递的详细进度，如图 8-4 所示。

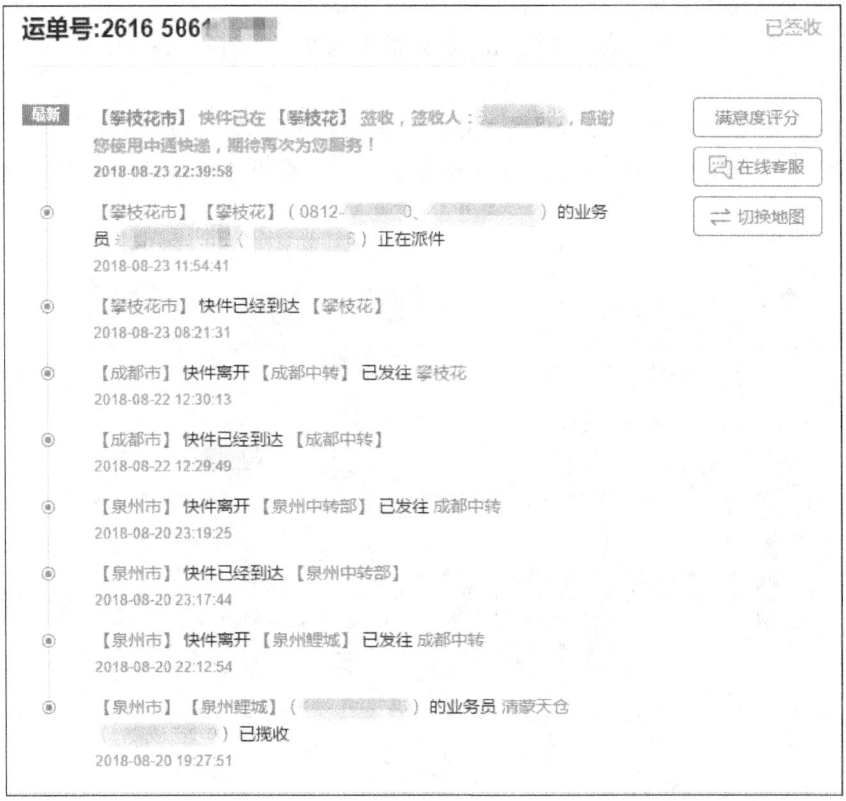

图 8-4

> **提 示**
>
> 国际物流的查询方法也和国内一样，登录相关物流公司官网，在查询文本框中输入快递单号，即可查询，不存在任何语言上的障碍。通过国际快递的代理公司发货的话，代理会给客户一个快递单号，这个单号称为"原单号"，不过包裹在运送途中，运单的号码会改变，新的单号称为"转单号"，这个转单号也会由代理公司告知客户，以供客户查询进度。其实大部分快递使用原单号也可以查询，不过转单号的信息要比原单号提前一些，也有部分快递必须使用转单号查询。

2. 电子面单查询物流进度

电子面单由快递公司打印出来，粘贴在包裹封面，其查询方法更为简便。

第 1 步：如图 8-5 所示，卖家在寄件时，直接扫描下单二维码，根据提示在手机上完善发货、收件信息，即可获得如图 8-6 所示的电子面单。

第 2 步：登录支付宝，点击"扫一扫"功能，扫描电子面单，如图 8-7 所示。

第 3 步：跳转到扫描结果页面，单击"查询快递"按钮，如图 8-8 所示。

跳转到快递查询结果页面，如图 8-9 所示。

图　8-5

图　8-6

图　8-7

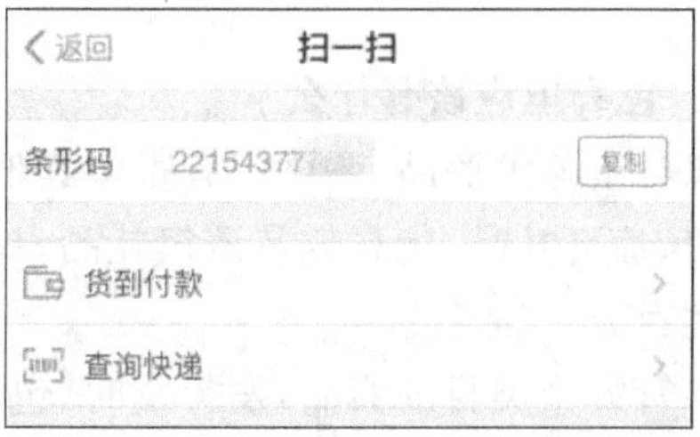

图　8-8

图　8-9

提　　示

跟踪物流进度的方法还有很多,如在淘宝平台上交易的商品,只要单击订单信息,无须输入单号,即可看到物流信息,并伴有预计到达时间。

拓 展 阅 读

1. 包裹里应该有什么

包裹里除了商品,还可以有很多其他东西来促进营销,正如阿芙总结出来的四有包裹:包裹信、惊喜礼品、优惠券及诱饵礼品。具体往包裹里放什么能达到营销目的,还应结合自己的类目。

不管哪个类目的商品,发货及时、包装安全都是最基本的。如蜂蜜这种液体,也不能因为赠品多或其他方面好,而忽略商品主体。很多卖家可能会犯同一个错误:在定制或印刷包裹里所需物料时,舍不得花钱。物料在印刷或定制时可能会花成千上万的钱,如蜂蜜勺子,每定一次都是两万只,这个成本也不小。如果减去或减弱包装安全性,开始可能不会有问题,但时间一久,和同行的差异化就会明显起来。所以一再强调保证发货及时、包装安全。

关于发货及时,如果售后部门今天能发,就一定不要拖到明天。包裹推迟发货,对顾客的购物体验会造成影响。如果库房的工作人员加几分钟班能把今天的几个货都发了是再好不过的;但是如果因为库房说到了下班时间,不再发货或简单包装发货,长期下去肯定是有问题的。

包裹里除了商品本身,还可以放包裹信、惊喜礼品和诱饵礼品。

1) 包裹信

在商品包装完好的前提下,再在包裹里放一张信件或在快递单上写备注语,会显得卖家很有人情味。特别是一些讲品牌情怀的商品,在包裹里加信件会使传播效果更佳。

包裹信对顾客而言,是有实体性接触的,能起着加强印象的作用。所以建议写包裹信。而且,不要单纯地摘抄语录来拼凑包裹信,最好站在商品的角度去阐述与同行的差异化,突出卖点。

2) 惊喜礼品

赠品可以帮助顾客成交。在促销活动中,完全可以规划限时限量的赠品。为了增加赠品的神秘感,可以先保密赠品的具体信息,用户拆包裹时就会有惊喜。

关于惊喜礼品有两个建议。

➢ 不用次品。库存积压且成本不大的产品可作为惊喜赠品送给顾客,赠人玫瑰手留余香。但是如果专挑残次品作为礼物,其实顾客是不接受的,不如不送。

➢ 和主商品的相关性。例如,买蜂蜜赠送小样试吃、勺子、杯子都是可以的,但是不能赠小镜子这种没有关联的商品。顾客收到时,可能会觉得莫名其妙。所以最好选择能帮助顾客更好地使用所卖的商品,得到更好结果的这样一个惊喜礼品。

3) 诱饵礼品

什么叫诱饵呢?诱饵可以理解为鱼饵,让顾客体验新产品或另外的商品,再加以优惠作为营销。例如,某店铺上新一款蜂蜜,暂时还没有人购买。于是,在其他包裹里赠送新品的小样,并给出承诺在 30 天内购买这款新品可以得到 8.8 折优惠。

设计诱饵礼品时要注意两点。

➢ 不要设计得过于复杂。能用一两句话说清楚是再好不过的,言简意赅地把具体事宜阐述清楚即可。

➢ 基本和店内优惠一致。在设计时,要考虑全面,礼品最好和详情页描述的赠品保持一致,不要造成顾客的误解。

纵观包裹这部分内容,共有四个要点。

➢ 发货要及时,最好当天都能发出去,且包装要安全。

➢ 要有加强品牌影响的因素,例如专用胶带和定制纸箱等。

➢ 最好含用心写的包裹信,尽量不是简单照抄,要突出商品卖点。

➢ 要有惊喜礼品,且是构思成本低且对主商品有所帮助的惊喜礼品。

2. 对比几种国际快递

涉及海外交易的卖家,常常会和国际快递打交道。这里对比以下几种国际快递,便于大家在今后的交易中,选择适合自己的国际快递,如表 8-6 所示。

表 8-6

快递名称	详细内容
EMS 国际快递	EMS 国际快递是中国邮政推出的全球特快专递服务。EMS 与四大国际快递相比,有着一定的价格优势,且清关能力强,对货物的出口限制较少,免费提供退件服务。其缺点主要在于速度慢、信息查询不方便,如除了美国、日本、澳大利亚、韩国外,其他国家的配送速度都比较慢
国际四大快递——DHL、UPS、FedEx、TNT	选择国际四大快递的一般都是货品价值高、要求也高的货物。适合北美地区,时效好的是 UPS/FedEx;适合欧洲的是 DHL;TNT 的强势地区是西欧国家。这些大公司在当地都是由自己的公司来派送,安全而且时间可以保证
其他专线快递——中美快递、中澳快递、中东快递、中欧专线	除了以上的知名快递公司,也有不少快递公司结合当地的物流供应商,推出专线,例如中美快递、中澳快递、中东快递、中欧专线等。以三态速递的中美专线为例,它就是先把邮件快递到美国,然后利用当地的邮政局来派送。这些专线的最大优势是,有些地区会比那些国际快递巨头便宜,但是在时效性及安全性方面就略微差一些

思 考 题

1. 根据自己商品的类目,思考在包装时应注意哪些细节问题。

2. 对比中国邮政官方快递和民营快递的优缺点。

3. 如果是做农村电商为主的生意,选择什么快递最合适?

4. 比较传统快递单和电子面单的优缺点。

实 战 演 练

1. 将服装、饰品、液体等不同类目商品进行包装,注意保持商品的严密性、安全性及重量最小化。

2. 咨询当地 3 个以上民营快递的费用问题,对比得出性价比最高的快递公司。

3. 咨询当地 3 个以上托运公司的托运费用,并找出最适合自己商品类目的托运方式。

4. 登录任意一个快递官网,跟踪一个快递单号的物流信息。

项目九　客服工作与管理

项目导言

客服角色是一个店铺不可或缺的部分，本项目全面地介绍了有关淘宝网店客服售前、售后与客服团队建设管理的方法与技巧。要求掌握客服售前促单工作，售后退换货中的退款、邮费、差价等工作，并了解在得到中差评后的处理方法以及根据客服销量、转化率、客单价等数据来对比客服绩效。

学习要点

- 做好售前促单工作。
- 做好售后服务。
- 处理中差评。
- 查看销售数据。

任务 1　做好售前促单工作

"促单"是客服工作中一种必须要掌握的推销方法，指的是当顾客询问客服之后，如果表现出犹豫不决的态度，客服就应该使用一些语言技巧，在不让顾客反感的情况下"推"一把顾客，让顾客下定决心付款。客服"促单"工作主要体现在限时促销、限量发售、赠送运费险、赠送礼品等方面。

目标 1　限时促销

限时促销，能给顾客制造一种时间上的紧迫感，促使顾客不再拖延，立即下单购买。部分顾客在了解商品后，往往需要几天时间去对比、下决定。对于这类顾客，就特别适用限时促销来促成交易。

限时促销一般在众所周知的节日进行，如春节、国庆，也可以在淘宝平台举行的双 11、双 12 购物节时举行，为期一般 2～7 天。限时促销的实现方式很多，如促销期内拍下立减、拍下打折、拍下送赠品等，如图 9-1 所示。

限时促销的信息可以展现在商品标题、主图和详情页中。为更好地起到提醒作用，还可以由客服在与用户交流中再次强调。如客服在促销期间常用的促单套路如下。

➤ 我们这次促销的时间到 15 号就截止了，以后再也没有这么大力度的优惠了，请您抓紧时间购买。

图 9-1

> 亲,这次促销只有 3 天时间,到今晚 12 点就结束啦!12 点以后立即恢复原价!您现在不买的话,以后再买会多花 50 多元呢,您省下这些钱来买的别的东西多好啊!

> 亲,这款卫生纸促销期间打 6.8 折,买的纸越多省的钱越多,您最好在促销期间多买一点来囤货,可以省下不少钱呢。不过时间上您得抓紧,促销到明天就截止啦!

当与顾客沟通时,顾客说要考虑考虑,或者长时间没有反应,这个时间就可以提醒对方"本商品限时促销,一定要把握好时机",以此推动顾客下单。有的顾客比较谨慎,即使看到限时促销,可能还是会到别的店去比较。对于这样的顾客,不用步步紧逼,只要他/她看到限时促销的优惠,自然会回来下单。

目标 2　限量发售

限量发售和限时促销有着异曲同工之妙:限时促销是在时间上进行限制,制造紧迫感;而限量发售则是在数量上进行限制,制造紧迫感,从而推动顾客下单。客服在限量促销期间常用的促单套路如下。

> 亲,这款手链只有 500 个,卖完就没有了,因为这个款式做工特别烦琐,厂家做起来非常费事,都不愿意做了,下次还能不能联系到厂家做还是个未知数,这一批有可能就是最后的绝版了。如果您是真的喜欢这款,请抓住机会赶紧购买,过了这个村可就没有这个店了。

> 我们这款裙子是外贸尾单,只有 300 条,卖得非常好,现在只剩几十条了。您要不赶紧购买,用了一会就买不到您要的尺码了。

> 这批大衣是我们老板从朋友那里拿的抵债货,价格非常优惠,但是数量不多,卖完也就没有了。毕竟这种事也不是常有的,难得碰上一次。做工这么好,价格这么实惠的大衣,正常渠道是拿不到的,买到就是赚到,您不买就是亏了。

限量促销有两种:一种是写在商品详情页上的限量促销,这种通常容易被顾客注意到;另外一种是没有写在商品详情页上,但是通过详细页的库存量可以看到其数量不多了,如图 9-2 所示,在这种时候,客服就要特别地提醒顾客。

图　9-2

　　客服要注意观察顾客,如果顾客并不是特别想买商品,最好就不要用限量发售的套路,对这类顾客这种套路是没有什么作用的。因为他们觉得能否买到都无所谓,自然也就不会产生紧迫感。

目标3　赠送运费险

　　运费险指的是退货运费险。在顾客确认收货之前,一旦发生退货操作,淘宝平台就会自动退还给顾客一定的运费,其金额根据顾客的收货地与商家退货地之间的距离来判断。

　　虽然退赔的运费金额不一定等于顾客退货时实际支付的金额,但至少能够补偿80%以上,可以极大地减少顾客的损失,也就避免了退货运费由谁承担的纠纷,对商家和顾客来说都是有利的。

　　运费险可以由顾客在购物时自己选择是否参保,如图9-3所示;也可以由商家出钱为顾客购买运费险,这样顾客就可以不出一分钱而享受退货运费返还的保障了,如图9-4所示。

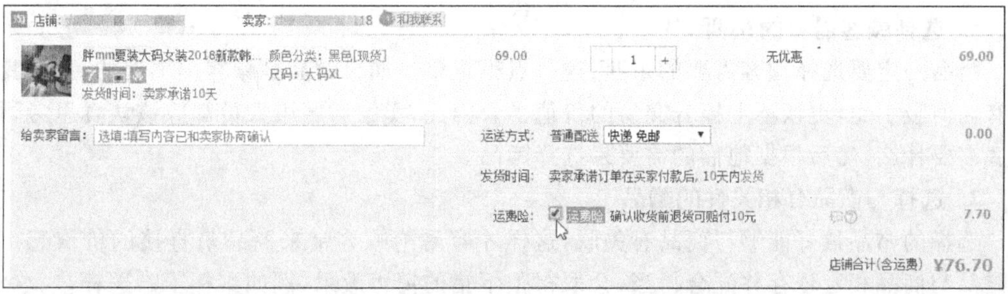

图　9-3

项目九

客服工作与管理

图 9-4

顾客通常都喜欢到等级高、销量高、好评率高的店铺购买商品。对于新店铺或者销量不高的小店铺而言,顾客就没那么容易下单了。那么,这类店铺如何取得顾客的信任,对他们进行促单? 很显然,为顾客解决后顾之忧,是一个很好的办法。

顾客考虑得比较多的一个问题是:假如自己不喜欢这款商品,退货的话就会由自己承担运费,这对顾客来说是一个不大不小的负担,特别是商品价格不太高的情况下,运费的比重就显得比较大了,对顾客来说是很不合算的。

要打消顾客的这类疑虑,通常使用以下几种套路。

➢ 请您放心购买,如果商品您不满意,请直接申请退货,我们为每个顾客都投了运费险,顾客退货可以获赔运费。

➢ 您可以买回去先用着,如果商品出现问题或者您不喜欢,走个退货流程退给我们就行。我们为每个商品都投了运费险,您可以放心退货,运费会退到您的支付宝账号中。

需要注意的是,必须提醒顾客收了货不要忙着确认收货,因为一旦确认,运费险就失效了,再退货就只能由顾客自己承担了。

目标4 赠品名额有限

赠品也是促成交易的一大要点,虽然赠品也需要一笔不小的支出去购买,但对于部分犹豫不决的顾客而言,赠送赠品可以让他们下定决心购买。当然赠品要有一定的价值或者数量较多,才能够打动顾客。

那么卖家应该如何选择合适的赠品呢?

1. 选择顾客需要的东西

赠品一定要选择顾客需要的东西,这一点很重要。如果赠品是顾客用不着的,那对其就没有任何吸引力,更谈不上提升交易的价值了。因此,卖家和客服人员都应该认真思考顾客到底需要什么,然后根据他们的需要来选择赠品。

2. 选择与商品有相关性的赠品

选择的赠品最好能够与商品有关联,这样才容易给顾客带来商品最直接的价值感。如果赠品与商品相互依存并配合得当,会取得很不错的销售效果,例如买杯子赠送杯垫。

3. 赠品的质量不能太差

千万不要选择次品、劣质品作为赠品,这样只会起到适得其反的作用。赠品的质量如果太差不仅无法吸引顾客,还会使店铺的信誉受到影响。赠品虽然是免费赠送的,但也应该注重质量,要不然就失去了赠送的意义。

在选择赠品时,需要卖家走心选择,不要乱送。如接近情人节,应该送顾客一些巧克力、心形饰品之类的赠品;接近端午节,可以给顾客送一些艾草香包;对于年纪大的顾客,可以在重阳节向对方发送问候并赠送老年保健品;对于白领一族,可以赠送一些办公室用品或颈椎、腰椎保护用品等。

客服提醒顾客赠品信息的促单套路如下。

➢ 亲,悄悄告诉您,我们这几天有秘密赠品,只要您拍下这款大衣,我们马上送您一个链条包,做工非常好,带精美礼盒包装,送人或自用都很合适。这款包包只有 30 个,送完就没有了,不是回头客我都不告诉他。您可要抓紧机会哦!

➢ 亲,我们店正在搞活动,购物满 199 元送一把天堂伞,您刚才咨询的那个包包已经超过 200 元,您拍下的话就可以获赠一把天堂伞了。数量有限,先到先得哦!

➢ 您的运气真好,这款厨具套装目前送超多赠品,有调味盒、辣椒油罐、锅刷、防切手套、围裙、挡油烟面罩、钢丝球,买一送七,超级划算,您到别家是不会有这么多赠品的!而且只有今天进店前 30 位顾客才有赠品,后面的就没有了,您一定要把握住机会哦!

客服在告诉顾客赠品信息的同时,也要强调赠品数量有限,或者获赠名额有限,又或者赠送活动快要截止,这样才能激起顾客的紧迫感,推动顾客下单。

提　　示

有的赠品没有在详情页上写明,而由客服酌情判断是否该赠送给顾客。这样的情况下,对于爽快购物的顾客,就没有必要再提赠品的信息了;对于稍微有点犹豫的顾客,可以加以劝说,诱导下单,但不提赠品;对于一再犹豫的顾客,就可以提出"赠品"法宝进行促单。毕竟赠品也是成本,能节约就要节约。

目标5　商品非常流行

大多数人都有从众心理,无论是线上还是线下,这种心理都比较突出。例如,顾客在网上购物时,往往会对销量大、好评率高的商品更加感兴趣。

对客服可以抓住消费者的这一心理,当顾客在犹豫时,可以拿出一些证据,如图 9-5 所示,告诉顾客商品非常畅销,大家都在用(在玩)。看到这么高的销量,一般来说顾客也就不会犹豫了。当然,前提是这件商品价格不要超出同类商品很多。

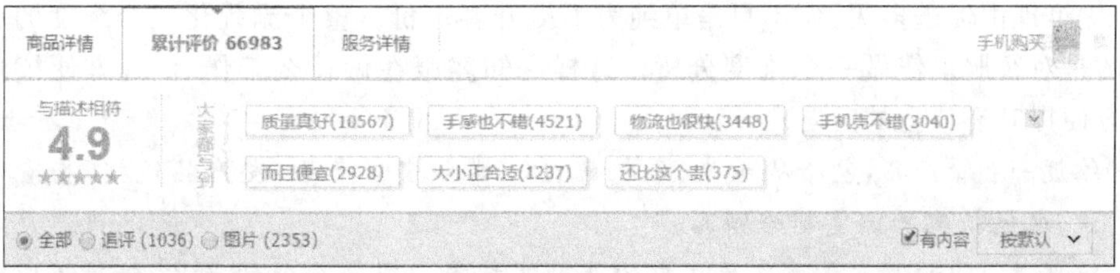

商品详情	累计评价 66983	服务详情			手机购买
与描述相符 **4.9** ★★★★★		质量真好(10567)	手感也不错(4521)	物流也很快(3448)	手机壳不错(3040)
		而且便宜(2928)	大小正适合(1237)	还比这个贵(375)	
◉全部　追评 (1036)　图片 (2353)					☑有内容　按默认 ∨

图　9-5

告诉顾客商品非常流行,销量非常好,通常使用以下几种套路。

> 亲,您看我们这款商品的销量,已经马上满八万了,质量要是不好,能有这么多人买吗?群众的眼睛毕竟都是雪亮的,大家都在买我们家的商品,说明我们家商品的质量是真的好。

> 您可以放心购买,这款商品卖得非常好,您看看,十多万的评论,只有三个中评,其余全部都是好评,这样的商品您还有什么不放心的呢?

> 这款商品我们这个月都进了三次货了,实在是太好销了。您可以看看我们的进货单,每次都进 1000 个,马上又要进第四次了。相信大家的眼光吧,大家都在抢购的东西绝对是好东西。

要注意的是,有的顾客比较特立独行,用流行或者销量多来劝说他/她购买,可能还会起到反效果。这种时候客服就要见机行事,把话给圆回来。

目标 6　制造心理危机

从心理学上来讲,人类行动的动力主要包括两种:追求欢乐和逃避痛苦。"追求欢乐"的例子很多,"逃避痛苦"的例子也不少。在网店销售中,特别是化妆品、保健品、健身器材等类目,客服在促下单时,"逃避痛苦"的方式就很常见。

如护肤品类目,当顾客来购买护肤品时,客服人员通常会用比较婉转的方式指出对方皮肤上的缺陷,如眼角有一些皱纹、鼻翼两侧有黄斑、皮肤干枯没有光泽等,让顾客产生危机感,然后再适时针对顾客的皮肤问题推荐相应的护肤品,顾客基本上都会掏钱购买。

令顾客产生危机感的套路很多,如有以下几种。

> 在您这个年龄段,应该要多注意保护心脏了,不然会引起很严重的后果。

> 从您的照片上来看,您的皮肤应该是不像以前那么有光泽了吧?再不调理,恐怕后期会长斑了。

> 听您的描述,我觉得您应该要适当休息,少熬夜,不然对您的肝脏有较大的损害,如果实在要熬夜,就要注意保肝护肝了。

当然,要注意的是,客服不要无中生有,胡编乱造地恐吓顾客,一定要基于事实。

目标 7　提高客单价

增加关联销售,提高客单价是迎接订单的一部分。增加关联销售提高客单价是客服在基本能力之外的提升空间。卖家可以通过后台数据分析了解新老顾客的客单价对比,通常,老顾客的客单价都高于新顾客。顾客在对店铺产生信任后,可以多买店内商品。

增加关联销售提高客单价,最主要的是有足够的理由让顾客成交。最好是站在顾客角度给出优惠理由促进多买,而不只是单纯为了提升客单价。整个流程化三个维度的成交细节,指的是对客服工作做一个维度分析。这样深知客服在做什么工作后,既方便梳理好工作,也方便提升环节上的问题。

> 维度一:管产品,包括从千牛、手机端、PC 端去搜索产品,发产品链接,查看学习知识,也包括把知识复制给顾客。

> 维度二:管顾客。管顾客更主要的是顾客标签。同一系列的产品,针对不同的顾客群体,需要打上不同的标签。以蜂蜜来说,有顾客喜欢美容养颜的云南雪蜜,有顾客

喜欢秦岭土蜂蜜。客服应该给这两批顾客打上不同的标签,在做相关产品活动时可以更精准地通知到精准顾客。而如果没有打标签,把活动信息推送给不喜欢神农架土蜂蜜的顾客实际是一种浪费行为。顾客标签功能可以节省不必要的广告开支,让营销更加精准。

➤ 维度三:管订单。产品和顾客之间的关系叫作订单。管订单里包含改价、改地址等内容。首先是改价,改价只适用于部分C店,天猫只能改运费不能改价格。其次是改地址,注意订单备注原则,做好旗子颜色、内容追加和日期以及落款等内容即可。

如表 9-1 所示,做好关联销售可以从以下几方面出发。

表 9-1

要 素 名 称	具 体 内 容
包邮或优惠	为了让商品更具吸引力,很多卖家会设置相应的规则。在规则中,主要突出的亮点包括利、方便、包邮,例如设置满减、满送等规则。为了让更多消费者加入进来,在设置规则时不可太难。客服所要做的工作重点是,把不适合展现在主图或详情页中的优惠信息在与顾客交流过程中表达出来。如,商品为客单价在 30 元左右的蜂蜜,一般情况下不包邮,且商品详情页中也没有关于邮费的解释。客服在与顾客交流时,可多说一句:今天我们有活动,买满 2 瓶可以包邮,或买满 2 瓶可减多少钱。用这种包邮或优惠的方式让顾客从买 1 瓶提升到买 2 瓶
搭配套餐	搭配套餐是将几种卖家店铺中销售的宝贝组合在一起设置成套餐来进行捆绑销售,这样可以让买家一次性购买更多的商品。但是也有商品可以不出搭配套餐,直接由客服在后台中适时地告知消费者。例如,有顾客想购买蜂王浆,因为蜂王浆口感比较特殊,直接吃很难吃,客服可以在与顾客交流中推荐另外一款蜂蜜,告诉他将蜂王浆和蜂蜜搭配着吃,不仅可以改善口感,还能相互提高两种食物的营养成分
体验更高级的产品	有的产品有档次之分,如标准版、高级版和尊贵版。如果顾客已经决定购买商品,卖家肯定希望他购买尊贵版。通过客服,可以将更高级的产品推荐给顾客。当然,任何推荐都要有合适的理由做支撑。例如,高级版更适合用户(现有的精准顾客),高级版优惠力度更大。通常,卖的金额越多,利润率基本不变,那利润也会相对提高
体验新品	体验新品也是一个比较好的提高客单价的形式。如果顾客买了其中一个商品,客服可以通过阿里旺旺或短信告诉他:近期店铺里有一个新品上架,根据购买记录,我觉得这款新品也很适合你。同时,再给予一定的优惠来促进新品成交
营销技巧	这里涉及营销的技巧主要是引导顾客下单。有部分顾客会在没下单之前通过阿里旺旺发截图或链接询问客服有没有优惠。这时,顾客应该用相应的营销技巧让顾客先拍下商品,如提示店铺对顾客的优惠是重叠的,拍下后看一下具体优惠到什么程度,再给优惠;或者再请示主管等理由

客服不是被动地等人咨询什么就回答什么。要把以上六点都做好,才能算是一个 70 分左右的客服。想要成为真正的金牌客服还需要一定的锻炼。

任务 2　做好售后服务

客服应该具有专业技能,掌握售后服务工作技能,如退换货、退款、退邮费、退差价、邀请顾客评价、处理商品纠纷等。只有客服掌握好处理这些日常工作的方法,卖家才能把更多的精力用在营销上,为店铺,也为自己赚取更多的利益。

目标 1 处理退换货

买家在收到商品后,可能发生的情况很多,如直接好评,完成交易;商品尺寸不合适,需要换货;不喜欢商品,需要退货退款处理等。当然,直接好评是卖家都想看到的结果。但往往事与愿违,会发生退换货的现象。换货商品可能涉及价差问题,退货商品则会涉及退款和运费问题。

为避免商品损坏、差价纠纷和运费问题,关于退换货的说明,切记一定要事先放在商品详情页,让顾客了解本店的相关规则,如图 9-6 所示。

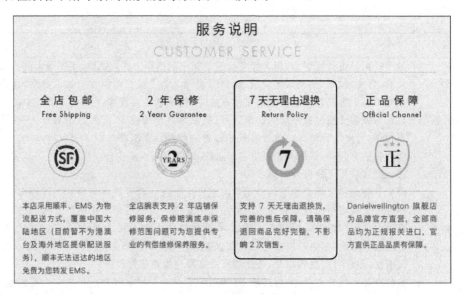

图 9-6

根据 2017 年淘宝平台更新的《淘宝平台争议处理规则》第三章第四节"退货、换货规范"的规定,退换货时卖家需要遵循如表 9-2 所示的原则。

表 9-2

序号	规 定 内 容
1	卖家应确保自行填写的默认退货地址正确,交易达成退货协议后,若需要指定退货地址或多地址退货的,应当征得顾客同意。否则,顾客可选择按淘宝系统给出的退货地址进行退货,退货后商品无法送达的风险由卖家承担,交易支持退款顾客
2	除代购交易外,卖家提供的退货地址未经顾客同意不得为海外及港澳台地区,同时需和商品页面中"运费"或"配送"版块显示的发货地一致
3	买卖双方线下达成退货协议的,顾客应当自双方达成退货协议的次日起 7 天内进行退货。双方另有约定的,从其约定。对于卖家而言,要注意保存好当时的交谈证据,万一发生纠纷可以使用
4	顾客退货时应当采用与卖家发货时相同类型的承运人进行退货。双方另有约定的,从其约定。"相同类型的承运人"是指如果卖家用快递发货,顾客在退货时也应当使用快递,包括圆通、顺丰、韵达、EMS 等;如果卖家用物流发货,顾客在退货时也应当使用物流,如德邦、中铁等;如果卖家用邮局平邮发货,顾客在退货时也应当使用邮局平邮

序号	规定内容
5	顾客未在淘宝规定或双方约定的期限内退货,对同一问题或维权原因再次主张要求退货的,应当自行和卖家协商一致,否则,淘宝平台有权不予处理
6	顾客依照本规则退货后,应当及时在淘宝系统内填写承运单号或告知卖家,若卖家签收商品时顾客仍未获知该承运单号,卖家主张表面不一致情形的,将由淘宝根据实际情况分配举证责任
7	顾客使用到付方式退货的,应事先征得卖家同意,并明确承运人和运费事宜。卖家要求顾客采取到付方式退货的,应当自行和顾客明确承运人及运费事宜。不过,一般退货都不采用到付方式,退货运费如果应该由卖家出的,可以先和顾客商量,由顾客垫付,并通过支付宝将垫付邮费返还给顾客
8	顾客申请7天无理由退换货的,依照淘宝公示的7天无理由退换货相关规则执行。具体退换货规范参与各自平台
9	卖家违反退换货规范致使顾客无法完成退换货或商品已不适宜退货,交易支持退款
10	顾客违反退换货规范致使卖家未收到退货或拒签的,交易支持打款,由顾客承担商品损毁或灭失的风险

客服在和顾客沟通协调一致后,应在规定的时间内同意申请,再将相关的信息发送给发货人员;收到顾客退回的商品后,须确认商品不影响第二次销售,再寄出调换的商品或退款,若影响二次销售,则应与顾客协商或申请平台介入。

提　示

需要注意的是,淘宝平台并不支持阿里旺旺之外的交谈凭据,如微信、QQ等平台上的交谈截图,淘宝平台是不予承认的。与顾客协商,一定要在千牛平台或阿里旺旺里进行。

目标2　处理退款

每个购物平台都有自己的退款处理细则,这里以淘宝为例,共有三种类型,即退货退款、部分退款和退款。

➤ 退货退款:指在卖家签收顾客退货后,交易款项支付给顾客。

➤ 部分退款:指交易款项部分支付给顾客,余款打给卖家。

➤ 退款:又称"仅退款",指交易款项支付给顾客,商品由卖家自行和顾客协商处理。

使用哪种退款方式,要根据具体的情况而定。如商品部分功能失效,与顾客协商后,顾客表示可以接受,但要求补偿,此时可使用"部分退款",退回部分钱款给顾客;如商品本身价值很小,小于或等于退货邮费时,可以考虑"仅退款",而不要求顾客将商品退回。

常见的退货原因及处理方法如表9-3所示。

表　9-3

退货原因	处理方法
商品质量问题	联系顾客,提供实物图片或视频,确认问题是否属实。能确认,则可以和顾客商量退货退款、部分退款、换货补差价等处理方法
商品与描述不符合	检查商品与宝贝描述是否有歧义或让人误解的地方;检查是否发错商品;如果属实,可以和顾客商量退货退款、部分退款、换货补差价等处理方法

退货原因	处理方法
商品破损或少件	联系顾客,提供实物图片或视频,并自检是否发错货。若非发错,应向快递公司确认签收人,根据签收人是否是顾客本人而作对应的处理,或者拒绝退款,或者由快递公司承担责任,但可以先退款给顾客
收到假货	联系顾客,提供实物图片或视频,并自检是否发错货。若非发错,应核实供应商供应的商品是否为真货,并联系顾客进行退货退款,减小影响。尽量不要使用部分退款或仅退款,将商品留在顾客手里,以免以后成为店铺的污点
发票无效	联系顾客,提供发票图片,确认是否发错,或发票是否有问题。若确认,则应该和卖家协商解决,如补发发票、退货退款等

目标 3　退回邮费

在淘宝平台购物,退货涉及的邮费问题主要有 3 种情况。

➢ 购买了运费险的交易,不用卖家和买家协商邮费问题,直接由保险公司补贴一定金额的邮费。

➢ 没有购买运费险,商品存在质量问题,需由卖家承担邮费。

➢ 没有购买运费险,且商品质量不存在问题的前提下,需由买家自行承担邮费。

如果运费由买家承担,自然不会有什么争议;如果邮费由卖家承担,则需要与买家协商好垫付邮费,卖家收到商品并确认商品无损不影响二次销售的情况下,再退给买家约定的邮费。

在退返邮费之前,客户需要通过阿里旺旺和顾客沟通,取得顾客的支付宝账号,然后客服使用店铺支付宝账号转账给顾客,退回邮费。

> **提　　示**
>
> 有的顾客可能提出,通过单击订单的"退款"链接来退回邮费,虽然这样做理论上是可行的,但其实对卖家有不良的影响,因为这样会增加店铺的退款率。所以支付宝退回邮费的方法是最好的。

目标 4　退回差价

很多商品在活动期间会有一个历史最低价,部分买家在购买商品后喜欢对比价格,如果发现讲价情况,会找卖家退回差价。实际上,并没有明令规定卖家一定要退回这部分差价,但为了抓住买家的心,卖家可以酌情退回差价或找到合理理由拒绝。

一般地,找上门处理差价的都会找客服,所以具体看客服怎么处理。客服可以答应退,也可以不答应退,还可以采取赠送小礼物或优惠券的方式进行补偿,具体怎么做,可以根据详情页描述或店铺规定来处理。

部分卖家在详情页中作了"买贵退差价"的承诺,在承诺期限内,如果商品降价,买家可以要求商家退回差价,这种情况下,必须要履行承诺,将差价退给顾客。

如淘宝经常搞各种活动,如双 11、双 12、618 等。在举行活动的前夕,很多顾客不愿意购买商品，想等到活动的时候再以更低价格购买。但顾客在购买前一般会先接触客服，询问商品的相关参数。这时客服就会劝导顾客立即购买，并承诺如果活动期间商品降价，会给顾客退回差价。

如果客服已经向顾客明确承诺买贵退回差价，则当顾客要求退回差价时，客服应当核实差价后通过支付宝向对方退款，不然顾客会以聊天记录为依据投诉商家。

目标 5　邀请顾客评价

店铺 DSR 指的是买家在完成淘宝购物后，针对该次购物给店铺的评分。如图 9-7 所示，买家可以给出的评分包括"描述相符"、"服务态度"和"物流服务"3 项。而且每个项目都有对应的 5 个分数，买家可以根据购物经验给出评分。

店铺动态评分		与同行业相比	
描述相符	4.8	— 持平	———
服务态度	4.8	— 持平	———
物流服务	4.8	↑ 高于	16.18%

图　9-7

提　示

一个店铺展现的店铺评分从何而来？买家完成交易后可对店铺进行评分，系统根据最近 6 个月内买家评分的算术平均值得出店铺评分。而且店铺评分不是积累展现，而是滚动展现。

好评率的计算方法为：好评个数÷评价次数。从计算公式可以看到，中评和差评都会降低好评率，因此，即使中评没有为店铺减分，也造成了不良影响。所以卖家都不喜欢中评语差评，平时都将"中差评"放到一起来说。

店铺评分高低对卖家有着深刻的影响，假设两家店铺其他条件相同，A 店铺的店铺评分高于 B 店铺，则 A 店铺的商品排名会比 B 店铺靠前。所以在交易完成后，客服可以主动邀请顾客进行评价，尽快完成交易，增加店铺的好评率。邀请方式有短信、阿里旺旺或电话。如果顾客对此次交易给予了好评，则客服要及时进行回评，在回评中可以对本店进行一些适当的宣传，如图 9-8 所示。

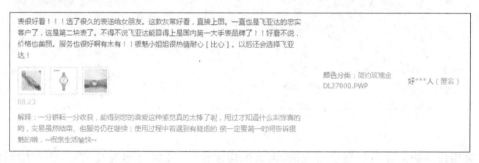

图　9-8

如果顾客对此次交易给予了中差评，则客服要及时和顾客联系，劝导对方取消中差评。如对方不取消，客服应该在对方的中差评下进行解释，尽量有理有据，不卑不亢地说明原因，如图 9-9 所示。

在处理中差评过程中回复和解释其实是营销的机会。认真分析中差评，会发现很多中差评是由于误解造成的。所谓的优秀产品并不一定是产品本身所体现的，有可能是包装，还

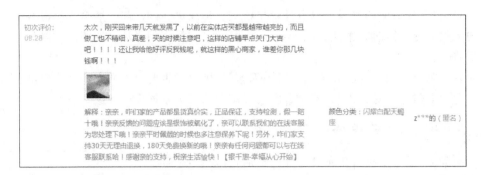

图　9-9

有可能是购物过程的体验。如果客服能站在专家的角度去做解释顾客提出的问题，或许就能让顾客有良好的体验。并不是一旦出现中差评，就打电话让别人修改或删除差评。

如果很多中差评都在反馈同一个问题，那就应该引起重视，看看是不是商品或者经营出现了问题。所以在有中差评时，在安抚顾客的同时应检查自己的问题并加以改正，而不是一旦出现中差评就很害怕，然后死缠烂打要顾客修改。应做到在提高店铺内功的同时抓住这种误解造成中差评的机会，做好营销。

目标6　处理普通商品纠纷

部分商品纠纷问题，通过阿里旺旺、电话就能和买家进行沟通并达成共识解决了，但也有部分纠纷无法协商一致，这时就需要申请售后进行处理，如图 9-10 和图 9-11 所示。

图　9-10

图　9-11

客服应随时对维权信息进行查询，因为淘宝规定，不及时处理维权信息，会直接判定顾客有理。处理时限方面，实物商品有 5 天时间，虚拟商品有 3 天时间与顾客协商处理。客服可以通过登录后台到"卖家中心"中的"顾客服务"中的"投诉管理"页面查询维权请求，如图 9-12 所示。

如果客户在规定时间内，处理好了顾客的售后申请，那么这次纠纷就彻底结束了，因为同一件商品一般不能两次申请售后。如果客服无法处理顾客的售后申请，一旦超出规定时限，淘宝平台就会介入这次纠纷，判定维权成立。

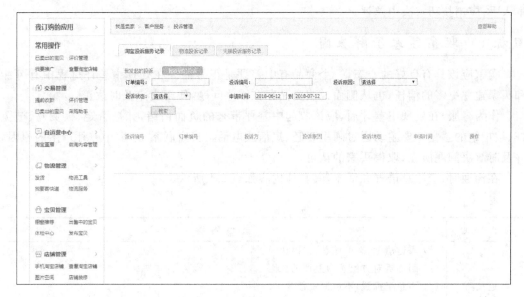

图 9-12

对于店铺来讲,最好不要让事情发展到这一步,淘宝平台介入会给店铺造成不良影响,主要表现在两个方面。

➢ 维权处理会影响卖家纠纷退款率。维权成立后会计入卖家的纠纷退款率,退款纠纷率一旦高于同类店铺的平均值,就可能导致卖家店铺全部商品单一维度搜索默认不展示、消保保证金翻倍或直通车暂停两周等后果,对店铺的打击是很大的。

➢ 若顾客维权后,淘宝平台介入并核实商品的确存在问题,则店铺将会受到相应的扣分处罚。若累计扣分达到12分,则店铺会面临被屏蔽、限制发布商品及公示警告的处罚,后果十分严重。

总而言之,一旦顾客发起售后申请,客服要积极进行处理,不要让售后申请变成淘宝平台介入的维权事件。

提　示

遇到较大的交易争议,无法通过协商解决,淘宝平台会介入调查。客服要尽量把能够找到的证据都准备好,包括阿里旺旺交谈记录、电话录音、快递单据等,将证据提交给平台,等候宣判。只要证据充分,结果肯定是好的。但如果证据不足,有很大可能会被判定赔款扣分,即使双方证据都不充分,卖家输的可能性也会较大,因此客服人员平时要注重保留证据,在与顾客进行售前交谈时,也要注意所说的话不要带有歧义,不然最后会成为对自己不利的证据。

任务3　处理中差评

评论中的中差评往往会降低店铺整体评分,且对其他消费者起着消极影响,所以要求客服掌握处理中差评的方法。从主动联系买家了解中差评产生的原因开始,找到原因再从根本入手,应用技巧解决中差评。

目标1 联系顾客了解原因

卖家应该具有良好的心态,一个商品有中差评是正常的。在处理中差评过程中有可能和买家建立更多的信任,也从侧面说明商品存在哪些问题,便于卖家及时改正。

作为客服,在发现中差评后,应该收起中差评带来的负面情绪,如被否定、被责骂、被冤枉、被拒绝的感觉。要主动通过阿里旺旺、短信或电话与买家联系,了解中差评产生的原因,并及时解决问题所在,取得买家的认可。

在沟通时,应注意语气和话术,其具体内容如表9-4所示。

表 9-4

沟通要点	重点内容
沟通技巧	(1) 表达清楚,态度诚恳,口语化 (2) 耐心听对方给予中差评的原因 (3) 不急于推脱,不逃避责任 (4) 提供多解决方案,供买家选择 (5) 坚持不懈,始终有耐心,不要因为一两次的拒绝,就发脾气或放弃沟通
沟通话术	(1) 表明身份及来意,如"请问是××先生/小姐吗? 不好意思,打扰您了。我是××淘宝店客服××,想给您做个回访,就三分钟好吗?" (2) 表示歉意/谢意,如"看到您给了一个评价说××商品存在××问题,抱歉为您带来不便。" (3) 表示理解,如"我在网上购物时,也遇到过您这种情况,所以特别理解您此刻的心情。" (4) 承认问题,承担责任,并给出解决方案,如"这边和领导反映了您的情况,同意免费帮您做退换处理,麻烦亲联系快递上门收取退换件,我们这边马上给您安排另外发一套新的,您看行吗?" (5) 请求给予改正机会,如"评价对店铺影响挺大的,还希望亲给予改正机会,帮忙删除一下差评好吗,谢谢亲"

值得注意的是,淘宝中差评生效时间只有30天,超过30天便无法修改;且中差评都只有一次修改的机会,可改成好评或删除评价。

目标2 商品质量问题

作为消费者,对网购不满意,大多数时候都是因为商品质量问题。而因商品质量而打中差评又分为两种情况。

➤ 因为商品质量问题,与客服沟通后没有得到满意的结果,于是愤而打了中差评。

➤ 消费者认为商品质量太差,没有与客服沟通,直接打了中差评。

针对这两种过程,分别有不同的处理方式。

(1) 当客服发现新的中差评时,应立即查看与该顾客的阿里旺旺交谈记录,或者售后记录,此时会发现顾客已经跟客服沟通过了,但没有解决问题,这种情况下打的中差评,比较难以修改,但也并不是完全没有办法。最常用的一招就是"换人说服,适当让步"。

所谓"换人说服"是告诉顾客,由于之前与他/她交流的客服人员是刚上岗的新手,不太熟悉店铺的售后服务规则,导致他/她的售后问题没有得到解决,店铺已经严肃处理了该客服,现在客服主管亲自来与顾客协商处理售后问题。这样说的目的,是把责任推到之前的客服人员头上,让顾客消气,也给顾客一个台阶来继续商量售后问题。

"适当让步"就是答应之前客服没有与顾客谈妥的赔偿条件,甚至在成本允许的范围内,再小小地让一步,以换取顾客修改中差评。当然,如果顾客要求太多,还是不能答应。

顾客听说和之前他/她交涉的客服受到了惩罚,心里的火气一下就会小很多,之后又获得了适当的赔偿,自然也就愿意将中差评改为好评了。这就是"换人说服,适当让步"的用法。

(2)顾客觉得商品质量太差,但没有与客服沟通,直接打了中差评。在这种情况下,客服要主动询问不与客服沟通就直接打了中差评的原因,弄清楚原因以后,再有针对性地劝说顾客修改中差评,并给予售后处理。

顾客不与客服联系就直接打中差评的原因是多种多样的,有的是因为商品不值钱懒得和客服交涉;有的是因为商品质量太差,愤怒之下直接就打了中差评;还有的可能是蓄意报复。总之客服要摸清原因之后,再进行处理,但也要注意店铺的利益,不要让步太大。

目标 3　客服态度问题

无论是线上商城还是线下商城,服务态度决定着消费者的购物体验。所以,在线上商城中,因为客服态度问题,被打差评的案例很多。做服务人员,应有基本的服务意识。如果买家在评论中提到了客服态度问题,在处理时,应遵循"换人处理,赔礼道歉"的原则。

如图 9-13 所示,无论是什么原因,最好的处理方法都应该是:当事客服已经处罚,主管亲自赔礼道歉。

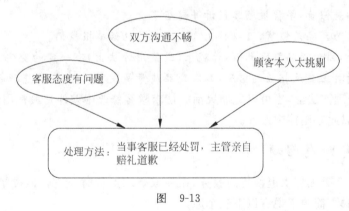

图　9-13

其实,真实的原因可能是因为当时进店询问的顾客太多,客服忙不过来,才没顾得上及时回答对方的问题。但即使是事后把这个情况告诉顾客,顾客也可能认为是店铺在找借口,还不如直接告诉顾客,当事客服已经受到了惩罚,让对方消气。至于有没有必要真的惩罚客服,那就看客服主管或店主自己的考量了。

目标 4　商品使用、安装问题

对于部分需要顾客自己安装的商品,很大一部分差评都来源于安装或使用问题。有时商品没有问题,消费者也打了中差评,往往是因为顾客没有掌握好商品的使用方法,或者是商品的安装方法过于复杂。遇到这种情况,客服要做的工作就是主动与买家沟通,向其详细解释商品的使用方法,以耐心的态度和细致的工作方法来打动他,转变他对商品的看法,从而修改中差评。

为避免出现这个问题,买家可以在主图视频或详情页视频中,充分展现商品的安装、使用方法。或者为了把粉丝转化到微信中,也可以联系买家加微信好友,远程指导买家使用或安装商品。这样既解决了商品使用问题,也获得新好友,这对日后的宣传起着重要作用。

目标 5 商品真伪问题

由于网购的特殊性,顾客在购买商品之前,并不能看到商品的实物,因此给了很多不法商店以假乱真、非法牟利的机会。不过这里讨论的不是这样的情况,而是网店出售的正品,被顾客认为是假货,从而收到中差评的情况。

客服在遇到这样的情况时,要主动联系顾客,告知对方本店的产品都是正品,并拿出各种证据,态度要不卑不亢。如果沟通后对方仍然执意不修改中差评,那么卖家可以向淘宝平台申诉,平台一定会给店铺一个公正的说法。

客服证明产品是正品的常用说辞有以下几种。

➤ 我们的商品有工商局的质检报告,您可以看一下,绝对是正品。

➤ 我们是××商品的正规代理,不可能出售假货,这是我们的代理授权书,您可以看一下。

➤ 如果商品是假货,就不会有这么多顾客购买,不会有这么高的销量,以及这么多的好评。

➤ 如果商品是假货,早就被顾客投诉并封店了。

➤ 如果您认为商品是假货,可以打 12315 工商的电话举报我们。

➤ 这是误会,因为商品刚刚升级,外观上(或使用方法上)有一定的变化,但还没有来得及在详情页上更改相应的信息,其实商品质量是没有问题的,请您理解。

在具体的处理方法上,也可以更加灵活。请求顾客修改中差评是最常用的方法,也可以同意顾客退货,以此来删掉中差评。

目标 6 运费归属问题

店铺加入了 7 天无理由退换货的服务,在买家要求退货时,根据"谁过错,谁承担"的原则来处理运费问题,简单来说有以下三个原则。

➤ 若淘宝判定卖家责任(如商品存在质量问题、描述不符合等),运费需要由卖家承担。

➤ 顾客责任(不喜欢/不合适等),由顾客承担运费。

➤ 如果交易存在约定不清的情形,淘宝无法确定是谁的责任,交易做退货退款处理,退货运费由顾客承担。

如果商品本身没有问题,单纯因为买家不想要商品而要求退货时,就应该由买家承担退货运费。但有的顾客不愿意承担退货运费,与客服商量未果后,就给交易打上中差评。客服在处理这种情况时,应遵循"尽力说服,步步后退"的原则。

如果劝说后,买家仍然不同意承担退换运费,而店铺对这个差评又很在意的话,那么可以再退一步,由店铺承担退货运费,让顾客删除差评。这就是"尽力说服,步步后退"原则的具体应用方法。

目标7 防备职业差评师

职业差评师指的是专门以差评来要挟卖家,谋取不正当利益的一群人。差评师极大地扰乱了网购市场,严重干扰了店铺的正常运作,因此,作为客服一定要对防备差评师的方法有所了解,减少店铺的无谓损失。

想要防备职业差评师,要先学会区分正常顾客与差评师。如表 9-5 所示,差评师一般有以下特点。

表 9-5

特 点	防 备 方 法
好评率与信誉等级	客服应先查看一下顾客的相关信息,特别是好评率和信誉等级。因为差评师经常给人差评,其好评率是不高的,差评师的账号用不了多久就要换新的,因此其信誉等级往往不高,一两个心是很常见的。但也有不少"聪明"的差评师事先使用虚假交易将一个账号的好评率和等级刷到较高,用来迷惑商家
内行与否	如果顾客在交谈中显得对商品非常了解,那就要提起警惕之心了,因为这样的顾客极可能是同行,而且手里说不定还有同款的损坏商品,用来敲诈商家。当然,并非所有的内行顾客都是差评师,这需要一个综合的判断
规避使用旺旺	差评师为了尽量不在阿里旺旺上留下交谈记录,一般收货后阿里旺旺就隐身或者不在线,迫使商家给他们打电话沟通
要钱有技巧	差评师说话很有技巧,一般不会明说拿钱删除差评,他们通过含蓄的语言让商家听出他们的意思。无论是在阿里旺旺还是电话里,差评师说话都不会留下证据
收货地址多偏远	差评师一般会选择偏远地点来收货,这是因为偏远地点快递费比较高,一旦差评师声称商品坏了,退换商品的快递费按理都要商家承担,不少商家考虑到快递费太高,就会退款妥协。选择偏远的收货地址是差评师增加成功率的一个方法
经常打中评	由于淘宝平台经常帮助商家删除恶意差评,所以现在很多差评师改变了策略,他们给交易打中评,并且在评论里合理、合法地贬低商品以及售后服务等,言语还不过激。这样的评价对商家的损害还是很大的,而且这样的评价也算不上恶意差评,淘宝平台是不会帮助商家删除评价的。遇上经常打中评的顾客,客服就要留意

并非每一个店铺都适合差评师敲诈。差评师通常会选择成功率较高的店铺来下手。适合差评师敲诈的店铺有以下特点。

1. 信誉较低

差评师选择的淘宝店铺目标一般信誉不高,通常在 3 钻以下。这是因为信誉高的店铺不在乎一两个中差评,不会轻易向差评师妥协,所以差评师只有选择信誉低、刚起步的店铺来实施敲诈,成功率较高。

2. 中差评较少或没有

中差评较少或没有中差评的店铺,对中差评的容忍度是很低的。敲诈这样的店铺成功率较高。所以店铺要转换思维,不要过于执着所谓的百分百好评,否则容易被人利用。

3. 销售商品便宜且易损坏

差评师喜欢挑价格便宜、容易损坏的商品下手。选择便宜的商品,是因为差评师如果敲诈失败,商品就落在他自己手里了,为了减少这样的损失,差评师通常会选择较便宜的商品下手,如化妆品、衣服、小食品、餐具厨具等。选择容易损坏的商品,是因为容易找到借口给差评创造机会,如差评师可以说商品包装不好,在物流过程中损坏了。

商家发货前要仔细检查,进行拍照或录像留档,并让客服告诉顾客应当着快递员的面验货,如果有外观或者其他肉眼就能看出的问题,当时就要拒收。这样能够阻止一部分的敲诈伎俩得逞。

如果客服要与差评师商量,可以将当笔交易赚取的利润作为补偿返还给差评师,大部分差评师都会同意这种解决方法。但这样做会留下后患,因为会给差评师留下一个这家店容易得手的印象,因此差评师可能就会换一个账号再次来敲诈,或者通知同行也来敲诈,一次妥协就会引来无穷的麻烦。最好的办法是,每笔交易保留好证据,遇到差评师多向淘宝平台申诉,实在没有办法就让差评师打差评,不要太过在意。

任务 4 查看销售数据

卖家需要做好销售统计数据分析,这样才能看出客服人员的工作绩效,便于发现客服人员在销售、退货工作中存在的问题。通过总结每个数据的影响因素,对相关客服人员予以培训与指导,以提高其工作效率。销售统计数据分析主要包括客服销量、总销量、转化率、客单价及退款率等。

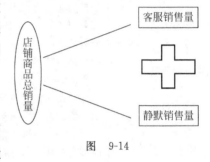

图 9-14

目标1 客服销量与总销量占比

如图 9-14 所示,一个店铺的商品总销量通常是由两部分组成:一部分是客服销售量;另一部分是静默销售量。

提　示

静默销售量也就是顾客不通过询问客服人员,直接下单购买的商品数量。很多资深的网购顾客通过商品详情页面的介绍,就获得了足够的商品信息,从而不询问客服人员就自助下单购买。也就是说,静默销售量与客服人员是无关的。

相对而言,顾客通过咨询客服,或经客服推荐等方式后再购买的商品数量,称为客服销售量。

在实践中统计发现,客服销售量与静默销售量的比例一般为 3:2,换句话说,客户销售量占店铺总销量的 60% 左右是正常的水平。此占比和店铺规模有一定的关系。一般来说,店铺规模越小,客服销售量占比越高;店铺规模越大,客户销售量占比越小,但一般都会在60% 左右浮动。这是因为店铺越大,其商品详情页面就做得越专业,提供信息就越详细,视觉效果也越好,评价起的正面作用也越多,在各种因素的共同作用下,很多顾客就倾向于直接购买,而不询问客服。

一个典型的案例是这样的:某店铺 10 月份服装静默销量为 5500,客服销售量为 6502,

总销量为 12 002。客服销售量占总销售量的百分比为：6502÷12 002≈0.5417，即54.17%。从结果来看，客服的销售工作做得还是可以的。

如果客服销售量占比较低，如只有50%，则说明客服团队的工作效率还有待提高；如果客服销售量占比较高，如80%，这说明商品详情页问题较多，有待进一步优化。

目标 2 横向对比客服销量

衡量客服的工作效率与工作态度，一般是通过横向对比客服的销售量和销售金额等指标来进行。需要注意的是，销量最高的客服，其销售金额不一定最高；销售金额最高的客服，其销售量不一定最高。这其实是很好理解的，有的客服善于向顾客推荐高价值的商品，所以该客户的销售量可能不是最好，但销售金额会比较高。

图 9-15 所示为某网店 4 位客服一个月的销售量统计柱状图。从图 9-15 中可以看到，客服甲和丁月销量低于平均值，客服乙和丙的月销量高于平均值，其中，客服丙是该月销售量冠军。

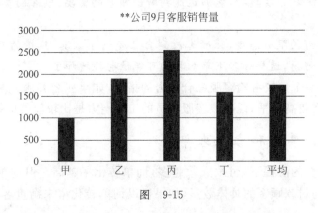

图　9-15

通过客服之间销售量的横向对比，可以更加准确地判断出哪些客服的工作效率高，哪些客服的工作效率还存在提升的空间。除此之外，还可以通过对比结果，重新将客服分组，使各个组之间的工作效率大致相当，这样对店铺平稳分流顾客是比较有帮助的。

对于客服之间销售量的对比是查看每一位客服工作情况的必要手段，对于检验客服的工作具有积极的效果。

目标 3 对比询单转化率

如果消费者已经进店咨询，至少说明他/她产生了购买意向。此时，客服应该抓住机会，有技巧地引导顾客促成交易。

询单转化率指的是客服接待的询单顾客数量与下单购物的顾客数量之比，其公式为：

询单转化率＝下单购物的顾客数量÷接待的询单顾客数量

如某店铺 5 月 1 日当天，店内 7 名客服一共接待 1890 名顾客，下单顾客量为 1020，则当日该店铺询单转化率＝1020÷1890＝53%。正常情况下，一名客服的询单转化率越高，则说明工作能力越强。

在对客服进行培训时，如何提高询单转化率是重点的培训内容。如图 9-16 所示，影响询单转化率的因素主要包括专业知识、店铺促销信息、销售技巧和服务态度等。

图　9-16

> 客服必须熟练掌握关于商品的专业知识，这是最基本的要求。当客服能够快速、清晰地回答顾客的问题时，就能够在顾客心中建立起可以信任的感觉，从而增加下单的可能性。万一客服被问到了不熟悉的问题，要马上和同事沟通，得到该问题的答案，再反馈给顾客，而不要用"这个其实不重要"或"说明书里讲得也不是很清楚"等话语来搪塞顾客。
> 客服要熟悉店铺促销信息。当顾客犹豫是否购买商品时，客服就要看准机会，抛出店铺促销信息，促使顾客下定决心购买。
> 客服要熟练掌握销售技巧，能够迅速判断出顾客的需要、顾客的类型，有针对性地引导顾客下单。
> 客服要有良好的服务态度，让顾客感到自己受到了认真、热情的对待，从而对客服、对店铺产生好感，这样顾客下单购物的可能性也就增加了。

询单转化率是一个比较考验客服综合能力的指标，如果一名客服人员的询单转化率比较稳定，而且保持在较高水平，说明该客服人员的工作能力是比较值得信赖的。

目标4　店铺客单价和客服客单价

在询单人数不变的前提下，付款人数越多，询单转化率越高。但询单转化率是一个比值，不能体现顾客与付款顾客的具体数量，如果仅以询单转化率来衡量客服的工作能力，可能会比较偏颇。

例如，客服甲一周接待询单顾客1000人，其中付款顾客有600人；而客服乙一周接待询单顾客900人，其中付款顾客有540人。两者的询单转化率都为60%，但两人的工作量和销售业绩都不同，客服甲为店铺带来的利润明显高于客服乙。

如果出现这样的情况，卖家应该思考为什么客服甲接待的顾客数量大于客服乙。通常，出现这样的状况原因有两点。

> 店铺的客服分流设置不合理。当顾客单击店铺中的"和我联系"图标时，该顾客会被按照一定的规则分流给客服子账号。这个规则比较复杂，简单来说平台按照"是否发送给主账号→是否有联系过的客服账号→是否有空闲的客服账号"的顺序来进行判断，此外，店主设置的总分流、组分流规则也会影响顾客的分配。当客服之间分配的顾客数量相差太大时，首先就要检测店铺的分流设置是否合理。
> 客服乙接待顾客的时间过长。当一名客服过于细心，过于耐心，或者没有足够的技巧来终止顾客的喋喋不休时，他/她接待顾客的时间就会比较多，在同样的时间内，该客服接待的顾客数量就会比其他客服少。当出现这样的情况时，该客服应有针对性地训练自己的聊天技巧。

所以，在考核客户的询单转化率时，也要比较询单人数，这样才能比较全面地看出问题。

目标5 客单价的横向对比

客单价指的是店铺内每一个顾客平均购买商品的金额,也即是平均交易金额。客单价的计算公式为:客单价＝销售总额÷顾客总数;或客单价＝销售总金额÷成交总笔数。

卖家在进行客单价横向对比时有个前提:在客服之间的销售量和销售金额相差不太大的情况下,才会有指导作用。例如,某店铺客服甲月销量仅有100,客单价为80元,其他客服的月销量均为200左右,客单价为60元左右。虽然这位客服的客单价比其他客服都高,但其实他的销量和销售金额都不高,还有很大的提升空间。所以研究客单价的前提条件是:客服之间的销售量和销售金额相差不太大。

从客单价的公式中可以看出,尽力提高每一单的销售金额,就可以有效地提高客单价。那么,有哪些因素可以提高每一单的销售金额呢?一般来说有以下几个方面。

➢ 店铺设置的搭配套餐。很多店铺在商品详情页下面都设有搭配推荐,如西装搭配领带、长裤搭配皮带等。

➢ 客服自行为顾客推荐的搭配。当店铺没有为一件商品设置搭配推荐时,往往需要客服自行为顾客推荐相应的搭配;或者店铺推荐的商品搭配不太符合顾客的需要,此时需要客服灵活地调整搭配,并推荐给顾客。

➢ 客服为顾客推荐系列的商品。如当顾客只询问护肤霜时,可以向顾客推荐同一系列的护手霜、眼霜等护肤产品。这是因为当顾客询问某款产品时,其实对于该款产品的品牌是比较认可的,因此向他/她推荐同品牌的系列产品,成功率较高。

➢ 客服主动向顾客提示促销活动。当顾客没有留意到店铺正在搞活动时,客服可以主动向顾客提示参加,购买更实惠。通过这样的方式,让顾客一次性购买更多的商品。

客服要善于寻找“借口”让顾客尽可能多地购买商品。如一位顾客咨询客服一件外套的相关信息时,那么客服就要在回答问题的同时,向顾客推荐外套的搭配方法,如裤子、毛衣、T恤、项链、围巾等,通过不令人反感的话术,让顾客多买商品,从而提高自己的客单价。

通过横向对比客服之间的客单价,可以直观地反映出客服的销售工作水平,客单价高的客服相对来说就更善于关联销售、搭配销售。

某网店3名客服上半年的客单价对比如表9-6所示。

表 9-6

客服	1月	2月	3月	4月	5月	6月
甲	200	215	208	210	230	236
乙	220	223	225	228	233	235
丙	230	224	235	204	210	208

从表9-6中可以看出,客服甲5月份、6月份的客单价较高,甚至达到了最高;客服乙6个月的客单价都比较平均,表现很稳定;客服丙客单价波动较大,工作状态不够稳定。

总结下来,客服甲逐渐在成长,销售技巧在不断提高;客服乙客单价波动不大,稳定性强,是店铺客服的中坚力量;客服丙,还有待进一步加强学习。

其实客单价稳定且一直处于中上水平的客服是很难得的,这说明该客服对工作非常熟悉,对销售技能掌握得非常熟练,进入了稳定工作的状态,这样的客服可以多加培养,使其逐渐成为客服主管;也可以经常召开交流会,让这样的客服向大家传授销售经验。

目标 6　退款率的横向对比

退款率是指退款商品数量与销售商品数量之间的比值,其计算公式为:

退款率＝退款商品数量/销售商品数量×100%

有时候退款率也可以用退款商品金额除以销售商品金额来计算,其计算公式为:

退款率＝退款商品金额/销售商品金额×100%

店铺退款分两种情况:一种是静默退款;另一种是通过客服交流后产生的退款。其中,通过客服交流后产生的退款就会产生客服退款率。当然,也有静默退款率和店铺总退款率等数据。

客服退款率是指某位客服退款商品数量与该客服销售商品数量的比值。通过横向对比客服的退款率,可以找出退款交涉技巧欠佳的客服,进行重点培训,以降低整个客服团队的退款率。

当顾客找到客服要求退款时,客服要尽量说服顾客不要退款,改用其他方式来处理,如更换商品、适度补偿、送赠品等;对于比较愤怒的顾客,客服要尽量安抚对方的情绪,在对方比较平静后,再提出退款以外的解决方法。

某网店客服 1 月退款率统计如表 9-7 所示,其中,客服甲的个人退款率低于整个客服团队的退款率,说明客服甲的退款拒绝技巧是相当高明的。

表　9-7

客　服	1 月销售商品数量	1 月退款商品数量	1 月退款率/%
甲	257	3	1.17
乙	268	15	5.60
丙	240	13	5.41
丁	238	12	5.04
客服团队	1003	43	4.29

处理顾客退款是一项很具有挑战性的工作,申请退货退款的顾客对店铺或商品已感到相当不满了,客服一定要尽自己最大的努力安抚好顾客,说服顾客不要退货退款,努力减少店铺的退货率。

店铺总退款中包含了静默退款和客服退款,从实践中来看,客服退款量一般占店铺中退款量的 1/5 左右,即 20% 左右,属于正常的情况。如果与此比例偏差过大,可以看出店铺与客服的一些问题。

某网店 7 月店铺整体退款量和客服退款量的统计数据如表 9-8 所示。

表　9-8

统　计	7 月	统　计	7 月
店铺总销售量	2855	客服销售量	1350
店铺总退款量	680	客服退款量	58

从表 9-8 中能看出什么来呢?

➤ 首先可以看到,店铺的总退款率达到了 23%(680÷2855),也就是说每 5 件商品里面就有 1 件退货,这是一个不容乐观的数据。

➤ 客服退款量与店铺总退款量的比值为 9%(58÷680),低于正常情况下的 20%,这说明店铺的静默退款量比较高,很多顾客不询问客服,直接就申请退款了。这表明店铺的商品质量或使用上有较严重的问题,顾客不满意的比例较高。店铺后期应该大力调研顾客对商品不满意的原因,进行改进。

➤ 客服退款率为 4%(58÷1350),远低于店铺总退款率 23%,这说明客服的工作是卓有成效的,因为经过客服的工作,很多本来想退款的顾客都改变了主意。

正常的情况下,客服退款率总是小于店铺总退款率的,如果不是这样,说明客服劝说顾客不退货的工作没有做到位,需要寻找原因,有针对性地进行二次培训,以改善这个现象。

拓 展 阅 读

1. 客服具备的基础知识

一个称职的客服不仅要具有服务意识,还应掌握商品专业知识,才能把商品更好地推荐给顾客;同时,还应掌握相应的交易规则、付款知识、物流知识,便于帮助解决顾客在交易过程中遇到的问题;为高效率地完成工作,客服还应具备电脑网络知识。

客服应具备的基础知识内容如表 9-9 所示。

表 9-9

知识名称	具体内容
商品专业知识	商品专业知识是一个客服应该具备的最基本的知识,只有自己熟悉商品,才能更好地介绍给买家。客服需要了解的商品专业知识不仅包括商品本身,还应该包括商品周边的一些知识。 (1) 商品知识:客服应当对商品的种类、材质、尺寸、用途、注意事项等都有所了解,最好还应当了解行业的有关知识、商品的使用方法、修理方法等。 (2) 商品周边知识:商品可能会适合部分人群,但不一定适合所有的人。如衣服,不同的年龄生活习惯以及不同的需要,适合于不同的衣服款式;如有些玩具不适合太小的婴儿
网站交易规则	网站的交易规则也是客服需要重点掌握的技能,不然既无法自行操作交易,也无法指导淘宝新买家。客服应该把自己放在一个买家的角度来了解交易规则,以便更好地把握自己的交易尺度。有的买家可能第一次在淘宝交易,不知道该如何操作,这时客服除了要指导买家去查看淘宝的交易规则,还需要指导买家如何进行细节操作。此外,客服还要学会查看交易详情,了解如何付款、修改价格、关闭交易、申请退款等
付款知识	现在网上交易一般通过支付宝和银行付款方式交易。银行付款一般建议同银行转账,可以网上银行付款、柜台汇款,同城可以通过 ATM 完成汇款。客服应该建议顾客尽量采用支付宝方式完成交易,如果顾客因为各种原因拒绝使用支付宝交易,需要判断顾客是不方便还是有其他的考虑,如果顾客有其他的考虑,应该尽可能打消顾客的顾虑,促成用支付宝完成交易

知 识 名 称	具 体 内 容
物流知识	客服只有对商品的物流状况了如指掌,才能及时回答买家关于运费、速度等问题,并且还能自行处理如查询、索赔等状况,这就需要掌握以下物流知识。 (1) 了解不同物流方式的价格:如何计价、价格的还价余地等。 (2) 了解不同物流方式的速度。 (3) 了解不同物流方式的联系方式,在手边准备一份各个物流公司的电话,同时了解如何查询各个物流方式的网点情况。 (4) 了解不同物流方式应如何办理查询。 (5) 了解不同物流方式的包裹撤回、地址更改、状态查询、保价、问题件退回、代收货款、索赔的处理等
电脑网络知识	客服还需要一定的电脑知识与网络知识,如常见的浏览器、插件、阿里旺旺、支付宝等相关的问题要熟悉。除此之外,还要熟练掌握一种输入法,会使用 Word 和 Excel 软件,会收发电子邮件,会使用搜索引擎以及熟悉 Windows 操作系统。如果商品中包含大量英文单词(如海外代购的商品),还要求客服有一定的英语基础

2. 正确应对顾客讲价

部分网上商城不允许修改价格,自然也就不存在讲价,但如淘宝 C 店,还是存在讲价问题。讲价涉及一个思维:不要把索要优惠的顾客都看成不好的顾客。其实,褒贬的才是买家。如果一个顾客对你的商品挑三拣四还索要优惠、折扣,说明这个顾客是真正想买你的产品。

作为客服,应该具备一定的讲价技巧,如表 9-10 所示。

表 9-10

技 巧 名 称	具 体 内 容
宁送不减	如果店铺有规定不讲价,如何表露出不卑不亢的态度,又让顾客高高兴兴地成交呢?这是需要客服不断历练才能形成的一种能力。如果店铺规划了赠品,可以用赠品的方式来代替减价。例如顾客要求减 10 元钱,客服可以说:"我的权限只能赠送您一个价值10 元或 15 元的赠品"。这样既能保住顾客的面子,也能减少商品成本,这也涉及一个"宁送不减"的概念
比较法	对比的作用在于用某些劣势去反衬优势,客服要学会用对比来说服顾客自己的定价是合理的。顾客常以"某某地方的商品比你家便宜"为由讲价,客服也可以顺势用比较的方法拒绝讲价,具体做法如下。 (1) 相比低等产品。先赞美顾客眼光好,挑选了好质量的产品,再推荐价格略低的相似产品给顾客。通过对比,让顾客看到不同档次产品的质量差距、价格差距或使用功能差距,使之接受产品价格 (2) 相比产品正品与否。当顾客想以低价购买高品质产品时,客服可以用提醒的方法拒绝讲价。具体方法可以是"网络产品质量参差不齐,在比价格的同时要注意假货,不要因贪小便宜吃大亏" (3) 相比同类高价产品。特别是一些零售大品牌产品的卖家,由于很多产品的价格在实体店、网店或其他渠道都有售卖,客服可以将自己的定价与最高报价相比,表明自己的已经是正品,且价格打了折扣的

技巧名称	具体内容
平均法	平均法是指将产品价格分摊到每月、每周、每天,对耐用产品、高档产品销售最有效。特别是高档品牌化妆品、保健品、护肤品等产品非常适用平均法。例如,某品牌大衣价格售价为1500多元,客服在应对顾客讲价时可以这样说:"通常,名牌大衣在质量、舒适度方面都胜于一般商品。您设想一下,假如这双大衣您能穿2年,也就是24个月730天,平均下来1天才2元多钱,实在很划算的。"用平均法这种化整为零的方法来使价格看起来趋于低廉,让顾客更容易接受。如果是耐用消费品的客服,更需要掌握这种将价格平均到每一天的方法
得失法	顾客不应单纯以价格来进行购买决策。除了价格,品质、服务、产品附加值等也是决定购买决策的要点。作为卖家,得失法的实质是告诉顾客产品的价格虽高,但附加功能很值。 特别是在网店营销讲价中,很多时候客服答应降价还易给顾客造成其他方面的想法。例如,产品成本低、质量不佳等。所以,客服在应对讲价时,最好是通过产品的附加功能来打消讲价
亮底价	亮底价是最直接的拒绝顾客讲价的技巧,表明现有价格已是最低价,再降价就会亏损。这样,一方面给讲价的顾客有台阶下;另一方面也证明自己的产品价值。客服在表明最低价格后,应再强调产品功能所带来的价值,打动意向顾客。如果顾客依旧没有做出购买决定,客服还可以将产品的独特性表达出来,让顾客购买产品
假做请示	不管客服有没有优惠权限,为了让顾客感受到重视或者说给顾客一个台阶下,让成交更顺畅,都可以采用这招。在顾客要求减价时,不要直接顶回去,而应显得很有原则,也不要直接随意地说可以优惠。最好的办法就是假做请示,让顾客觉得备受重视

思 考 题

1. 思考限时促销、限量发售这两种促单工作,哪种更适合广泛使用。
2. 思考店内商品有没有必要赠送运费险。
3. 分析如何在商品详情页下功夫,减小退换货的概率。
4. 什么数据是考核客服业绩最关键的部分?

实 战 演 练

1. 两个同学一组,分别演练促单工作的对话,如限时促销、限量促销、赠送礼品等。
2. 草拟一份展示在详情页的退换货说明,包括哪些情况可退、哪些情况不可退,以及可退情况的运费承担问题。
3. 两个同学一组,分别演练电话联系顾客修改中差评的情形,包括询问中差评原因及解决方法。

项目十　手机端淘宝店的运营

项目导言

本章要求熟悉手机端淘宝店的基本操作,如手机端淘宝店的简单装修、活动页面设置、商品详情页设置、商品码上淘和创建店铺二维码等。同时,应该掌握如何用好热门社交软件——微信来推广店铺,从开始设置微信账号,到应用微信"摇一摇""附近的人""微信群""朋友圈"等功能来宣传推广店铺。

学习要点

- 了解手机端淘宝店。
- 用二维码提升手机端淘宝店转化率。
- 通过微信推广店铺。

任务 1　了解手机端淘宝店

2008 年 2 月,淘宝网正式推出手机版,开启了移动端网购模式。近年来,无线购物已经成为人们的新习惯,消费高峰出现了"多频次"的特点。据统计,2017 年天猫双 11 的成交额为 1682 亿元,其中移动端占比 90%,这也说明网络营销进入移动互联网时代。卖家除了做好传统的 PC 端网络营销之外,还要重点开展移动端网络营销。

了解手机端淘宝主要从认识手机淘宝店与电脑淘宝店的关系开始,再了解手机淘宝店的基本装修和活动设置等内容。

目标 1　手机淘宝店与电脑淘宝店的关系

手机淘宝店源于电脑淘宝店,二者有区别也有联系。区别主要体现在店铺装修不同,如详情页、首页、活动页;买家不同,售前相关因素不同,搜索结果页展示方式不同等方面。同时,二者也有着千丝万缕的联系,如在推广手机端淘宝前期,二者存在一定的竞争关系;到了后期,二者又是相辅相成的关系。卖家应更深入了解二者的关系,从而找到利于店铺发展的方法。

1. 手机淘宝店与电脑淘宝店的区别

淘宝网为每个店铺都提供了手机网店设置页面,这个页面在手机上有两种大体相似的展示形式:一种是通过手机浏览器进行浏览;另一种是通过淘宝网开发的"手机淘宝"软件进行浏览。二者的显示效果大体上都是在页面最上面显示网店名称、LOGO 以及信用等信息,然后在下面的部分显示宝贝列表。

因为页面显示略有不同,所以,手机淘宝店与电脑淘宝店的第一个区别就在于装修方面。如果手机端装修直接复制淘宝电脑端店铺装修页面,则会导致手机页面打开缓慢,影响客户体验。

手机端店铺装修与电脑端店铺装修的内容和流程大同小异。手机端淘宝装修的规格更小,篇幅短小精悍,操作方便;电脑端淘宝页面则更加灵活,自我设计的空间更大,更个性化。手机端装修与电脑端装修方面主要区别如下。

> 图片尺寸。手机店招图片大小规格是642px×200px;详情页图片尺寸是宽度为480~620px,高度小于960px。

> 版面布局。手机端淘宝的版面布局简洁、明了,版面变化不是丰富多彩,操作方便。

> 分类结构。手机端淘宝的分类结构清晰、简洁而精致,主要是以图片来体现宝贝、吸引客户。

> 颜色配搭。手机浏览器的面积相对较小,视觉范围有限,多以鲜亮的颜色为主。而电脑端则对颜色没有过多限制,只要颜色适合自己店铺的风格即可。

除此之外,手机淘宝和电脑淘宝还有着以下区别。

> 买家不同。买家不同,整个手机淘宝的数据就不同。就拿连衣裙这个关键词来说,很可能手机用户购买的大部分是200元左右的连衣裙,而电脑端则是在100元左右,那么在排序原则上,手机淘宝的搜索排名会偏向200元左右的产品。

> 售前相关因素。售前相关因素非常多,如PC端用户购买时与阿里旺旺客服联系较多,所以相关客服的因素会影响用户体验,影响转化率,进而影响搜索排名;而手机淘宝用户较少咨询客服,原因可能是手机打字不如在电脑上方便。由此看出售前因素对两种用户的影响程度是不一样的。

> 搜索结果页展示方式。搜索结果页展示不同,影响点击的效果就不同。相对电脑来说,手机淘宝用户很少再对结果进行二次排序,大部分是按照默认的顺序进行浏览,因此手机淘宝的搜索排名对浏览和销售的影响比电脑高。

> 页面视觉相关。电脑淘宝和手机淘宝在宝贝详情页面上的浏览时间、访问深度因为不同的环境和结构以及带来的效果有很大的区别。如,在电脑上浏览宝贝时,在详情页面上放置有同类宝贝或推荐宝贝等相关链接,买家可以跳转到那些链接的页面进行浏览,而在手机淘宝上则因为画面较小的缘故,很难放置过多内容,基本没有相关产品推荐等链接,因此访问深度远小于在电脑端。

其实,即使在手机端,因为手机设备的区别,消费群体和搜索结果可能也有所不同。众所周知,智能机两大阵营为iPhone和安卓,使用iPhone手机的买家,消费意愿和能力要高于使用安卓手机的买家。用户使用不同手机登录手机淘宝,看到的类目活动、展示位和推广图都可能是不同的,在搜索结果、详情展示页和一些内容的共享上,都出现了或多或少的差异。因此,手机淘宝店并不是电脑淘宝店的简单复制,而是有着一定区别的销售渠道。

2. 手机淘宝与电脑淘宝的联系

移动端电子商务是电子信息化时代高速发展的必然趋势,应用手机淘宝就是紧跟时代步伐。在推广手机淘宝的初期,为了促使买家积极使用,手机淘宝可以设置专享价、优惠券。如在手机端的下单,下单完成后可在电脑端完成付款。但直接在电脑端下单就不能享受手机优惠券。通过这些促销活动,确实起到了吸引人气的作用。在这一时期,手机淘宝和电脑淘宝存在一定的竞争关系。又如,在手机端进行的淘金币发放就比电脑端多一些。然而随着时间的推移,手机淘宝逐渐被买卖双方接受,手机淘宝的优惠力度也变得越来越小。

近年来手机淘宝取得了极大的发展,发生在无线端的交易数量已经超过了电脑端。买家在使用手机淘宝时不难发现,手机中的宝贝详情设置可以与电脑端不一样。卖家主推的促销活动可能也不尽相同。手机端或电脑端搜索宝贝及店铺时,展现的顺序也不一样。在电脑端搜索排名第一的宝贝,在手机端也许会排名靠后。手机淘宝似乎更愿意以一种较为独立的姿态呈现在大家面前。这时,手机端淘宝对电脑端而言竞争的关系就不太明显了。

手机淘宝实际上是使买家与消费、卖家和商品更近了。随着移动端网络的日益普及,买家使用手机是非常碎片化化的时间,甚至有一些咨询,有一些以浏览性为主的驱动,而电脑淘宝还是坐在电脑前面任务驱动的模式。现在的手机用户随时都能浏览网页,简单地扫描二维码就能看到较为翔实的商品信息,网购变得更加便捷了。在实体店看到某件商品后,部分买家逐渐习惯了拿出手机进行比价。这样的习惯在无形中促进网络交易。与此同时,卖家也逐渐习惯了在手机端随时与买家保存联系,及时提供信息交流。方便、快捷的手机已经成为链接买家与商家更好的桥梁。

对于淘宝卖家而言,不能简单地将手机淘宝和电脑淘宝对立起来。进行电子商务交易,产品、服务、信誉和品牌才是根本,通过买卖货物满足各自需求的核心没有变化。对卖家而言,顺势而为,发展好手机网店,才是最佳选择。

目标2 设置手机淘宝店的信息

在没有设置的前提下,手机淘宝店的设置是电脑端默认的。但由于电脑端和手机端的显示有差异,所以展现效果不佳,建议卖家另行设置手机淘宝店信息。

在卖家中心,可以方便地为自己开通手机移动店铺,只需简单地设置手机店铺信息即可,下面来看具体的操作步骤。

第1步:进入"卖家中心",在"店铺管理"下单击"手机淘宝店铺"选项,如图10-1所示。

第2步:单击"无线店铺"下的"立即装修"按钮,如图10-2所示。

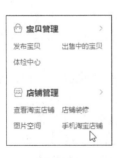

图　10-1

图　10-2

第3步:单击"装修手机淘宝店铺"的"店铺首页"选项,如图10-3所示。

第4步:首次设置网店,需要新建一个首页,单击"新增页面",如图10-4所示。

第5步:弹出对话框,输入页面名称,单击"确定"按钮,如图10-5所示。

图 10-3

图 10-4

图 10-5

第 6 步：新页面建好后，单击"装修页面"按钮，如图 10-6 所示。

喜悦之海服装店首页	2018-08-29 09:35:20	装修页面
		设为首页
		更多 ∨

图 10-6

手机端淘宝店的运营

第7步：跳转到新页面，中间窗格是预览和选择页面，右边是编辑模块，选中店铺头模块，右边出现"编辑模块"，单击"上传店招"按钮，设置店招，如图10-7所示。

图 10-7

第8步：跳转到新页面，单击"上传图片"按钮，如图10-8所示。

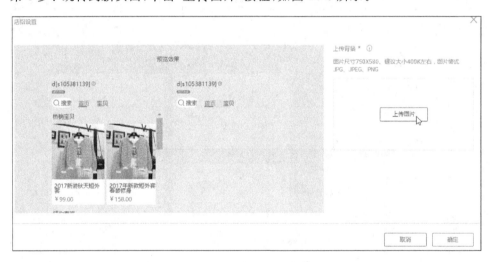

图 10-8

第9步：跳转到新页面，在图片空间中选择已经上传好的店招，单击"确认"按钮，如图10-9所示。

提　示

一般手机店招的尺寸为640px×200px(宽×高)，实际可以大于这个尺寸，也可以在随后的步骤中进行剪辑。因此略大于此尺寸可以在剪辑后使用，但如果尺寸过大的话，剪辑出来肯定会影响效果。

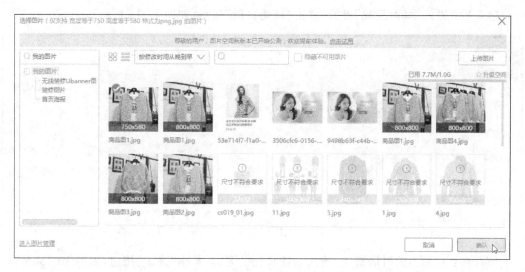

图 10-9

第 10 步：返回上个页面，可看到店招和店标的配合效果，返回主页面后，单击"发布并设为默认首页"按钮，即可发布，如图 10-10 所示。

除了店招外，卖家还可以对手机淘宝的"宝贝排行榜""活动组件""默认模板上的热销宝贝模块"等内容进行设置。保存成功后，在手机上查找相应店铺，即可查看设置效果。

图 10-10

目标 3 新建页面

通常，手机店铺内的店铺能正常显示首页、热销、推荐等模块，能满足日常消费者查看商品信息。但有时，卖家需要用活动来做推广，如店庆打折、限时热卖、秒杀等，这就需要专门的活动页面。增加活动页面的操作也很简单，主要是在手机店铺中新增页面，并在首页增加活动说明，买家单击说明时，即可跳转到详细的解说页面。其操作步骤如下。

第 1 步：进入"无线店铺"，单击"活动页推广"按钮，如图 10-11 所示。

图 10-11

245

第 2 步：进入“页面管理”界面，单击“新建页面”按钮，如图 10-12 所示。

无线运营中心
wuxian.taobao.com
不缺水的海
退出
首页
无线店铺
店铺装修
多媒体中心
自定义页面
页面管理
新建页面
标题
地址
二维码
状态
修改时间
操作
圣诞特惠
复制地址
复制短链
修改未发布
2017.08.12 20:14:04
推广
编辑
修改标题
删除

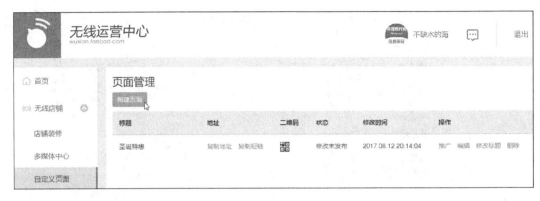

图　10-12

第 3 步：在弹出的对话框中，输入新建页面的名称，单击“确定”按钮，如图 10-13 所示。

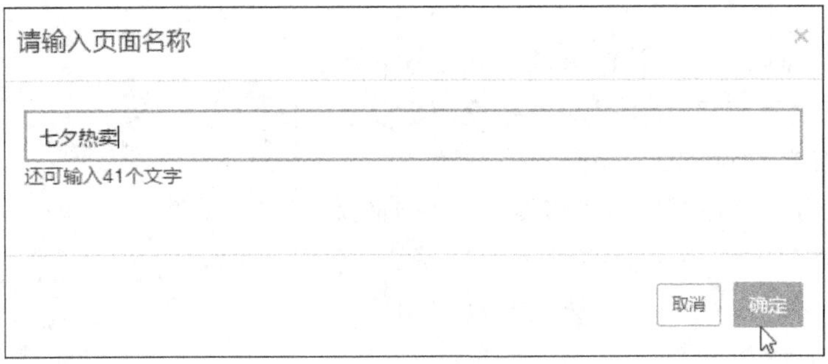

请输入页面名称
七夕热卖
还可输入41个文字
取消
确定

图　10-13

第 4 步：跳转到新页面，单击“新建页面”下的“编辑”超链接，如图 10-14 所示。

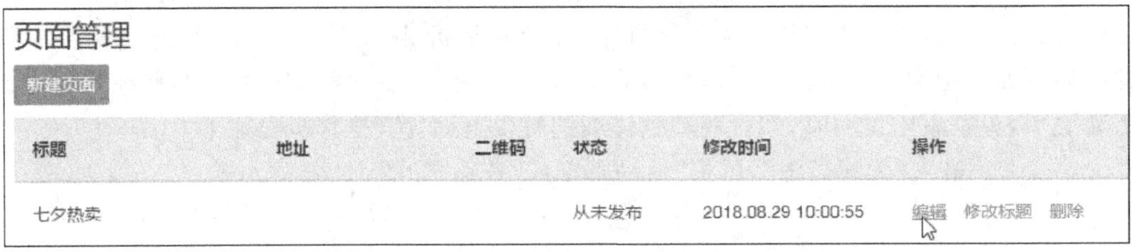

页面管理
新建页面
标题
地址
二维码
状态
修改时间
操作
七夕热卖
从未发布
2018.08.29 10:00:55
编辑
修改标题
删除

图　10-14

第 5 步：跳转到新页面，选中“请添加店铺活动头图”模块，右边出现编辑模块，单击“上传图片”按钮，如图 10-15 所示。

第 6 步：弹出图片小工具对话框，在图片空间中选择已经上传好的图片，单击“确认”按钮，如图 10-16 所示。

第 7 步：跳转到新页面，对图片进行必要的裁剪，单击“保存”按钮，如图 10-17 所示。

第 8 步：返回上个页面，鼠标指向“发布”按钮的小三角位置，在自动弹出的下拉列表中单击“立即发布”选项，如图 10-18 所示。

图 10-15

图 10-16

图 10-17

手机端淘宝店的运营

图　10-18

第9步：按照需要设置的内容，依次设置"活动页头部模块""关注引导""活动头模块"等内容，单击"发布"下的"立即发布"按钮，即可发布一个全新的活动页面，如图 10-19 所示。

图　10-19

目标4　手机端商品详情页

在没有单独设置手机端宝贝详情页的情况下，买家在手机上查看商品时，系统自动抓取电脑端详情页内容进行展示，但由于电脑端和手机端的屏幕显示等不一样，所以商品详情页就是显得杂乱无章，商品图片出现过大、过小等问题。

为迎合手机端用户的需求，卖家应单独设置手机端详情页。手机端详情页要求内容简洁、直接,把卖点高效地传达给买家,促进购买。

第1步:进入手机淘宝店铺,单击"详情装修",如图 10-20 所示。

图　10-20

第2步:单击"宝贝详情管理"超链接,如图 10-21 所示。

图　10-21

第3步:在宝贝管理页面,单击关联手机模板的"编辑"超链接,如图 10-22 所示。

第4步:在新页面中,单击"基础模块"下的"图片"按钮,如图 10-23 所示。

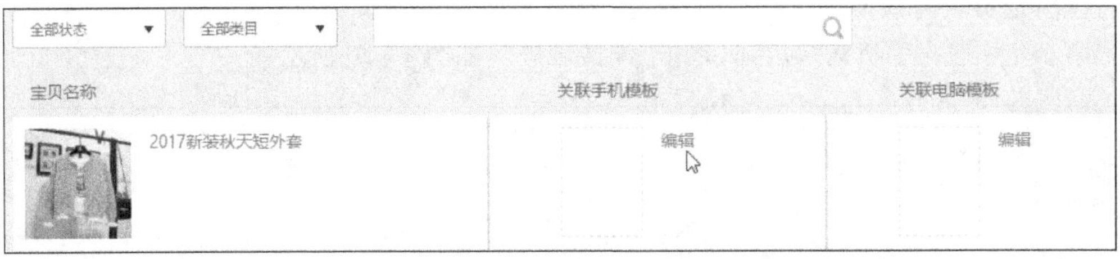

图　10-22

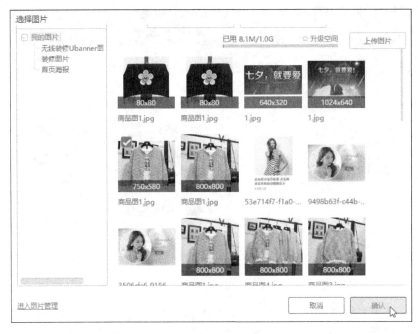

图　10-23

第 5 步：弹出"选择图片"对话框，在图片空间中选择要加入的图片，单击"确认"按钮，如图 10-24 所示。

图　10-24

第 6 步：单击"基础模块"下的"文字"按钮，选择文本框格式，输入描述文字，单击"发布"按钮，如图 10-25 所示。

图　10-25

目标5　码上淘

　　码上淘与其他解码软件类似，可以通过手机摄像头读取条形码及二维码的内容。不一样的是，码上淘基于手机淘宝，通过扫描二维码、条形码的方式参与淘宝官方活动或者商家发起的各种营销服务。

　　对于卖家而言，码上淘其实是一种有效的推广方式，将二维码展示在宣传海报、商品包装、物流包裹等位置，来积累扫码用户。同时，还可以对二维码进行分析，得到更多消费信息。码上淘的设置方式有很多种，如通过工具创建、通过链接创建和通过宝贝创建等，这里主要介绍通过宝贝创建二维码的操作步骤。

　　第 1 步：进入手机淘宝店铺，单击"码上淘"的"进入后台"超链接，如图 10-26 所示。

图　10-26

项目十

手机端淘宝店的运营

第 2 步：单击"创建二维码"一栏下的"通过宝贝创建"选项，选择需要产生二维码的宝贝，单击"下一步"按钮，如图 10-27 所示。

图　10-27

第 3 步：在新页面中，为宝贝选择推广渠道的标签，对应产生不同的二维码，单击"下一步"按钮，如图 10-28 所示。

图　10-28

第 4 步：系统会自动创建相应的二维码。单击"下载"按钮，保存这些二维码可以在手机、微信、微博等位置进行分享，或制作成货单、贴纸等，如图 10-29 所示。

图 10-29

二维码不仅可以传递商品的基本信息、物流信息,自动连接到店铺或商品页面,通过扫码还可以快速确认收货、评价物流。任何下单的买家在扫码的同时将自动被淘宝系统添加为店铺的关注粉丝。通过店主的设置,买家可能会领取到店铺的优惠券。

在卖家的"码上淘"后台中,可以对所扫二维码的有关信息进行分析,例如扫码量、访客数、成交笔数、扫码地域和扫码人群等。掌握这些数据可以帮助店主更有针对性地展开营销活动。

任务 2 用二维码提升手机端淘宝店转化率

二维码是一种非常方便的推广工具,它是一种正方形编码,蕴含着信息,如网址、字符、链接等。二维码可以印刷在宣传品、发货单上,也可以喷涂在墙上,还可以在电视、电脑屏幕中进行发布,是一种很便利的传播途径。

要获取二维码中的信息非常简单,只需在智能手机上安装识别二维码的软件(如微信、支付宝、淘宝等),然后运行该软件,再用手机摄像头对着二维码进行拍摄,如图 10-30 所示。软件会自动将二维码包含的信息呈现出来,如图 10-31 所示。

目标1 创建店铺二维码

二维码的形式多种多样,生成方式也就有所差异,这里主要介绍创建淘宝店铺的二维码。

第1步:进入淘宝"卖家中心",单击"店铺管理"下的"手机淘宝店铺"选项,如图 10-32 所示。

第2步:在跳转的页面中,单击"无线店铺"下的"立即装修"按钮,如图 10-33 所示。

图　10-30

图　10-31

图　10-32

图　10-33

第3步：进入手机店铺装修界面，将鼠标悬停在二维码图标上，如图10-34所示。

第4步：在弹出的二维码中，单击"下载推广"选项，随后弹出一个保存文件的对话框，在里面指定图片的保存路径即可,如图 10-35 所示。

图 10-34　　　　　　　　　　　　　　　　图 10-35

提　　示

除首页之外,其他每个页面都有各自的二维码,显示方法同首页。不过一般都只直接发布首页的二维码,有些活动页面的二维码也可以直接发布。

目标 2　二维码的常见宣传方法

二维码的载体很多,从而宣传途径也很多。如微信、微博、QQ、贴吧、论坛等平台都可以宣传二维码。除线上宣传外,二维码也可以印刷、喷涂、显示到线下载体上,如显示宣传单、横幅上等。下面就来看看一些常见的宣传方法。

➤ 印在发货单上。能收到发货单的都是已经购买过店内产品的用户。针对这类群体,没必要再留店铺二维码,但可以留微信个人账号二维码或公众号二维码,将其引导成为微信好友或粉丝。

➤ 将店铺二维码留在 QQ 相册或微博首页资料中,加大店铺曝光量。

➤ 喷涂在人流量大的地点,如地铁站、公交站、步行街、商业街等地的墙上或广告中(前提是要合法,私自喷涂违法小广告会被罚款或者行政拘留)。

➤ 印刷在纸质广告单、DM 单上,散发给行人。

➤ 雇人穿着印刷有店铺二维码的 T 恤衫,在人流量大的地段反复行走。

➤ 在实体店内制作大幅二维码,形式上应该新奇有趣,能给人强烈的印象。使用照片拼接起来的二维码,让人有种"哇哦"的感觉,会忍不住拿起手机来扫描。

➤ 将二维码放在能引起人扫描欲望的图片上,如"维多利亚的秘密"内衣广告就将二维码放在模特图片的胸部,据悉绝大部分的男性受众都扫描了该二维码。

在宣传二维码时,一定要注意一个前提条件:不要乱贴乱涂,影响市容。

目标 3　二维码的应用方式

用户通过手机上的二维码识别软件,可以直接识别二维码,跳转到活动页面或信息页面,免去输入网址、关键词搜索的麻烦。

淘宝卖家可以将二维码印刷到包裹中的宣传材料(如优惠券、宣传册)上,随包裹发给买家,吸引买家通过二维码进入店铺进行二次购买,还可以在电脑店铺和商品上贴出二维码,使买家可以在手机中快速收藏,随时随地光顾店铺;卖家还可以考虑在平面媒体(如杂志和报纸)上发布带有二维码的促销活动。对于有能力的大卖家,还可以在自己的商品上贴上相应的二维码。二维码的应用方式如图 10-36 所示。

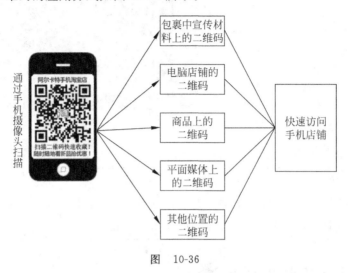

图　10-36

任务 3　通过微信推广店铺

微信作为一大社交软件,有着用户数量庞大、信息分享速度快等特点。很多卖家都用微信来做蓄水池,不断地吸引新用户,维持老用户。根据微信功能,可做营销宣传的方法如"漂流瓶""摇一摇""附近的人""微信群"等。

目标 1　微信营销要素

任何一种营销都不容易,微信营销也如此。微信营销并非新建一个账号,频繁在朋友圈刷广告即可。想要做好微信营销,有一个微信账号只是前提,还需要账号有足够多的好友,并给好友留下友好印象,同时,还需要运营者有一定的文案功底去做好营销。总的来说,想要做好营销,需要注意以下几个要素。

➢ 好友数量。微信上要有一定的微信好友,如果只有几十个,是无法做微信营销的,前期至少要有 200 个以上,必须还是高质量的好友才能产生一定的效果;当然也可以通过后期的一些努力增加微信好友。

➢ 好友印象。微信上营销,印象很重要。因为微信上大多数的生意都是先从身边的朋友开始,如果朋友对自己都不认可、不支持,很难会有什么发展。

➢ 社会资源。对于刚刚毕业的大学生来说,社会资源比较少,但是对于那些已经工作几年的人来说,则有一定的社会人脉资源,对微信营销会起着非常重要的作用,因为这些人脉都是社会的主流,有一定的影响,能够得到他们的支持,会取得一个很好的效果。

➢ 文案功底。微信营销都是靠文字打动人,如果不会用文字描述,只发图片,根本无法打动别人。一个好的产品,需要更好的文字去支撑它,这样才有生命力。如卖衣服的朋友,直接将衣服图片和衣服的颜色、款式、码数放上去,效果一定不好。如果经常这样做,朋友都会厌烦的。所以,做微信营销,必须有一定的文字功底,至少要把产品描述清楚,如果能够再加上一些有情趣的文字,就更容易获得认可。

➤ 营销能力。营销能力也是一个不可小看的因素。小米手机为什么能成功?就是小米营销部门能力强。会揣摩客户的需求,能想出新颖可行的营销方法,才能够在芸芸众生中脱颖而出,赚到属于自己的一桶金。

目标2 设计微信名片

通过微信做营销,微信资料就是名片,这张名片上想展现些什么内容,完全取决于卖家自己。如图 10-37 所示,账号的头像、昵称、简介都要精心设计。

微信形象主要包括昵称、头像、简介、相册封面、个性化标签、微信号、封面照等,其主要内容如表 10-1 所示。

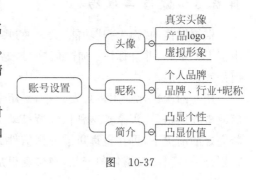

图 10-37

表 10-1

要素名称	具体内容
昵称	微信昵称代表了一个账号的身份,日常生活中,很多昵称中含"兔女郎""××广告",这类昵称广告味太重,让人一看就知道这个人可能要打广告。昵称可以打广告,但是要打得悄无声息,如"觉知先生"是在淘宝中经营黑枸杞的一个卖家微信昵称。黑枸杞被称为紫黄金,其市场价每斤在 3000~4000 元,这个产品的消费群体比较高端,"觉知先生"既迎合了这类消费群体的喜好,又具人性化
头像	头像是一个账号的门面,头像尺寸、大小并没有限制规定,都是由用户自行设置。据微信官方的信息,微信头像尺寸最好是:200px×200px 或 300px×300px,以 BMP、JPEG、JPG、GIF 格式上传,大小在 2MB 以内。在设置头像时,主要思考能不能用头像去拉近和粉丝们的距离,能不能用头像表明身份
个性化标签	每一个账号都会通过内容、聊天及互动,在粉丝脑海里形成几个标签。个性签名是除了昵称外的重要营销形象布局要素,具有很高的营销价值。可以用一句话来告诉别人可以给他带来什么价值,或表明自己的身份。例如,某个经营茶叶的卖家个性签名为"一生只做一件事:专注武夷茶,心无旁骛。"既积极向上,也表明了自己专注武夷茶这件事
微信号	微信号和微信名称的区别:微信名称是可以重复的,而微信号是微信唯一的 ID。微信号的设置有两个原则:简单好记,方便用户输入
封面照	在他人查看朋友圈时,封面照作为顶部大图,是很吸引人的因素,所以封面照也是朋友圈营销中的一大重点。追求最大影响力原则,在选取封面照时,可选择真实个人照,建立亲和力,也可用产品写真,宣传产品或品牌故事、LOGO,用感情去打动用户,宣传品牌

日常生活中,看到有些人卖产品,名字里充满奇奇怪怪的符号,头像各种模糊不清,简介直接是"买……找我,价格优惠",这些信息一看就不能让人产生信任。在取名方面,可以根据商品类目加人格化的因素,让人一看就大致明白店铺的经营范围,如店主网名叫"阿布",主营水果,那么账号可以设置为 Shui guo a bu,昵称直接设置为"水果阿布",便于用户搜索和辨识。

目标 3　微信二维码

　　根据微信的"扫一扫"功能,卖家通过二维码可以实现推广营销。通常,店铺会在发货单中留下二维码,并且标注:加微信好友,返红包。这算是微信营销中主动被加好友的一种,但是效果一般。

　　用心的卖家杜绝用机打发货单,采用手写＋复印的方式,用 200 字左右的文字来讲讲开店故事和风格,让买家被这种情怀所打动,引起共鸣,自然会选择添加微信好友。在商品包装完好的前提下,再在包裹里放一张信件或在快递单上写备注语,会显得卖家很有人情味。特别是一些讲品牌情怀的产品,在包裹里加信件会使传播效果更佳。

目标 4　漂流瓶

　　漂流瓶将用户的信息随机地发送到另外一个用户的手机上,内容包括文字、语音或视频等。由于两个用户互不相识,所以反而能敞开心扉,畅快聊天,不必担心隐私泄露。

　　由于这种方式具有非常好的私密性,常被大家用来倾诉心事,认识朋友,所以许多用户都喜欢这种和陌生人的简单互动方式。微信漂流瓶除了可以让普通个人用户尽情地玩之外,其实也是一个营销赚钱的好工具。如图 10-38 所示,经营服装的卖家,可在漂流瓶中回复瓶友的消息,获得新人脉,发展其成为自己的客户。

图　10-38

目标 5　摇一摇

打开微信"摇一摇"功能,轻轻动摇动手机,微信会搜索同一时间并显示其他正在使用该功能的用户,这样摇动手机的两个用户就可能因此联系上,如图 10-39 所示。这种和陌生人打招呼的方式,可以为卖家的个人微信号带来效果惊人的曝光度。卖家通过"摇一摇"功能,能结识五湖四海的微信好友,开展宣传促销活动。

图　10-39

> **提　示**
>
> 实力强大的卖家或企业,可以借助"摇一摇"功能创造出非常多具有想象空间的活动。在设计此类营销活动时,应该重点考虑的是社会公益事业,或是很多人可以共同参与的一些有意义的事。

目标 6　附近的人

微信"发现"标签里有一个"附近的人"功能插件,用户可以查找自己所在地理位置附近的其他微信用户。系统除了显示附近用户的姓名等基本信息外,还会显示用户签名档的内容。点按任意一个账号即可查看其详细信息,与对方打招呼,如图 10-40 所示。

> **提　示**
>
> 在打招呼后,对方不一定会回复信息或添加好友。所以微信账号名与头像要精心设置,这样能够给人好感,提高通过率。

图　10-40

目标 7　朋友圈营销

　　根据调查,76.4%的用户会使用朋友圈来查看朋友动态或进行分享。换言之,朋友圈已成为大家接受信息和情感分享的重要平台,同时也成了卖家展示商品、吸引顾客的工具。只要商品够好、活动力度够大,大家都愿意分享,那么这个口碑营销的扩散速度就会非常明显!所以,微信朋友圈对卖家而言,是个巨大的赚钱宝库。

　　将每天的所见、所闻、所感,通过微信朋友圈分享给其他的朋友,希望能够得到朋友们的评论和点赞。在朋友圈中只靠人情是不长久的,只能依靠优质内容来吸引好友们的关注。朋友圈内容可以参照表 10-2。

表　10-2

内　　容	发朋友圈技巧
多形式内容	在发布朋友圈时,尽量选取两两结合的方式,避免单一。例如,以文字＋视频或文字＋图片的形式发送朋友圈
具有吸引力的内容	频繁发布与商品相关的朋友圈内容,往往会引来好友们的厌恶,严重的可能到达删除好友的地步。为吸引注意力,可在朋友圈发布热门事件、生活琐事和趣闻段子等内容
便于互动的内容	互动可以增加卖家与好友之间的感情。可以在朋友圈中与粉丝进行互动,例如智力游戏、猜谜游戏、抽取幸运儿、向好友索要建议等

目标 8　微信群

　　几乎每个玩微信的人都有微信群,且微信群对活动起着重要作用。如通过二维码的方式来吸引粉丝进入相关群组,再在群内发布大小优惠活动信息,获得忠实粉丝。维护好微信群有如下技巧。

> 活跃度。微信群质量的高低取决于群的活跃度,而群的活跃度强取决于不断更新的各种话题。让群友有话题,大家才会争先恐后地发言。最好是每天固定一个话题,预留时间互动,慢慢形成一种习惯。这个话题可以是由群主或管理员在微博或新闻中获取到的热门话题。群主或管理员对于群成员提出的各种问题,应做到有问必答,有求必应。

> 积极分子。在几百个人的群里,只靠群主来引出话题、管理,显得单薄。因此,基本上每个微信群里,都会有一小部分的积极分子,他们有乐于助人、乐于发问、乐于学习的特点。群主要擦亮眼睛,抓住这些积极分子来帮助自己管理群组。积极分子的存在,会让群友不孤独。

> 有利可图。并非所有的人都志同道合,再热门的话题,也有不愿意互动的人。维持群活跃的技巧之一,让成员有利可图。这个"利"不一定是大额红包。偶尔几个小红包、几份小礼物或是专业知识的分享,让群成员认为这个群是有真材实料的,自然会长期关注。

> 硬标准。群主应设置硬标准,例如禁止私加人或禁止打广告等。有的微商代理一进群,第一件事就是加群里的成员为好友,不免会让群成员不高兴;偶尔一两个广告可以,长期广告炸群,其他群成员自然觉得没意思,选择退群了。因此,卖家应在群里设置硬标准,一旦违反,马上踢出去,还群一个干净空间。

目标9 公众号十个人号

很多人都知道,现在网店做活动,流量获取成本越来越高,竞争越来越激烈。有卖家就通过公众号+个人号的形式来做活动,并取得不错的效果。如天猫上一个美妆类商家,在开通微信服务号后,通过公众号+个人号的形式为新品引流,单日销售额突破8000单。简单分享下其中的一些关键。

背景介绍:该卖家开通微信服务号,通过包裹营销、短信引导、微信线上活动,使公众号积累了10万粉丝,个人号有数千好友,另外有30多个微信群。整个活动预热过程按照持续预热、反思活动执行。

1. 前期准备

做足了前期准备工作,才能保证后续工作的开展。该卖家的前期准备包括签到、活动预热、持续提醒等。

1)签到

每日签到可以让粉丝每天光临店铺,知道并记住卖家,同时可以激活沉睡粉丝,提高粉丝的黏性与未来的成交转化率。

说来可能很难相信,一家卖面膜的微信公众号平均每天有4000多人签到,甚至有粉丝愿意持续大半年每天来签到。这家品牌能做到这么高的互动率,主要有三点:规则好玩、利益驱动、及时兑现。

> 规则好玩。好玩是前提。该卖家除了设置连续签到有奖之外,还有签到勤奋奖:每天最早签到的 20 人可以获得额外积分;签到奇葩排名奖:签到排名为 520、1314、2222、6666……可以获得额外奖励。

> 利益驱动。签到的积分可以零门槛兑换实物奖励,同时送优惠券刺激购买其他产品。

> 及时兑现。公众号每隔两周开放一次积分兑换,微信客服在线服务解答问题、兑换奖品。让粉丝尝到甜头,才可能有动力去持续互动。

2) 活动预热

新品发布前,事先预热引导粉丝猜价格,了解产品。

3) 持续提醒

持续提醒签到、秒杀等事宜,提醒客户加入到活动中来。

提　　示

　　服务号一个月只能发送 4 条消息,如何做到持续多次提醒?这里剧透个小技巧。微信公众号关于交互有一条规则:微信公众服务号超过 48h 不能向关注此号的好友发信息。其道理很简单,微信不允许企业随意骚扰用户。服务号的宗旨是做服务,当粉丝有需求时会主动来找卖家获取想要的信息或服务。不过很多人容易忽略,点击"自定义菜单"其实也算一次交互。所以,如果你的公众号每天能有 5000 人来主动签到,那么意味着你每天可以给这 5000 人群发消息。在 48h 内,只要粉丝不取消关注,理论上可以和粉丝聊天无数个回合。

---

2. 活动持续预热

8 月 27 日早上十点推送,给在 48h 内有交互的微信粉丝(约 16 000 人)发送活动信息。策划一场成功的活动,需要多个环节的配合。前期充分预热宣传、把握推送时间点、撰写标题、卖点挖掘、购买通道,配合即时响应的微信客服、天猫店客服,才可能保证相对不错的效果。

> 推送标题:《恭喜您已经获试用资格》。充分利用人性,想获得专享的心理;以利益为驱动点,驱使用户去点击打开;用免费试用的噱头,足以驱使绝大多数的粉丝点击打开。

> 标题引导语:新品试用,10:00 开抢。简单直白地传达信息给粉丝,没有半句额外的废话。

> 购买通道:用淘口令引导粉丝购买,转化效果不错。

提　　示

　　淘口令是淘宝、天猫的"暗号",可通过文字的形式在微信、QQ、微博等社交软件进行分享,操作起来比较简单。使用淘口令可以提供更多的入口,以提高转化率,在淘宝、天猫、淘宝各官方网站均可转换,适合淘宝店和淘宝客的推广。

除了服务号,个人号朋友圈、微信群联动一起宣传。同时在朋友圈通过利益诱导,引导

粉丝宣传扩散。

3. 反思活动

数据显示,在推送后的一个小时内,访客数超过 5000,销量突破 3000 单。当日累计成交量突破 8000 单,下单转化率超过 60%。微信对于这家天猫店铺的战略意义,已经不言而喻。

用微信公众号配合微信群、个人朋友圈,经营自己的消费者,越来越多的商家都在这么玩。好处显而易见。

1) 超高的消息到达率,超低的推送成本

目前,依然有很大比例的淘宝商家依靠短信、邮件做老客户维护。试想,在七夕大促期间,群发短信给 10 万老客户,群发费用要 5000 元。一年做 5 次群发,需要花费 25 000 元。然而短信的到达率能有多高?

而使用微信公众号来做活动,给 16 000 个粉丝群发消息,一小时内带来 5000 多访客,推送成本可忽略不计。并且,短信只能推送文本,而微信图文并茂的富文本内容可以传递更多的信息。

2) 超高的转化率

该卖家做的微信活动,一个小时带来 5000 多访客,3000 人次成交,转化率高达 60%,这样的转化率,在电商行业算什么水平?双 11 店铺转化率能达到 20%,已经算不错的了。

当然,想借助微信公众号和个人号来做营销,粉丝是前提,运营是重心。卖家应该经过深思熟虑,如怎么管理微信社群,经营粉丝;怎么策划成交路径,提高转化率。

拓 展 阅 读

1. 手机网店流量从哪里来

淘宝流量来源主要分为两种:站内流量和站外流量。淘宝站内流量是从淘宝网站上通过一定方式(如搜索宝贝、进入某活动的宣传页面等)再进入到自己网店的流量,这对所有淘宝店主而言都是主要渠道;淘宝站外流量也就是除淘宝网以外的所有互联网上直接访问自己网店的流量,这类流量主要来源于广告。

流量主要分为免费流量和收费流量,获取流量最重要的方式就是推广。推广主要分为两种:站内推广(免费+付款+活动)、站外推广(免费+付费),具体内容如表 10-3 所示。

表　10-3

推广方向	推广方式	举　　例
站内推广	免费推广	网店与实体店;帮派、社区和淘吧;搜索和类目导航;产品标题、宝贝描述和类目导航的相关性
	付费推广	淘宝直通车;淘宝客;钻石展位;群软件工具:阿里旺旺群、QQ 群、邮件群发工具
	活动推广	购买帮派广告位;参加淘宝各类主题活动(中秋、国庆等);一元拍、荷兰拍;超级买家秀或者买家分享;秒杀;团购

推广方向	推广方式	举　　例
站外推广	免费推广	搜索引擎：通过百度、网易、Google 搜索有关本店产品的帖子，进行发帖、回帖、问答推广 微博网站推广：通过新浪、腾讯、开心网、蘑菇街、人人网等知名网站建立账号推广，注册、发帖、吸引人气、发布产品图片和链接进行长期发布更新推广 间接推广：各地的地方城市网网站二手买卖市场、财经、跳蚤市场里发布信息，增加店铺曝光率
	付费推广	直接联系站长买广告位，选择大流量且和本产品相联系的网站。 通过广告交易平台买流量、阿里妈妈广告位。 在搜索引擎上买竞价关键词广告。在国内大家都在使用的搜索引擎广告有百度竞价排名、谷歌竞价广告、有道竞价广告、搜狗搜索引擎等。 通过流量站购买弹窗流量

对于初始阶段的店铺来说，付费流量占比可以维持在 25%～35%，通过付费流量的导入来测试市场，磨合团队，但不宜盲目扩张；对于扩张阶段的店铺来说，付费流量占比可以维持在 35%～45%，这个阶段大流量的导入是为了重拳出击，快速占领市场；对于稳定阶段的店铺来说，付费流量占比可以维持在 20%～30%，这个阶段，合理的流量结构才是销售与利润最大化的一个必要条件。

2. 创造销售机会的 6 种朋友圈内容

内容是为了创造销售记忆，创造销售机会。只有先在用户眼中树立了一个被信任的角色，加上用户感兴趣的朋友圈内容，才能把用户转化为粉丝，转化为流量。

如何通过微信朋友圈内容，才能在不被好友厌烦的前提下创造销售机会，成了很多卖家关注的问题。创造销售机会的 6 种朋友圈内容如表 10-4 所示。

表　10-4

内 容 名 称	重 点 解 析
投票	对于灵活运用营销的运营者而言，随处都可以做广告。例如，做服装的卖家，可以发关于穿搭的投票。两张风格差异较大的穿搭图片，问大家哪套更好看。其实这是用投票来吸引用户的手段，在大家纷纷留言后，再统一回复
免费试用	在淘宝门户中，开辟了一个免费试用页面，所有用户都可以通过此页面申请免费试用商品。卖家在经营微信朋友圈时，也可以适当地考虑免费试用的活动。如某个净水器公司做活动，只需一个电话即可免费上门安装净水器，试用 1 月，满意再给钱
用户福利	网店中的很多粉丝，都喜欢福利。在微信中，一样可以通过福利来吸引用户参与到活动中来，宣传产品或服务。在设置福利门槛时，一定要注意度。有的产品客单价本身很低，福利的价值也不高，却要求用户满高额值才可能获得抽奖资格。对于用户而言，他也会思考这个福利值不值得
热点植入	跟着潮流趋势走，永远都不会缺乏关注。例如，在 2018 年 7 月上映的电影《我不是药神》热映期间，就有保险行业的人发了和电影相关的朋友圈内容。内容抓住电影热点，浅谈保险和剧情的关系，引申出保险是一种良药的观点。更多热门话题，可在新浪微博搜索排行榜和百度搜索风云榜中查找

内 容 名 称	重 点 解 析
知识植入	通过知识和产品的结合,使朋友圈内容更具吸引力。卖家可以根据自己产品的特点,去挖掘热门、冷门知识植入到朋友圈内容里去,让用户在接收新知识的同时,也接触了产品
晒好评	直接用买家秀、用户好评、用户故事创造产品宣传和销售机会。利用好买家评价,并附加在微信朋友里,可以增加说服力

销售无处不在,这里只重点推荐了 6 种利于销售的内容。实际上,卖家可以根据产品和用户,去发现更多的技巧和方法,并用到实际生活中去。

思 考 题

1. 思考装修手机端淘宝店铺的重心。

2. 如果包裹信中只能放置一个二维码,在码上淘、店铺二维码、个人微信号和公众号二维码之间选择一个二维码,并说明理由。

3. 根据实际情况,思考自己适合个人微信营销还是公众号营销,并说明理由。

实 战 演 练

1. 登录卖家中心,开通手机淘宝,并做简单的装修。

2. 创建店铺二维码、1~2 个商品码上淘码。

3. 申请一个微信营销号,并对账号昵称、头像、个性签名等内容进行设置。

4. 在一周内分别发关于商品信息、优惠信息、热点信息、趣闻逗乐、好友互动的朋友圈内容。

5. 新建一个微信群组,拉 50 名左右群友,坚持每天发消息,保持群活跃度。

图书资源支持

感谢您一直以来对清华版图书的支持和爱护。为了配合本书的使用，本书提供配套的资源，有需求的读者请扫描下方的"书圈"微信公众号二维码，在图书专区下载，也可以拨打电话或发送电子邮件咨询。

如果您在使用本书的过程中遇到了什么问题，或者有相关图书出版计划，也请您发邮件告诉我们，以便我们更好地为您服务。

我们的联系方式：

地　　址：北京市海淀区双清路学研大厦 A 座 701

邮　　编：100084

电　　话：010－62770175－4608

资源下载：http://www.tup.com.cn

客服邮箱：tupjsj@vip.163.com

QQ：2301891038（请写明您的单位和姓名）

用微信扫一扫右边的二维码，即可关注清华大学出版社公众号"书圈"。

资源下载、样书申请

书 圈

扫一扫，获取最新目录